21 世纪教学活动设计案例精选丛书

# 幼儿教育教学活动设计案例精选

丛书主编　禹　明
本册主编　吴慧鸣
副 主 编　李　彬　肖　芳　蔡婉莹

图书在版编目(CIP)数据

幼儿教育教学活动设计案例精选/禹明丛书主编. —北京:北京大学出版社,2012.3
(21世纪教学活动设计案例精选丛书)
ISBN 978-7-301-20255-5

Ⅰ. ①幼… Ⅱ. ①禹… Ⅲ. ①学前教育－教学设计 Ⅳ. ①G612

中国版本图书馆 CIP 数据核字(2012)第 022009 号

| | |
|---|---|
| 书　　　名: | 幼儿教育教学活动设计案例精选 |
| 著作责任者: | 禹　明　丛书主编　吴慧鸣　本册主编 |
| 策　　　划: | 周雁翎 |
| 责 任 编 辑: | 李淑方 |
| 标 准 书 号: | ISBN 978-7-301-20255-5/G · 3325 |
| 出 版 发 行: | 北京大学出版社 |
| 地　　　址: | 北京市海淀区成府路 205 号　100871 |
| 网　　　址: | http://www.pup.cn　新浪官方微博:@北京大学出版社 |
| 电 子 信 箱: | zyl@pup.pku.edu.cn |
| 电　　　话: | 邮购部 62752015　发行部 62750672　编辑部 62767346　出版部 62754962 |
| 印　　刷　者: | 北京世知印务有限公司 |
| | 787 毫米×1092 毫米　16 开本　20.75 印张　440 千字 |
| | 2012 年 3 月第 1 版　2014 年 4 月第 2 次印刷 |
| 定　　　价: | 39.00 元 |

未经许可,不得以任何方式复制或抄袭本书之部分或全部内容。
版权所有,侵权必究
举报电话: (010)62752024　电子信箱: fd@pup.pku.edu.cn

# 序

朱慕菊

　　当今世界正在发生着深刻的变化。社会的发展决定了教育必须跟上时代的步伐，因此，教育必须朝着适应未来的方向进行深刻的变革。自 2001 年 9 月启动我国新一轮基础教育课程改革以来，中小学的课堂里正在发生着质的变化，课程改革的理念已在基础教育改革的实践中得到广泛认同。

　　课堂教学设计是教学中的一个重要环节，是教学的目的性、过程性、科学性与艺术性的统一，不但需要深厚的教育理论作支撑，而且需要适切运用丰富多样的教学方法和教学技术。本丛书编写者长期以来坚持以新课程的理念为指导，对课堂教学进行了深入的探索，获得了有益的经验。

　　第一，在教育理论与实践的结合上进行了有益的探索。长期以来，教师们普遍认为系统而复杂的教学理论不易被有效地运用于课堂教学中。而在新课程推进过程中，教师们努力学习新课程所倡导的教学理论，并积极探索与实践的结合，特别注重把教学理论和研究成果运用于实际教学，指导教学工作，同时也注重将教师的教学经验总结上升到理论层面。事实证明，理论必须与实践不断结合才能为教师所掌握和运用；同样，也只有经常性地反观课堂教学实践，对其进行深度思考与梳理，才能使教学认识上升到理性的高度。这套《21 世纪教学活动设计案例精选丛书》正是积极探索教育理论与实践相结合的产物。

　　第二，在教师的专业发展上进行了有益的探索。新课程的推进既向教师提出了巨大的挑战，同时也应看到，它更是教师专业发展的极好机遇。教师工作的性质决定了它不是机械的重复。教师既要坚定不移地贯彻落实党的教育方针，同时作为专业人员还必须遵循少年儿童心理发展的规律，谙熟他们的需求，掌握学科教学的内容与方式。在当今社会快速发展的背景下，教师的专业修养也需要与时俱进。因此，新课程所倡导的学生学习方式的变革、教师教学方式的变革，都需要教师在工作岗位上不断思索，不断进步，实现其专业发展。而本丛书编写者正是深刻理解了教师专业发展对于推进新课程的重要性，他们想方设法促使教师对自己的课堂教学进行自觉的反思与总结，引导教师们在理论与实践之间进行反复的"对话"，并将"对话"的结果以课堂教学设计的形式表达出来，帮助教师整理了教学思想，提升了教育理念，促进了教师专业的发展。

第三，在改变课堂教与学的方式上进行了有益的探索。查尔斯·赫梅尔在《今日的教育为了明天的世界》中指出，在百科全书式的知识已经过时、百科全书比老人老得还快的大变革时代里，教师再也不能仅限于传授知识，而需要"唤醒不被知晓或沉睡中的能力，使得每个人都能分享到人们完全能够发挥自己才能的幸福"。因此，改变教与学的方式成为本次课程改革追求的重要目标之一。这套丛书正是以改变教与学的方式为突破口，对课堂教学如何体现学生的主体地位，如何突出知识的建构过程，如何增强学生的情感体验，如何使学生形成正确的价值观等方面的问题作了大量深入的探索。这套丛书中的教学设计虽然侧重活动性，但每一个教学活动的设计都力图向人们反映一种理念：只有将学习任务转化为学生的自我需求，才能真正唤起学生的求知欲望，才能真正激活学生学习的内在动力，才能真正使学生成为学习的主人。

衷心希望这套丛书能够为全国的中小学教育工作者提供借鉴。

2012年2月

（朱慕菊：国家基础教育课程教材专家工作委员会秘书长）

# 前　言

禹　明

最近，国家九年义务教育课程标准正式公布了。在总结我国十多年来基础教育课程改革经验的基础上，教育部正式公布的国家九年义务教育课程标准在强调德育领先、坚持渗透社会主义核心价值观的同时，特别强调了对学生创新精神和实践能力的培养。而要实现这一点，我们就要继续转变中小学课堂教学方式，在课堂上尊重学生，充分调动学生的积极性和主动精神，培养学生的批判性思维和学生的实践能力。为了学习，落实国家九年义务教育课程标准的精神，帮助中小学教师转变课堂教学方式，北京大学出版社出版了《21世纪教学活动设计案例精选丛书》，以帮助中小学各学科教师更好地在国家九年义务教育课程标准的指导下，研究课堂教学，改进课堂教学，提高基础教育的教育质量。

我们一直强调教学过程的重要性。因为学生知识的获取，能力的提升，情感的变化都是在教学过程中逐步实现的。教学过程要由一个一个教学活动构成。要想实现有效的教学过程，一定要设计好每一个教学活动，使教学活动符合学生的认知发展水平，符合学生的实际生活经历。在设计教学活动时，要考虑在活动中学生学什么？怎样学？学得怎样？要考虑如何让学生主动学习，合作学习，探究学习。一堂课是否有效与课堂教学活动的好坏正相关，学生是否能成为课堂学习的主人也与课堂教学设计的好坏正相关。因此，研究课堂教学活动的设计是课程改革的需要，是落实国家九年义务教育课程标准的需要，也是中小学教师专业发展的需要。

《21世纪教学活动设计案例精选丛书》的编写不以某一版本的教材为依据。它是根据基础教育课程改革的基本理念，依据国家九年义务教育课程标准编写的。这就使本丛书具有普适性，可供使用任何版本教材教学的中小学教师参考使用。本丛书收集的活动设计，有别于教育教学案例，它是课堂教学中的某个教学环节，或是精心设计的导入，或是针对具体学习任务而设计的小游戏。每一个教学活动设计体现了以学生为主体的理念，而且经过了多年教学实践的检验，行之有效。由于丛书提供的活动类型多样,宛如一个课堂教学活动设计的"超市",各个学科的教师完全可以根据自己教学的实际需要,任意选用或组合,也可以在现有基础上改造与创新。在编写本丛书时,我们并没有强求体例一致,这样,我们可以保存每个教学活动设计的个性与特点,体现教学活动设计的多元化。对于广大的一线中小学教师而言,本丛书是实用的教学参考书,因为本丛书的作者都是来自教学第一线,他们的教学活动设计就是在教学第一线产生的。

《21世纪教学活动设计案例精选丛书》是一套"草根"作品,散发着浓浓的芳草气息,而课程改革的春天不正是弥漫着这股清香味么?愿同行们喜欢它,也期待着你们的指教。

2012年2月
于深圳市教育科学研究院

(禹明:特级教师,教育部教师教育课程资源专家委员会专家,教育部"国培计划"首批教师培训专家,教育部九年义务教育课程标准综合审议专家,教育部外国人子女学校认证专家组专家,深圳大学师范学院兼职教授,教育硕士导师)

# 编 者 说 明

师范院校的教师职业技能培养的严重缺失，课程改革培训中重理论轻教法的倾向，教师职业技能方面专业引领的不足，这些是导致课程改革中出现诸多问题的重要原因。改变教师的教育理念非常重要，但新的理念不是自然而然地就能转化为新的教学设计和行为的。在这个过程中需要专业技能的支撑，比如如何上好讨论课，如何通过游戏使学生掌握英语的时态，如何使学生通过有趣的活动认识数学的抽象概念，如何让学生通过讨论春游的安排了解人民代表大会的议事程序，等等。新的课程理念只有在这些细节的落实之处才能真正体现出来——这就是我们编写这套《21世纪教学活动设计案例精选丛书》的初衷。

谁是教师职业技能培养的引领者？是那些将自己的热情和智慧奉献给课程改革事业的富有创造性的教师们。南山区的教师们在这方面作出了有益的探索。本套丛书所收集的活动，不同于以往的案例，它是课堂上的一个教学环节，或是一种精心设计的导入，或是一个针对具体的学习任务而设计的小游戏……每一个活动设计都体现了以学生为主体的理念，都已经被教学实践证明是行之有效的好方法。

这套丛书没有依据某一个版本的教材，而是按照课程改革的理念，依据课程标准编写的，这就使得这套丛书具有了普适性，使用任何版本教材教学的教师都可以使用。其中所设计的活动的类型多种多样，宛如一个课堂活动的"超市"，教师可以根据自己教学的需要，任意选用和组合。即便是每本书或每个设计，我们也没有强求体例一致，我们想让每个教师鲜明的个性跃然纸上。这套丛书是教师的实用参考书。

当教师们的职业技能逐渐提高的时候，课程改革的事业就会展现出更加绚丽的前景！我们编写本套丛书的目的，是希望为提高教师的职业技能贡献一份力量。我们也期待热心的读者提出宝贵的意见。

# 目 录

序……………………………………………………………………… 朱慕菊(1)
前言……………………………………………………………………… 禹 明(3)
编者说明……………………………………………………………………… (5)

## 小班教学活动设计

快乐的小厨师(综合活动) ……………………………………………… (2)
鞋子响嗒嗒(综合活动) ………………………………………………… (5)
一二三,自己爬起来(语言活动) ……………………………………… (8)
红绿色分类(数学活动) ………………………………………………… (10)
小兔采蘑菇(数学活动) ………………………………………………… (12)
学习图形的双维分类(数学活动) …………………………………… (14)
好玩的大和小(数学活动) ……………………………………………… (18)
沉与浮(科学活动) ……………………………………………………… (20)
分清左右鞋(科学活动) ………………………………………………… (22)
倒倒看(科学活动) ……………………………………………………… (24)
看谁落得快(科学活动) ………………………………………………… (26)
什么时候球滚得快(科学活动) ……………………………………… (28)
我会吹泡泡(科学活动) ………………………………………………… (30)
吸铁石(科学活动) ……………………………………………………… (33)
好吃的东西在这里(尝试教学活动) ………………………………… (35)
水果制作坊(社会实践活动) …………………………………………… (37)
自己的事情自己做(生活活动) ……………………………………… (40)
洗手(生活活动) ………………………………………………………… (42)
创意玩色坊(美术活动) ………………………………………………… (44)
美丽的花园(亲子制作活动) …………………………………………… (48)
有趣的小音符(音乐活动) ……………………………………………… (50)
变魔术的平衡板(体育活动) …………………………………………… (54)
好玩的纸筒(体育游戏) ………………………………………………… (56)
玩垫子(亲子游戏) ……………………………………………………… (59)

## 中班教学活动设计

和小雨一起玩（综合活动） ……………………………………………（62）
可爱的球宝宝（综合活动） ……………………………………………（64）
小小邮票家（综合活动） ………………………………………………（68）
小草和小树（综合活动） ………………………………………………（70）
好玩的塑料袋（综合活动） ……………………………………………（73）
会唱歌的钢琴（综合活动） ……………………………………………（75）
我们身边的价格（数学活动） …………………………………………（78）
取出冰中的玩具（科学活动） …………………………………………（80）
制作面包（科学活动） …………………………………………………（82）
让玻璃球浮起来（探索活动） …………………………………………（84）
蚕宝宝还吃啥（科学活动） ……………………………………………（86）
好玩的风筝（科学活动） ………………………………………………（88）
开心的地球（科学活动） ………………………………………………（91）
切果果（科学活动） ……………………………………………………（93）
谁滚动得快（科学活动） ………………………………………………（96）
橡皮泥浮起来了（科学活动） …………………………………………（98）
我们都是好朋友（品德教育活动） ……………………………………（100）
心情碰碰车（社会活动） ………………………………………………（102）
快乐的我（社会活动） …………………………………………………（104）
彩色的蛋（美术活动） …………………………………………………（106）
色彩的魅力（艺术活动） ………………………………………………（108）
有趣的叶画（美术活动） ………………………………………………（110）
玩瓶子（健康活动） ……………………………………………………（112）
轮胎上的运动（体育活动） ……………………………………………（114）
快乐的小青蛙（体育活动） ……………………………………………（118）
快乐滑轮（体育活动） …………………………………………………（120）
英勇的泰罗（体育活动） ………………………………………………（122）
快乐的小司机（感觉统合活动） ………………………………………（124）
车轮滚滚（体育活动） …………………………………………………（127）
寻宝藏（体育活动） ……………………………………………………（129）

## 大班教学活动设计

多彩的民族（系列活动） ………………………………………………（132）
好玩的报纸（综合活动） ………………………………………………（135）
玩贴纸（综合活动） ……………………………………………………（137）

| | |
|---|---|
| 脚的游戏(综合活动) | (140) |
| 对称(综合活动) | (142) |
| 会变的盒子(综合活动) | (144) |
| 荔枝飘香是我家(综合活动) | (147) |
| 鸟的家园(综合活动) | (150) |
| 我爱家乡(综合活动) | (154) |
| 小小消防员(综合活动) | (156) |
| 有趣的食品广告(综合活动) | (160) |
| 我爱图书(综合活动) | (162) |
| 我当小学生(综合活动) | (164) |
| 颜色(语言活动) | (167) |
| 不同的节日,同样的开心(语言活动) | (169) |
| 啤酒桶和小老鼠(语言活动) | (172) |
| 唐诗《春晓》(语言活动) | (175) |
| 快乐等分(数学活动) | (177) |
| 图形变变变(数学活动) | (179) |
| 白白的牙齿(科学活动) | (181) |
| 摆(科学活动) | (183) |
| 闯关法宝(科学活动) | (186) |
| Baby是从哪里来的(科学活动) | (188) |
| 地球妈妈你别哭(科学活动) | (192) |
| 电(科学活动) | (194) |
| 废旧电池的危害与回收(科学活动) | (197) |
| 关于大熊猫、小熊猫的调查(科学活动) | (200) |
| 好玩的沙子(科学活动) | (202) |
| 各种各样的镜子(科学活动) | (205) |
| 发现鸡蛋花(科学活动) | (208) |
| 空气污染(科学活动) | (211) |
| 能干的小脚(科学活动) | (215) |
| 奇妙的网(科学活动) | (217) |
| 牵牛花的一生(科学活动) | (219) |
| 神奇的蛋壳(科学活动) | (221) |
| 十二生肖的秘密(认知活动) | (224) |
| 自制简易水枪(科学活动) | (226) |
| 玩冰块(科学活动) | (228) |
| 万花筒(科学活动) | (231) |
| 我们生活中的好朋友:盐(科学活动) | (233) |
| 硬尺与软尺(科学活动) | (236) |
| 有趣的影子(科学活动) | (239) |

有趣的叶子(科学活动) …………………………………………………… (242)

种子发芽(科学活动) ……………………………………………………… (245)

折印和对称(科学活动) …………………………………………………… (248)

大街上的盲道(社会活动) ………………………………………………… (250)

广告创意(社会活动) ……………………………………………………… (253)

认识姓名(社会活动) ……………………………………………………… (255)

商标大会(社会活动) ……………………………………………………… (257)

我说天下事(社会活动) …………………………………………………… (259)

小记者(社会活动) ………………………………………………………… (261)

小小名片(社会活动) ……………………………………………………… (263)

快乐地游戏(安全教育活动) ……………………………………………… (265)

知道我在想什么吗(社会活动) …………………………………………… (268)

祖国在我心(社会活动) …………………………………………………… (270)

道路(美工创意活动) ……………………………………………………… (272)

光盘的妙用(美术活动) …………………………………………………… (274)

天鹅(音乐活动) …………………………………………………………… (276)

加花游戏(音乐活动) ……………………………………………………… (280)

美丽的风筝(艺术活动) …………………………………………………… (283)

美丽的四季(美术活动) …………………………………………………… (285)

茉莉花(音乐活动) ………………………………………………………… (287)

三只小猪(音乐活动) ……………………………………………………… (290)

声音与足迹(音乐活动) …………………………………………………… (293)

笑一个吧(音乐活动) ……………………………………………………… (295)

猫(音乐活动) ……………………………………………………………… (298)

蜘蛛网(美术活动) ………………………………………………………… (302)

玩纸箱(综合活动) ………………………………………………………… (304)

我让玩具更好玩(体育活动) ……………………………………………… (306)

报纸游戏(小、中、大班系列活动) ………………………………………… (312)

前阅读、前书写活动(小、中、大班系列活动) …………………………… (315)

# 小班教学活动设计

# 快乐的小厨师

(综合活动)

【设计意图】
　　小班的孩子喜欢摆弄、喜欢模仿,而切水果、蒸水蛋等活动都是来源于生活,是孩子们看到爸爸妈妈做,却又难得有机会实践的活动。在食品加工区开展"快乐小厨师"的系列活动给孩子们提供了这样的机会,并可帮助孩子们建立初步的游戏规则。

## 活动一　蒸水蛋

【活动目标】
　　1. 学会"打蛋"和"搅拌"。
　　2. 愿意与大家一起分享自己的劳动成果,培养分享意识。
　　3. 在老师的帮助下将碗勺收拾干净,摆放整齐,养成爱卫生的好习惯。

【活动准备】
　　微波炉一台、打蛋器一个、鸡蛋2~3个、围裙若干、碗、勺等每人一份,调味瓶一盒(内有食油、盐)。

【活动过程】
　　1. 示范打蛋、搅拌:将蛋拿出,请小朋友观察蛋的形状和颜色,随后将蛋轻轻地在工作台敲破,用小碗盛好,并用打蛋器搅拌直至均匀(加上适量的水和盐)。
　　2. 幼儿打蛋:系上围裙,将蛋与打蛋器放到工作台上,将碗和勺清洗干净,开始操作。注意要及时将蛋盛在碗里,避免掉到桌上或地毯上。
　　3. 幼儿学习搅拌:左手抓住碗,右手用打蛋器轻轻搅拌直至均匀(加水、盐)。
　　4. 蒸蛋:将蛋放到微波炉里蒸五分钟(由老师操作完成)。
　　5. 分享:将蒸好的水蛋取出,用勺切开,分别盛在几个碗里,温度适宜时邀请其他小朋友过来一起品尝。
　　6. 清洁:将用过的碗、勺、打蛋器用清水冲洗干净。

【活动延伸】
　　鸡蛋还有许多不同的做法,比如我们还可以做"煎鸡蛋"。

## 活动二 切水果

【活动目标】

1. 独立操作将水果切分成一份一份的小片。
2. 学习"切"的正确方法,增强手眼协调性及动作的准确性。
3. 愿意与大家一起分享自己的劳动成果,培养分享意识。

【活动准备】

1. 孩子自己从家里带来的各种水果:苹果、香蕉、梨等。
2. 幼儿专用的水果刀、案板、围裙按小组活动人数准备。
3. 教师提前在各种水果上面用红色水彩笔画好切线。

【活动过程】

1. 教师示范:右手拿刀,左手按住水果,沿着切线一截一截地切下来,并将切好的水果放到指定的碗里。
2. 幼儿系上围裙,将案板及水果刀清洗干净,并将要切的水果一一取出。提醒孩子注意水果刀的刀口不能对着自己或别人,避免受伤。
3. 搅拌:取出一小勺果酱放到切好的水果盘里,不断地进行搅拌直至均匀。
4. 分享:将搅拌好的水果,尽量均匀地分到各个碗里,邀请大家来品尝。
5. 清洁:将用过的碗、勺、案板在洗手间用流动的清水冲洗干净,并放回原处。

【活动延伸】

另外可进行切香蕉、切苹果、切黄瓜、切梨、切橙子等活动。并且还可以邀请家长们一起参与活动,进行一次"水果沙拉"的制作。

## 活动三 制作水果沙拉

☆小班与中班混龄活动

【活动目标】

1. 学会与他人合作、分享,促进社会性发展。
2. 培养幼儿照顾自己、照顾他人的能力。

【活动准备】

1. 请中班两名小朋友和小班两名小朋友共同合作完成。
2. 幼儿专用的水果刀两把、案板两块、围裙四件。
3. 各种水果:苹果、香蕉、梨等,各种味道的果酱。
4. 教师提前在各种水果上面用黑色水彩笔画好切线。
5. 中班孩子已经提前学会"切"的动作,小班孩子已经提前学会"搅拌"的动作。

【活动过程】

1. 四名幼儿自由讨论分工:香蕉、苹果谁负责切?梨和西瓜谁负责切?谁负责搅拌果酱?在老师的引导下合理分工:中班小朋友负责"切",小班小朋友负责"搅拌"。

2. 幼儿分工后同时进行操作：中班2位沿着切线将水果切下并且将不同的水果分盛在不同的碗里；小班小朋友在切好的各种水果片里放入各种味道的果酱进行均匀搅拌。

3. 分享：大家一起将搅拌好的水果，分到各个碗里，邀请大家来品尝。在品尝的过程中可以说一说：在刚才的活动中我做了些什么？谁帮助了我？自己又帮谁做了什么事情？是怎样帮助别人的？

4. 清洁：大家一起将用过的碗、勺、案板用清水冲洗干净并放在指定的地方，解下围裙（可以鼓励中班小朋友帮小班小朋友解下围裙），放回原处。

【设计评析】

抓住孩子的年龄特点设计适宜的活动。孩子们每天在这样的真实环境中，做一些平时在家里想做而爸爸妈妈常以"危险"为由拒绝他们进行的工作，不仅满足了他们的身体动作需求和心理需求，而且促进了人际交往、语言、小肌肉等多方面的发展。所以"快乐小厨师"的系列活动是适合孩子年龄特点的，并能不断促进孩子各方面的发展。

教师积极鼓励孩子独立完成，逐步引导孩子独立性的发展。鼓励孩子独立进行操作，并非是没有任何约束或规则的放任。它要求孩子具有一定的操作熟练程度，在操作中具有一定的安全意识后才能进行。所以在刚开始的阶段，还很难做到让孩子们完全独立操作，而是逐步引导孩子独立性的发展。随着工作的逐渐深入，孩子们的操作能力也在不断增强；当他们具备独立操作的能力时，就可以大胆地放手，让孩子们自己当家做小主人了。

小班和中班两个班级共同进行活动，大大促进了孩子的社会性发展，为不同年龄孩子之间相互学习、相互交流提供了一个广阔的平台，促进了孩子人际交往能力的发展。

孩子的潜能是巨大的，让孩子通过自身的操作，去发现自己、发展自己，这正是我们所期待的。

(深圳市南山区北大附中实验幼儿园 吴 霞)

# 鞋子响嗒嗒

(综合活动)

【设计意图】

鞋子是每个人生活的必需品,但鞋子的作用一般不被幼儿所重视。教师结合本班幼儿特点,带领他们通过参观、实践、操作等方式参与活动,让他们明白鞋子不仅能方便人们的生活,同时也能美化生活,并在此基础上培养幼儿观察事物、探索问题的兴趣。

【活动目标】

1. 让幼儿初步了解鞋的种类、作用及与人的关系。
2. 教会幼儿正确穿脱鞋子的方法;培养幼儿自我服务和帮助别人的意识。
3. 通过探究活动培养幼儿的观察、思维能力,提高幼儿对周围事物的兴趣。

【活动准备】

1. 请家长有意识地为幼儿收集不同种类、款式新颖的鞋。
2. 联系参观鞋店和制鞋厂。
3. 美工制作材料。

## 活动一 我的鞋,你的鞋

【活动过程】

1. 猜谜语引出活动内容:我有两个好朋友,天天跟我地上走;
   风里来,雨里去,它们带我走千里。

教师要抓住"两个""天天跟我""走千里"等关键词引导幼儿思考:猜猜是什么?

2. 讨论:我们为什么要穿鞋?

引导幼儿从鞋的外形特征、功能作用几方面思考,再讨论:没有鞋人们有什么不方便?引发幼儿关注鞋与人们生活的重大关系。

3. 鞋子大聚会。

请幼儿将鞋脱下来放在一起,大家来说说:都有哪些鞋子?它们有什么不同?它们都叫做什么鞋?教师引导幼儿从鞋子的外形、颜色、款式等方面观察,重点指导幼儿认识不常见的鞋。

## 活动二 小巧手

【活动过程】

1. 玩游戏"脱得快！穿得快！"，大家一起学习穿脱鞋子的方法。教师观察幼儿的动作，帮助有困难的小朋友。

2. 玩游戏"我来帮你穿穿鞋"。幼儿两两一组，相互练习穿鞋。集体讨论：为什么他们穿得快？引导幼儿发现活动中合作互助的重要性。

3. 弟弟妹妹我帮你。激发幼儿帮助小小班小朋友穿鞋的情绪，在给别人帮助的同时强化实践动作。

## 活动三 参观鞋店制鞋厂

【活动过程】

1. 通过谈话引起幼儿的参观兴趣。

鞋子是从哪儿来的呢？我们到哪儿才能找到各种各样的鞋？

教师交代参观的目的和注意事项，引导幼儿有目的、有秩序地参观。

2. 参观鞋店。

教师通过问题引导幼儿参观：商店里都有些什么鞋？它们是怎样的？你喜欢哪一双？人们是怎样选鞋的？

请售货员将幼儿十分感兴趣的鞋拿给幼儿摸一摸、看一看，并给大家做简单的介绍。

教师顺势引起幼儿参观制鞋厂的兴趣：小朋友，这么好看有趣的鞋子又是从哪里来到商场的呢？

3. 参观制鞋厂。

教师按照鞋的制作工艺顺序带领幼儿参观，从选料、压模，到缝边、加工等，引导幼儿仔细观察制鞋工人的工作，鼓励他们大胆提问，培养他们热爱劳动人民的感情。

4. 参观完毕，总结谈话。

## 活动四 我喜欢的鞋

【活动过程】

1. 引导幼儿谈谈自己喜欢的一款鞋，说说它的颜色、款式、材料以及喜欢的理由。

2. 美工活动——做鞋。

先观察鞋的外形是怎样的，说说可以用什么材料制作。教师指导幼儿一起选择材料和工具,帮助他们尝试将自己喜欢的鞋制作出来。

3. 分享作品,说说"我最喜欢的鞋"。

## 活动五  鞋子展销会

【活动过程】

1. 谈话,引发幼儿举办"鞋子展销会"的兴趣。

我们认识了那么多漂亮、有趣的鞋子,怎样让别的班的小朋友也能分享我们的快乐呢?

2. 集体讨论展销会的场地布置和材料准备。

关于鞋子的来源:我们从哪里收集鞋呢?

关于场地的布置:那么多的鞋摆在什么地方呢?怎样摆别人才愿意看呢?

关于展销的宣传:我们怎样让别人知道我们班有个展销会呢?

关于内容介绍:我们怎样让来参观的人也了解这些鞋子、选择购买呢?

3. 教师与幼儿讨论具体分组,一同布置场地,制作海报和宣传资料,讨论具体的制作方法。

4. 总结奖励活动。

展销会结束,请幼儿自己说说谁是优秀的工作人员,相互鼓励表扬,颁发纪念品。

【设计评析】

小班幼儿的生活经验相对少,所以本活动的设计从幼儿身边最常见的事物出发,力求通过看、摸、做等活动提升他们的经验。虽然幼儿都知道鞋子的用途,但谁也没有想过失去鞋人们会怎样;虽然幼儿对鞋的外形多多少少有些印象,但谁也不能准确描述它的样子。

提升经验是这一系列活动的目的。在培养幼儿探究能力的时候,生活自理能力的提高也非常重要,同时,关爱更小的同伴、尊重别人的劳动等爱心的体现也同样重要,这些目的在设计中均有所突显。最后一个活动是更高一层次的经验提升,对小班孩子来说有一定的难度,可根据幼儿的具体能力作适当调整。

(深圳市南山区西丽幼儿园  魏 霞)

# 一二三，自己爬起来

(语言活动)

【设计意图】

针对小班幼儿平时在行为习惯上存在较强依赖性的特点，选择了此故事作为"隐性示范"的方式和手段，将小动物跌倒后自己爬起来的情节迁移到平时生活，使幼小孩子在日常生活中乐意尝试"自己来"。活动坚持直观和操作的原则，让幼儿在直接的观察、比较中理解故事所表达的内容，充分体验"一二三，自己爬起来"的成功感和乐趣，从而达到情感上的认同和理解。

【活动目标】

1. 初步感受故事中有趣的情节，并在情绪体验中知道：跌倒了要自己爬起来。
2. 有兴趣地学讲故事《一二三，自己爬起来》。

【活动准备】

1. 人手一套故事背景图和小熊、小羊、小兔、小老鼠和小猴贴纸。
2. 自制两本小图书《一二三，自己爬起来》。
3. 毛绒玩具三套(小熊、小羊、小兔、小老鼠和小猴各一个)。
4. 教师在区域中创设具有明显大小不同的几组动物，引导幼儿在日常生活中看一看、比一比、讲一讲谁大谁小、谁胖谁瘦、谁力气大谁力气小等。
5. Flash动画片，投影机。

【活动过程】

1. 教师提问引起幼儿回忆并讲述自己的生活经验。

师：小朋友，你们有没有跌倒过，跌倒了你会怎么办？

引导幼儿各自表达自己的经历和解决方式。

2. 边播放Flash动画边讲述故事。

师：刚才有些小动物也在这里跌倒了，我们来看看是谁？它们是怎么做的？

教师有感情地讲述，幼儿完整地看完动画。

3. 分段倾听，感受故事情节。

结合故事内容采用夸张的动作和语气引导幼儿感受四只动物互相拉对方，可是最后都跌倒在地的有趣情节。

4. 幼儿分小组操作演示，体验情感。

幼儿自主选择毛绒玩具，教师引导幼儿相应演示小熊、小羊、小兔、小老鼠先后爬起来的情境,充分感受"一二三,自己爬起来"这句话的含义。隐性地引导幼儿跌倒了可以自己爬起来,不用别人拉,并产生愉快的情绪体验。

5. 个别操作,听听讲讲。

放故事磁带请幼儿按故事情节把小动物粘贴在故事背景图中,让幼儿再次体验感受自己跌倒自己爬起来并学讲"一二三,自己爬起来"的故事。

【活动延伸】

1. 提供图书《一二三,自己爬起来》,幼儿可以自由地边看边讲。
2. 日常生活中鼓励幼儿跌倒不哭闹,自己爬起来。

【设计评析】

在"一二三,自己爬起来"的教学过程中,有全班性的集体讨论——关于小动物跌倒的讨论,有幼儿小组的合作与交流——结伴演绎故事情节,有幼儿的个别思考和操作——用图片粘贴完整的故事。在集体教学中适当增加小组活动、个别活动的机会,将使每一个幼儿都有机会去选择适合自己的学习方式、方法和速度,展示自己的所思所想,大胆地发表自己的见解和意见。

【资料链接】

## 一二三,自己爬起来

天气真好!太阳红彤彤,小草绿油油。一只小熊高高兴兴地到草地上玩。忽然,"扑咙咚!"小熊跌倒了。小羊看见了来拉小熊,"扑咙咚!"小羊也跌倒了。小兔看见了来拉小羊,"扑咙咚!"小兔跌倒了。

小老鼠看见了也来拉小兔,"扑咙咚!"老鼠也跌倒了。小猴看见了,连忙大声喊:"一二三,自己爬起来!"小熊、小羊、小兔、小老鼠一个接一个都自己爬起来了,小动物们一起高高兴兴地在草地上玩耍!

(深圳市南山区西丽幼儿园  郑新枚)

# 红绿色分类

(数学活动)

【设计意图】

对于2岁半至3岁之间的孩子来说,无论是生活经验还是知识能力方面都还存在较大局限性,"家"对他们来说是最亲近的。同时,孩子早期接触较多的颜色主要是红色和绿色,因为它们色彩鲜艳、对比明显,生活中处处可见,易被幼儿分辨、接受和喜爱。针对这些特点,本活动设计了让幼儿在情景中学习红绿颜色分类的游戏,帮助幼儿区分红绿色,并通过红绿娃娃找家的游戏激发幼儿学习的兴趣和减低幼儿的学习难度,使幼儿在玩中自然感知、理解学习。

【活动目标】

1. 初步尝试不受物体大小、形状的影响,学习按物体的颜色进行分类;能够区分红色和绿色。

2. 培养幼儿动手动脑能力及对分类活动的兴趣。

【活动准备】

1. 大小不同的红绿皮球、筐子各一个,娃娃两个,小床两个。

2. 红纸和绿纸,红绿糖粒若干。

3. 在教室里有意识地将红绿玩具放在明处。

【活动过程】

1. 教师出示两个皮球让幼儿辨认红色和绿色,并提醒说:"大皮球是红色,小皮球是绿色。"

2. 教师出示两个娃娃,一个穿红色衣裤的,一个绿色衣裤的,再出示两张小床,一张床有红色的被子、枕头、毯子,一张床有绿色的被子、枕头、毯子,指导幼儿安排娃娃睡觉,要求穿红色衣裤的娃娃睡有红被子、枕头、毯子的床,穿绿色衣裤的娃娃睡有绿被子、枕头、毯子的床。教师注意观察幼儿操作中的颜色分辨及对应,并给予必要的提示。

3. 给娃娃送糖吃,红糖送给穿红衣裤的娃娃吃,绿糖送给穿绿衣裤的娃娃吃。

4. 游戏:红豆豆,绿豆豆。把纸做的红豆豆、绿豆豆放在地上,引导幼儿边走边念儿歌:"红豆豆,绿豆豆,拾到豆豆放筐里,红豆豆放红筐里,绿豆豆放绿筐里。"游戏反复1~2次。

【活动延伸】

1. 在教室里、自己身上、幼儿园内找红绿颜色的实物。

2. 发红绿糖给幼儿吃,并要讲出糖的颜色。

【设计评析】

1. 符合幼儿年龄特点,让幼儿在玩中学,学中玩。两岁多的幼儿以直观思维为主,娃娃、家、红绿颜色都是孩子比较熟悉或已接触过的事物。本活动正是针对孩子的年龄特点和已有经验,设计了孩子既喜欢又乐于参与的活动,使孩子自然成为了学习的主体。

2. 通过情景游戏,激发孩子的学习兴趣。由于幼儿有了兴趣,所以很乐于参与游戏,而教师在游戏的过程中,通过举一反三、层层诱导,帮助幼儿加深对红、绿颜色的认识。

(深圳市南山区海月谷幼儿园　蒋新华)

# 小兔采蘑菇

（数学活动）

【设计意图】

当学习要求转化为幼儿内在需要时，教育目标就变成幼儿游戏的意愿。此活动正是从幼儿年龄特点出发，创设"小兔采蘑菇"的故事情境，让孩子以角色身份轻松、自然地完成各项操作。

【活动目标】

1. 复习按颜色分类及 5 以内点数；给数字 1～5 排序；
2. 5 以内数量点卡与实物卡片、数字卡片的匹配练习。

【活动准备】

1. 幼儿分组参加游戏，每五名幼儿为一小组。
2. 每组配备五张颜色一致的母卡，母卡为蘑菇形状，大小 20cm×20cm，上面分别画有点子 1～5 个，另设两个插卡袋(见右图)。

母卡

3. 每组配备画有数量 1～5 的小兔的卡片各一张；数字卡片 1～5 一套；排序用的小旗标记；兔子头饰若干(见右图)。
4. 地板上画有不同颜色的大圆形——"篮子"(能站下五个小朋友)。

小兔卡

【活动过程】

1. 复习按颜色分类及点数。

教师以兔妈妈的身份向小兔子们交代采蘑菇的任务。

师：(将母卡散放在地板上)今天天气真好，我们一起去采蘑菇吧！请每个宝宝采到一朵蘑菇后，看看它是什么颜色的，然后放进同样颜色的"篮子"里，坐到"篮子"边上。

请幼儿找到相应颜色的圆圈坐好，教师请幼儿点数每组有多少人，多少朵蘑菇。

2. 按蘑菇上面的点子数匹配相应的实物卡片。

师：能干的小兔子采了这么多蘑菇，我们请客人一起来分享吧！蘑菇上有几个点子，我们就请几只小兔子来吃蘑菇。

教师为每组提供小兔卡片，小朋友按各自蘑菇上的点子数，来请同样数量的小兔子吃蘑菇，点卡与实物卡一一对应，要求将实物卡插在蘑菇卡上的插卡袋上。

3. 按点子数匹配相应的数字卡片。

师：数字宝宝看到小兔子们玩得好开心，它们也想找朋友一起做游戏了，蘑菇上有一个点子，数字1就和一个点子做朋友，蘑菇上有三个点子，数字3就和三个点子做朋友。

教师为每组小朋友提供数字卡片,请小朋友根据各自蘑菇上的点子来找相应的数字卡片,并将数字卡插在蘑菇卡上的插卡袋里。

4. 给点卡排序。

师:听!小蘑菇在说什么呢?哦!原来它们想请小朋友帮帮忙给它们按从小到大、从少到多的顺序来排队,比一比,看哪一组最快!想一想谁应该排在最前面,谁应该跟在后面?

教师提供排序标记,请每组幼儿在各自的排序标记上按要求给点卡排队。

5. 结束。

师:今天小兔们真能干!快到中午了,宝宝肚子饿了吧!请兔宝宝把采来的蘑菇都交给兔妈妈,让妈妈来做顿丰盛的午餐吧!

【活动延伸】

将操作材料投放到数学游戏区,引导幼儿在区域活动中进一步操作、学习。

【设计评析】

本活动为幼儿提供故事情境,以"采蘑菇—放蘑菇—请客"等情节贯穿整个活动始末,师生共同扮演故事角色,在轻松愉快的气氛中完成全部的学习任务,充分调动幼儿的积极性和自主性,将抽象的数学知识具体形象化,将实物、点子、数字三者之间的对应变得更加简单易学,符合小班幼儿的年龄特点。

通常,数学活动中桌面操作活动比较多,孩子彼此之间很少有合作的机会。本活动跳出了这种形式,结合小班幼儿年龄特点——直觉行动学习,将个体的思考、学习放在集体游戏中加以印证、分享、调整。

(深圳市南山区机关幼儿园　王满珍　秦晓菲)

# 学习图形的双维分类

（数学活动）

【设计意图】

小班幼儿在已认识一些几何图形和颜色后,在生活中常会遇到根据物体特征分类的问题。本活动设计通过循序渐进、由浅入深的游戏和操作活动,帮助幼儿学习运用自己已有的知识去观察问题、分析问题、解决问题,并学习将自己感知、归纳、总结的经验运用到日常生活当中。

【活动目标】

1. 在认识红、蓝、绿、黄色和圆形、三角形、正方形、长方形、梯形等图形的基础上,学习概括图形的两个特征,初步掌握图形双维分类的方法。
2. 培养幼儿动手动脑的能力和学习数学的兴趣。

【活动准备】

1. 红、黄、蓝、绿色的地垫各一张,铃鼓一个。
2. 图形卡片及操作学具幼儿人手一套。
3. 教师的演示教具一套。
4. 幼儿操作记录表一份。
5. 区域材料:按大小、颜色和按大小、形状进行双维分类的两种幼儿操作学具各6套(见资料链接)。

【活动过程】

**一、区分颜色、图形**

1. 游戏1:颜色的家

在地上用红、黄、蓝、绿色的地垫布置成各种颜色的"家",幼儿听到铃声绕各种颜色的"家"走大圈。铃声停止时,教师问:"×颜色的家在哪里?"幼儿回答:"×颜色的家在这里。"并跳到相应颜色的"家"中。

2. 游戏2:找卡片

幼儿人手一筐不同颜色图形的卡片,教师说:"请找出绿颜色方形的卡片。"小朋友就从筐里找出相应的卡片。

**二、学习图形双维分类的方法**

1. 教师出示演示卡片,引导幼儿说出货架上的标记。

师:这是沃尔玛的货架,上面有各种颜色和图形标记。沃尔玛的叔叔想请小朋友帮忙将饼干按标记摆放好。我们先看横排,从左到右都有哪些图形标记?再看竖排,从上到下都有哪些颜色标记?

2. 遮住黄、蓝、绿色,只显示几何图形和红色,引导幼儿观察讨论:第一横排和第一格应摆什么样的饼干?(红色圆形的)为什么?在此基础上再找出第一横排的第二格、第三格等。

3. 出示第二横排黄色标记,引导幼儿观察、讨论,找出第二横排的第一格、第三格应摆什么样的饼干以及为什么。

4. 完整出示演示板,引导幼儿观察、讨论找出第三横排的第三格、第四格应摆什么样的饼干,为什么。

重点难点:让幼儿理解所选择的饼干要与货架上的颜色及形状标记相对应。

三、幼儿操作

1. 交代操作要求:

师:现在每个小朋友手里都有一个饼干架和一筐饼干,请小朋友帮沃尔玛的工作人员完成这个任务。请小朋友看清货架上的图形和颜色标志,并按从左到右、从上到下的顺序摆放。

师:摆放好后,要告诉沃尔玛的工作人员每一块饼干分别是什么颜色,什么形状,沃尔玛的工作人员检查通过后,再将饼干放回自己的筐中。

2. 根据幼儿的能力将他们分为两组,对能力弱的可以降低要求,减少图形的种类,并重点指导。

3. 幼儿操作时,教师巡回指导,并对幼儿的操作过程进行记录。

4. 教师小结,肯定幼儿的操作能力,并针对具体问题再强化分类方法与要求。

【延伸活动】

1. 在益智区投放图形双维分类操作实物,如颜色、形状不一的雪花片、积木等。

2. 在益智区增加图形与大小,颜色与大小的双维分类卡(见资料链接)。

3. 在日常生活中引导幼儿对两个特征的物体进行观察,并学习分类。

【设计评析】

活动设计遵循了循序渐进、由浅入深的原则。这个活动对小班幼儿来说虽有一定的难度,但由于孩子已经具有对颜色和图形的认知经验,所以仍是可以学习和掌握的。为了帮助孩子获取经验,本活动采取了先辨认一个特征,再增加到辨认两个特征,如先找同样的颜色的不同图形,再找不同的颜色的不同图形,循序渐进、由浅入深,一步步引导幼儿学习图形双维分类的方法,使幼儿较好地获取了新的经验。

活动设计注重了个别差异。由于幼儿的能力存在着个别差异,多种图形的辨别和两个特征的理解对发展慢的幼儿来说不宜太复杂。因此本活动设计了3种图形和5种图形的两种操作卡片,这样使能力强和能力较弱的幼儿都在原有的基础上得到了发展。

活动设计注重了多样性、趣味性及操作性。活动以游戏导入,设计了个别演示和幼儿动手操作,以贴近生活"帮助沃尔玛叔叔摆饼干"的形式,较好地调动了幼儿学习的积极性。

【资料链接】

### 《多元智能学具》小班操作卡

1. 图形的双维分类卡

   ☆ 形状、颜色

| 形状＼颜色 | ○ | □ | ▭ | △ | ⏢ |
|---|---|---|---|---|---|
| 红 | | | | | |
| 黄 | | | | | |
| 蓝 | | | | | |
| 绿 | | | | | |

注：根据幼儿能力可只进行3种以内图形的分类。

2. 操作记录表

   ☆ 数学区　　　　　　　　　　　　　　　　年　月　日—　月　日

| 内容＼姓名 | 图形的双维分类（颜色、形状） | | | |
|---|---|---|---|---|
| | 能正确分辨颜色 | 能正确分辨形状 | 掌握了图形双维分类的方法 | 能说出操作的结果 |
| | | | | |

注：× 表示在教师的引导下还很难掌握。
☆ 表示能独立完成任务。
△ 在教师的引导下能完成任务。

3. 区域材料

（1）图形的双维分类一（大小、形状）。

| 形状＼大小 | □ | ○ | △ | ▭ |
|---|---|---|---|---|
| 大 | | | | |
| 小 | | | | |

(2) 图形的双维分类二(颜色、大小)。

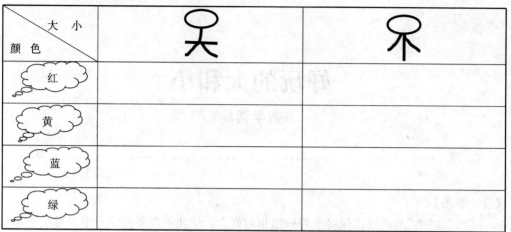

(深圳市南山区海月谷幼儿园 李 隽)

# 好玩的大和小

(数学活动)

【设计意图】

"大"和"小"是通过比较得来的一组相对概念。幼儿不仅要在学习中获得这些相对的概念,还要让"大"和"小"的概念应用到他们的日常生活中。本设计以系列游戏的活动,使幼儿在"大"和"小"的惊喜探索中获得丰富的感性认识,并初步学习从不同的角度去观察和思考的方法。

【活动目标】

1. 学会目测有明显大小差异的物体,懂得物体的大小是通过比较来认识的。
2. 通过游戏使幼儿初步体会到由大到小和由小到大之间的转变,初步发展幼儿的多向思维。
3. 激发幼儿探索的主动性、积极性,培养幼儿探索的兴趣。

【活动准备】

1. 硬纸鱼20条(有大小差别)、钓鱼竿若干、用大积木围搭成一个"池塘"。
2. 吹泡泡用具:装有肥皂水的塑料瓶人手一份,吸管(单孔、多孔、粗细不一)数量多于幼儿人数,气球若干。
3. 可变大或变小的食物若干种,如饼干、水果、青菜、木耳干等。
4. 照相机、大白纸和画笔,幼儿自带小时候的照片和近照。

【活动过程】

游戏一:钓鱼

1. 每次请一名幼儿来钓鱼,要求钓"池塘"中所有鱼中最大的一条和最小的一条。鱼钓上来后,分别放在大鱼筐和小鱼筐里。
2. 尝试:请幼儿自由地钓鱼,仍旧要求钓最大的和最小的鱼。

游戏二:超级比一比

1. 请幼儿将手放在眼睛前当望远镜,大家一起来找找教室里的"大"和"小"。
2. 将幼儿分成两组,玩超级比一比的游戏:比比谁的鞋子最大?谁的头最大?谁的嘴巴张得最大?谁的手最大?谁穿的衣服最大?……

游戏三:大人和小人

1. 教师讲述故事《大人国小人国》。
2. 照片分享:小时候的我……(小手小脚,坐在推车里,不会自己穿衣裤和穿鞋袜、吃饭。)

　　3. 提问:如果有一天你变大了,你是什么样的?(个子高了,胖了,力气大了,穿大鞋,跑得很快,可以做许多的事情,上学等。)

　　4. 启发幼儿运用想像力随意表现身体某部位的变化。将幼儿表现的身体轮廓印画在纸上。(可将胳膊伸长,两脚分开来表示大人;用蹲下,胳膊、腿、脚收紧或绻起来的动作来表示小孩。)

游戏四:吹气球

　　1. 引导幼儿想一想:有哪些能够变大和变小的物体?
（游泳圈、气球、蹦蹦床、折叠床、扇子、被子、雨伞。）

　　2. 幼儿尝试让气球变大的方法。

　　（1）请几名幼儿用口将气球吹大。

　　（2）用口吹难度太大,可以用气筒打气。

　　3. 思考用什么方法让气球变小。

　　（1）用自己的身体部位(用手戳破、用脚踩爆、用屁股压破)。

　　（2）借助外力的方法(用针刺破、用锤子或砖头砸破、用钉子戳破)。

　　（3）将绑紧气球的绳子解开,直接放气。

　　4. 幼儿自由地到户外玩气球。

游戏五:食物变变变

　　1. 大家围坐在桌前,观察饼干、水果、青菜、火腿、干木耳、面粉等食物。

　　2. 提问:怎样使食物变大、变小?
（吃一吃、炒一炒、切一切、剁一剁、摘断、真空包装、晒干、浸泡、油煎。）

　　3. 分享食物,把好吃的东西变小、变没有。

【活动延伸】

　　1. 继续收集如望远镜、放大镜、充气椅、蹦蹦床、吹泡泡等材料,让幼儿主动探索以进一步加深对大和小变化的认识。

　　2. 展示如蝴蝶的成长变化过程等各种动物的成长资料(书、图片、录音故事),帮助幼儿初步理解"长大"的概念。

　　3. 充分挖掘一些潜在的、隐性的游戏。如从"拔河"可了解力气的大和小、从"独木桥"可比较胆子的大和小、从"大雨和小雨"可体验到声音的大小。

【设计评析】

　　这是个从基础入手形成大小相对概念的教学活动,重点是让幼儿在掌握大和小概念的过程中发展多角度的、多层面的思维。

　　在教学上打破了过去数学课的传统模式,根据小班幼儿年龄的特点,寓数学教育于游戏之中。

　　在教学内容的选择上注意到了发展性原则,循序渐进,步步深入。

（深圳市南山区西丽幼儿园　涂美霞）

# 沉 与 浮

(科学活动)

【设计意图】
　　水在日常生活中十分常见,幼儿对水的游戏非常喜爱。通过嬉戏、玩耍,孩子可以在不经意中发现许多关于水的科学知识。本活动试图通过简易实验,帮助孩子了解简单的科学探究途径、方法,学习开展科学探究必要的记录手段,思考生活中的科学现象。

【活动目标】
　　1. 让学生在猜测、实验、记录中感知沉与浮。
　　2. 在活动中引发学生的好奇心和求知欲,培养其实事求是的科学态度。

【活动准备】
　　1. 在整理箱中提前装好水。
　　2. 石头、磁铁、乒乓球、积木等若干。
　　3. 记录纸人手一份。

【活动过程】
　　1. 创设情景,激发幼儿探究的兴趣。
　　(1) 出示实验材料,引导幼儿观察、发现材料的特征。
　　(2) 设计游泳比赛的情景,请幼儿猜想、预测材料"跳入"水中的现象。"这么多的东西,要进行一个游泳比赛,它们跳到水里会怎样呢?"
　　2. 简单操作,并记录。引导幼儿初步建立猜测、假设的概念。
　　(1) 教师记录自己的假设,并详细说明怎样使用记录表。
　　(2) 引导幼儿自己猜想、假设并记录。提示幼儿:"这些东西跳到水里会是什么样的呢? 我们来猜一猜。不要讲出来,先用笔把我们猜到的画下来。"(老师指导幼儿记录的方法。)
　　3. 实验操作。
　　(1) 通过实践操作,引导幼儿体验"浮"与"沉"的概念。
　　师:现在我们来做一个实验,验证一下是否和我们的猜测一样。
　　例如:把一个积木和石头分别投到水里,请幼儿观察积木在水里是怎样的。"我们用一个词来说——"浮",表示积木在水的上面。"用同样的方法引导幼儿观察石头是"沉"的,表示石头在水底下。
　　(2) 鼓励幼儿用图示表示自己看到的实验结果。

提示:将结果画下来,必须根据自己看到的情况来画。

(3) 幼儿自由操作,并记录结果。

先记录好的幼儿将记录的结果与自己的预测进行比较,教师帮助幼儿整理对物体沉浮现象的认识。

4. 交流实验记录结果(鼓励幼儿将自己的观察记录结果与他人分享与交流)。

请幼儿说说自己为什么这样记录。每一个符号表示什么。假设与实验是否一样。

5. 教师小结。

(1) 引导幼儿将猜测、假设与实验结果对照,强调记录的真实性。

(2) 与幼儿回忆活动中自己的操作与记录。

6. 激发幼儿继续探究的兴趣,提出延伸问题。

请幼儿想一想,在我们的生活中,幼儿园和家里的东西放在水里是沉的还是浮的?试试看,并尝试自己做记录,带来幼儿园与老师、小朋友们分享。

【设计评析】

由于小班幼儿的思维仍然处于直觉行动阶段,所以他们常常停留于游戏的表面,而忽略了实验内在的教育价值。本设计创设的情境容易引起幼儿的兴趣,教师的引导给了幼儿积极、大胆参与和猜想、假设的空间。

小班幼儿记录的意识还未建立,记录能力相对较弱。设计中提供的记录表为幼儿提供了可以参考的支架。

鼓励学生尊重与倾听他人的观点,帮助他们学会互相学习。

【资料链接】

记录表:(给幼儿使用时可放大)

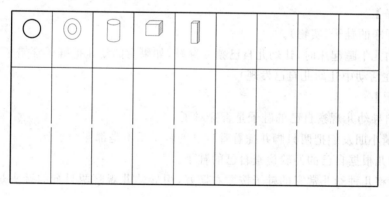

(深圳市南山区北师大蔚蓝海岸幼儿园　陈五园　池淑江)

# 分清左右鞋

（科学活动）

【设计意图】
　　幼儿容易区分前后、上下的方位关系，但很难分清左右方位，在以往的教学中，只有大班的教材才有"认识、区分左右方位"的教学要求及相关教学内容。但在幼儿（不管是大、中、小哪个年龄阶段的幼儿）的实际生活中，都需要运用左右方位的知识具体判断并行动，如穿鞋、穿衣、做操、上下楼梯等等。此次教学按小班幼儿的年龄特点结合他们实际生活的需要和兴趣，设计了区分左右的探索活动。

【活动目标】
　　1. 引导幼儿通过观察、操作，直接感知左右鞋与左右脚的对应关系。
　　2. 引导幼儿探索正确的穿鞋方法。
　　3. 发展幼儿的观察能力，培养幼儿探索的兴趣。

【活动准备】
　　1. 干净的鞋子（实物）。
　　2. 幼儿午睡起床时，让幼儿自己独立穿鞋，如果有的幼儿把鞋子穿错了，老师暂时不纠正（在活动中让幼儿自己发现）。

【活动过程】
　　1. 引导幼儿观察自己的鞋子是否穿对了。
　　师：请小朋友们把两只脚并拢看看自己的鞋子是不是都穿对了。
　　让幼儿根据自己的经验检查自己的鞋子。
　　老师将几种幼儿常穿的鞋子按左右摆好，引导幼儿观察两只鞋的鞋头是碰在一起的，还是往两边歪的。
　　小结：怎样检查自己的鞋子有没有穿对呢？把两脚并拢，鞋子穿对时，两只鞋子的鞋头总是碰在一起，挨得紧紧的，走路时小脚也很舒服。如果穿错了，两只鞋子的鞋头不是碰在一起，而是往两边歪的，走路时小脚总觉得不舒服。
　　2. 幼儿探索正确穿鞋的方法。
　　师：请小朋友们把鞋子脱下来重新穿一遍，然后再告诉老师，你是怎么穿的？
　　让幼儿用语言描述、概括自己做的过程，培养了幼儿对思维过程进行反省的习惯和能力，教师也从中能更准确地把握幼儿的思维过程。
　　师：小朋友们都做得很好，现在请大家跟老师做一个动作——双脚并拢，鞋尖对鞋尖,双手自然垂下摸鞋扣(或鞋带)。保持这个动作,请小朋友仔细看看,鞋扣在脚的哪边?

3. 引导幼儿观察、讨论:鞋子穿对时,鞋尖总是对里面,鞋扣或鞋带总是在脚外侧或上面,有一个很特别的地方就是两只鞋的鞋扣不会碰在一起的。

4. 老师小结提升:穿鞋的顺序和方法。一是坐下来,把鞋子鞋尖挨鞋尖摆好;二是一只脚一只脚地穿,扣上鞋扣(系上鞋带),鞋扣的方向相反;三是站起来走走看,小脚舒不舒服。

【活动延伸】

学《穿鞋》的儿歌,练习、巩固穿鞋的正确顺序和方法。

【设计评析】

幼儿在自己检查时,有个别幼儿发现自己的鞋子穿反了,脱下来重新穿了一次,结果还是穿反了。因为这些幼儿不了解一双鞋中的两只鞋子是不一样的。通过探索活动,小朋友们了解了鞋子有左右之分,感知了左右脚和左右鞋是对应的。虽然有些幼儿不能清楚地说出:这是左脚鞋,那是右脚鞋,但他们都能检查自己的鞋子是否穿反,并学会了穿鞋的正确顺序和方法。

设计此活动是顺应孩子的需要和兴趣,在活动中强调幼儿通过观察、讨论、比较、操作获得鞋子相关的知识,能有效地激发孩子探索的兴趣。

【资料链接】

### 改编的儿歌《穿鞋》

我的鞋儿像小船,
船头大来船尾小,
船尖总是碰一起,
伸完左脚伸右脚,
扣好鞋扣才能跑。

(深圳市南山区大新幼儿园　萧韩绮)

# 倒 倒 看
(科学活动)

【设计意图】
　　小班幼儿的思维特征是以具体形象思维为主,做中学、玩中学、游戏中学是他们的主要学习方式,容积的大小这样的学习内容对于他们来说是十分抽象和难以理解的。"倒倒看"这个活动设计,是从小班幼儿的年龄特点出发,让他们在倒来倒去的玩水过程中,不受容积外形的影响,来区分容积的一样、多、少的现象,从而引发他们去关注和动手验证身边的科学现象。

【活动目标】
　　1. 使幼儿不受容积外形的影响,感知容积的大小,并记录实验结果。
　　2. 从操作中体验发现的快乐。

【活动准备】
　　1. 教师操作材料:
　　　　绿瓶两个:容积相等形状不同;　　　　橙瓶两个:容积不等形状不同;
　　　　一盆水、擦手布、集体记录表、笔。
　　2. 幼儿操作材料:
　　　　蓝瓶两个:容积相等形状不一样;　　　红瓶两个:容积相等形状不一样;
　　　　黄瓶两个:容积不等形状不一样。
　　　　人手一盆水、活动记录表、铅笔、擦手布。
　　　　(橙、蓝、红、黄为瓶子标记。)

## 活动一　观察比较

【活动过程】
　　1. 出示绿瓶(形状不同容积相等),请幼儿一起猜测两容器容积的大小。
　　师:小朋友,你们猜猜,这两个瓶子,哪个瓶子装的水多,哪个瓶子装的水少,还是两个瓶子装的水一样多?
　　2. 讨论比较容积大小的方法。
　　师:那我们来比吧!可是怎么比呢?

3. 请一幼儿上来比比，教师小结并记录操作结果。

4. 出示橙瓶（形状不同容积不等），请幼儿一起猜测两容器容积的大小，请个别幼儿验证并在提供的集体记录表上记录操作结果。

（提示记录方法：将相同颜色的两个瓶子相互比较，如两容积相等，请将两瓶子连线记录，容积不一样的不用记录。）

5. 幼儿操作，并在提供的记录表上学习记录实验结果。

## 活动二　操作比较

【活动过程】

1. 出示蓝瓶，请幼儿一起猜测两容器容积的大小。

师：小朋友，你们猜猜，哪个瓶子装的水多，哪个瓶子装的水少，还是两个瓶子装的水一样多？

2. 请一幼儿上来比比，并记录操作结果，教师小结。

3. 幼儿操作。

每一幼儿利用教师提供的另外两组瓶子（红色和黄色）进行操作并学做记录；提醒幼儿注意教师提出的操作要求：将相同颜色的两个瓶子相互比较，将装水多的瓶子圈出来，如果两个瓶子装水一样多则不用记录。

【设计评析】

本活动由两个部分组成。活动一重在帮助幼儿不受容积外形的影响，感知容积的等同与否，同时掌握比较的方法，并记录实验结果；活动二重在指导幼儿不受容器外形的影响，感知容积的多、少，并记录实验结果。整个活动，从小班幼儿感兴趣的内容出发，遵循循序渐进的原则，通过幼儿的操作来促使幼儿关注、探究身边的科学现象，体验科学发现的快乐。

建议：

1. 材料可选用幼儿生活中熟悉的矿泉水瓶子、酸奶瓶子、化妆品瓶子、药瓶子等，裁剪以后使用，且瓶子的口宜大。

2. 活动一的记录表建议采用适合小班幼儿年龄特点的连线题，三组瓶子分上下或左右两排画好，请小朋友将容积一样的瓶子用线连起来。活动二的记录表宜将颜色相同的两个瓶画在一个框内，请幼儿将大瓶（或小瓶）圈出来。

（深圳市南山区机关幼儿园　蒋　平）

# 看谁落得快

（科学活动）

【设计意图】
　　每个幼儿都对周围的一切充满好奇，他们生机勃勃、精力充沛、不知疲倦地探索周围世界。本设计利用日常生活中的事物和现象作为幼儿科学探索的对象，安排一些有趣的科学活动。在科学探索活动中，由于幼儿会受到原有经验和操作能力的影响，所以他们往往会获得一些不合乎逻辑甚至不科学的发现。引导者要鼓励幼儿在一次又一次的实验探索中寻找正确的答案，以此引导他们发现周围世界的神奇，激发他们对周围世界的认识兴趣和探究欲望。

【活动目标】
　　1. 培养幼儿良好的科学素养，激发他们探究周围事物的兴趣。
　　2. 通过实验，让幼儿发现物体加重后，落下来的速度就会不一样。

【活动准备】
　　1. 老师示范用的一红一白两个胶袋，塑料一块。
　　2. 幼儿人手一个胶袋，泡沫、木头若干。
　　3. 一张大记录表，笔，贴纸。

【活动过程】
　　1. 故事导入活动。老师手拿已画上眼睛、鼻子、嘴的两个一红一白的空胶袋，用拟人的口吻来进行情境游戏。

　　师：今天早上，我听到两个胶袋宝宝在说话，红胶袋宝宝对白胶袋宝宝说：嗨！白胶袋，我们来进行一次比赛吧？白胶袋问：比什么？红说：比比，我们谁先落在地上。白说：好呀，比就比！于是，他们就站在一起，从一样高的地方跳下来。

　　帮助幼儿将所看到的比赛结果用贴纸的方式记录在一张大的记录表上（暗示：重量相同、体积相同的物体是同时落下）。

　　2. 将物品放入其中一个胶袋内，请两个幼儿来实验；提醒幼儿思考：为什么其中一个胶袋会落得快？引导幼儿说出原因。

　　师：刚才，我们看到比赛的结果了，他们是同时落地的。这时候，聪明的白胶袋想了个好办法，它趁红胶袋不注意时，啊呜——一口，吞了一块玩具在肚子里（塑料），现在，小朋友猜猜，这次谁会赢呢？

　　实验开始……

白胶袋赢。老师引导孩子说出里面有东西,它比红胶袋重,所以先落到地上。帮幼儿记录结果。

3. 幼儿自己动手实践。

提供两种物品——泡沫和木头让幼儿自己选择,让他们找个好朋友比赛,看谁的先落下,并找出原因。

师:小朋友想不想自己动手试一试?(请小宝宝们做一个落得最快的胶袋)小朋友在篮子里取一样东西,放入胶袋,然后,拿泡沫的和拿木头的分别站在两条线上,比赛时要听老师的口令,先准备好,听到老师说开始后,小朋友才松开手……

实验两次,回座位记录结果。讨论为什么这个胶袋(装有木块)会快些。引导幼儿说出:因为木头比泡沫重,所以快。

4. 让幼儿做一个下落最快的胶袋,自由选择物品,找一个好朋友,两个人比赛。(注意:比赛时,两个人的胶袋要从同一个高度落下。)

5. 小结:引导幼儿注意是装有泡沫的胶袋落得快还是装有木头的胶袋落得快,看记录总结说出木头和泡沫比,泡沫轻,木头重。轻的物品落下时慢,重的物品落下时则快,并引导幼儿知道在不同的条件下实验的结果也有可能不同。

【设计评析】

"看谁落得快"是以生活中的"物体下落"现象作为原型设计的一则活动方案,它取材于幼儿的生活、贴近幼儿的生活,体现了"科学教育生活化"的思想。由于学前期的幼儿年龄较小,思考问题比较浅显、直观,所以针对"如何让胶袋落得快"这一问题,让幼儿表述自己的设想,充分发挥了幼儿的主动性,增强了幼儿在实验中的目的意识。

在投放材料重量的对比中,通过实际的操作活动,幼儿感受并理解了不同材质的特性。在活动中,教师能给予幼儿充分的活动空间,让孩子自主地选择自己喜欢的操作材料,真正让幼儿成为游戏的主人。

在记录表的设计制作方面,根据孩子的年龄特点,建议制作大的记录表,分别将装有不同物品的胶袋挂在大的记录表上。这种实物标志记录法,非常直观,符合小班幼儿年龄阶段的特点。

(深圳市南山区机关幼儿园　黄　丹)

# 什么时候球滚得快

(科学活动)

【设计意图】

幼儿都很喜欢玩球,在比赛滚球的游戏中,幼儿感觉到每次的输赢结果都不相同,有时他赢、有时我赢,有的幼儿就对其产生了疑问。为了解决他们的疑惑,我们对球滚动的快慢进行了研究。本活动采取小朋友动手操作尝试的方式,力求符合小班幼儿的认知特点。

【活动目标】

1. 培养幼儿自我实验、自我探索的兴趣,并掌握探索滚球的基本方法。
2. 通过探索活动,了解同样大的球,用的力量越大,球滚得越快;而用同样的力量,大球滚得快。

【活动准备】

1. 同样大的皮球、乒乓球、木板,数量与幼儿人数相同。
2. 平坦的场地。

### 活动一 轻轻推,慢慢跑;重重推,快快跑

【活动过程】

1. 幼儿自由滚球,让他们在游戏中自己发现:轻轻推,球就慢慢跑;重重推,球就快快跑。

注意:先让幼儿比较球的大小,让他们清楚游戏是在球同样大小的情况下进行的;教师在幼儿自由游戏中,与幼儿个别交谈,引导幼儿观察、比较,并得出结论。

2. 全体幼儿共同讨论。以大部分小朋友的尝试结果为暂时结论,让幼儿根据此结论再次进行实验(自由活动),看一看:是轻轻推,慢慢跑,还是重重推,快快跑。

注意:用正确的方法滚球,不能使球跳起来而影响实验结果;提醒幼儿力量差别越大,实验的结果越明显。

3. 游戏:谁的球最听话。幼儿按教师发出的命令(谁的球最先滚到或谁的球最后滚到)进行滚球,再次让幼儿在游戏中体验和掌握力量和球速的关系。

## 活动二　不同大小的球滚动得快与慢

【活动过程】

1. 每位幼儿拿一个皮球、一个乒乓球,比较两个球滚动的快慢。

注意:要求同时滚出去两个球。

2. 全体幼儿讨论,找出意见不统一的原因。(不管球的大小,只要用的力量大,球就滚得快,因此会出现有的是大球快,有的是小球快。)

(1) 讨论为什么有的时候是大球快,有的时候是小球快。

(2) 讨论我们用什么方法能比出到底是大球快还是小球快。

3. 幼儿尝试用一块木板同时推动大小两个球,找到用同样的力量时,大球、小球滚动的快慢情况。教师进行个别指导,帮助幼儿总结试验结果。

4. 全体幼儿共同讨论探索结果,并得出结论。

【活动延伸】

带领幼儿到户外,在有斜面的大型玩具上继续研究、探讨:

1. 除了球大、用的力量大可以使球滚得快外,还有什么方法可以使球滚得更快?

2. 除了球小、用的力量小可以使球滚得慢外,还有什么方法可以使球滚得更慢?

【设计评析】

由于幼儿解决自己所发现问题的兴致要比解决老师、家长提出的问题的兴致高,探索的主动性强,所以此活动教师根据幼儿在自由活动中自发产生的问题而设计。同时,教师为幼儿提供相应的材料和探索环境,帮助幼儿掌握正确的实验和探索方法,让其在得出正确答案的过程中产生成就感,增强自信心。第一个活动中,在老师提出基本的要求下,幼儿通过自己积极的尝试、反复的实验得出了正确的结论,从中积累了探索的经验,掌握了实验的方法,为第二个活动奠定了良好的基础。在第二个活动中,幼儿能不断进行实验——结论——再实验,完全投入到自我学习的乐趣中。

(深圳市南山区蓓蕾幼儿园　王　瑶)

# 我会吹泡泡

(科学活动)

【设计意图】

小班的孩子对洗手、洗头、洗澡时的泡泡充满了兴趣,他们去公园玩也最喜欢吹泡泡。我们怎样将幼儿感兴趣的活动生成为有价值的教育活动呢?在"多彩的肥皂"这个主题中,我们设计了关于泡泡的几个活动,试图通过幼儿自己的动手尝试和操作,培养他们探索的兴趣,并让他们体验成功的喜悦。

## 活动一 做泡泡水

【活动目标】

1. 尝试使用各种洗涤用品制作能吹出泡泡的水,从而体验科学活动的快乐。
2. 观察各种洗涤用品在水里溶解的现象,激发幼儿对溶解现象的好奇心。

【活动准备】

肥皂、洗衣粉、洗手液、洗发水等常见洗涤用品;人手一杯水和一根小木棒;吹泡泡的工具;柜子上贴有各种洗涤用品的实物图标记。

【活动过程】

1. 提问引起幼儿兴趣。

(1)师:是不是所有的水都能吹出泡泡?

(2)老师试着用清水吹泡泡,不成功。师:可以用什么办法做出能吹出泡泡的水?

(3)引导幼儿讨论:在水中加入什么可以让水变成泡泡水?(支持幼儿的各种想法,为幼儿提供他们想到的能添加的洗涤用品。)

2. 制作泡泡水,引导幼儿观察各种洗涤用品在水里溶解的现象。

(1)请幼儿把自己要的洗涤用品加入装有清水的杯子里,并搅拌。

(2)引导孩子观察洗涤用品加到水里,水会发生什么变化。

师:洗衣粉、洗洁精、肥皂沫怎么不见了?现在杯子里的水发生了什么变化?

3. 比较加入不同洗涤用品的水有什么不同。

(1)加入洗洁精、沐浴露、洗发水、洗手液的水还是透明的,

(2)加入洗衣粉、肥皂沫的水却变混浊了。

小班孩子不能准确地说出水的变化,只要能有意识地进行观察、比较就行。
3. 吹泡泡,体验浓度对吹泡泡效果的影响。
(1) 用吹泡泡的工具来试试做的泡泡水能不能吹出泡泡。
(2) 师:你用什么做的泡泡水?哪个小朋友用了跟他一样的东西?(用另一个小朋友做的泡泡水试一试。)为什么他的可以吹出泡泡,你的却吹不出?引导幼儿发现浓度影响吹泡泡的效果。
(3) 小朋友互相换一换,看看谁做的泡泡水最容易吹出泡泡。
(4) 收拾整理物品,请小朋友按实物图的标记把自己做的泡泡水送回到柜子里。

【活动延伸】
继续观察各种洗涤用品做的泡泡水有什么不同。在不同的地方吹泡泡,观察泡泡的形状、颜色。

## 活动二 吹泡泡

【活动目标】
1. 通过尝试使用不同形状的工具吹泡泡并观察泡泡的变化情况,培养对探索活动的兴趣。
2. 感受参加科学活动的快乐,并体验成功的愉快。

【活动准备】
用铁丝绕成不同形状的铁丝框,记录表,笔,各种不同材料制作的吹泡泡的工具。

【活动过程】
1. 引发幼儿兴趣。
师:上次小朋友都做了泡泡水,今天老师带来了许多吹泡泡的工具请小朋友来吹泡泡。(出示各种形状的铁丝框。)
2. 探索用不同形状的工具吹泡泡。
(1) 师:你见过的泡泡是什么样子的?(圆圆的。)
(2) 逐一出示不同形状的铁丝框:这是什么形状?你觉得用它吹出的泡泡也是圆圆的吗?
(3) 请小朋友讲述自己的猜想,请个别小朋友上讲台前在记录表上记录自己的想法。(有的孩子说是三角的,有的说是圆圆的,允许孩子发表不同的意见。)记录表如下:

|  | 我的猜想 | 实验后的结果 |
| --- | --- | --- |
| ▭ |  |  |
| △ |  |  |
| ♡ |  |  |
| ○ |  |  |

(4) 小朋友自己选择不同形状的铁丝框来吹泡泡,以证实自己的猜想。老师询问

孩子:你拿的铁丝框是什么形状的?吹出的泡泡是什么形状的呢?

(5)小朋友互相交换不同形状的铁丝框来吹泡泡,看看其他形状的铁丝框吹出的泡泡是什么形状的。

(6)教师与小朋友一起小结,在刚才的记录表上记录吹泡泡的结果:各种不同形状的铁丝框吹出的泡泡都是圆圆的。

3. 尝试更多、更特别的吹泡泡工具。

例如:用硬纸壳卷成小棒,在一端剪开成喇叭状;吸管;泡泡枪等。

师:这些工具也可以吹泡泡,我们把它放在活动区里,以后小朋友还可以试着用不同的工具吹泡泡,看看用它们吹出的泡泡有没有不同。

【延伸活动】

画泡泡、撕泡泡,开设泡泡商店。体能活动:抓泡泡。

【设计评析】

在关于泡泡的活动中,孩子们自己动手试探、观察、比较,激发起强烈的好奇心,而老师注重孩子的相互交流,把问题留给孩子自己解决。以往我们总是认为,小班的孩子因为年龄小,经验少,语言表达能力差,所以开展探究活动会比较困难。但这样的活动让我们看到,只要我们选取孩子感兴趣的对象,又遵循他们探究事物的特点,同样能在小班很好地开展科学探究活动。

(深圳市南山区蛇口幼儿园 毛 颖)

# 吸 铁 石

(科学活动)

【设计意图】

小班幼儿探索欲强,在日常生活中喜欢摆弄一些小玩意。根据这一特点,引导、启发孩子的探索欲望,让他们在玩玩弄弄、拼拼插插的过程中,去感受、获得知识和经验,能很好地培养他们探索的兴趣、习惯和能力。

【活动目标】

1. 引导幼儿在观察、操作过程中发现和了解吸铁石,知道吸铁石又叫磁铁,知道它能将铁制的物品吸住。

3. 初步培养幼儿的探索欲和求知欲。

【活动准备】

1. 回形针、小积木、纽扣、纸片等幼儿常见的小玩意每组一小筐。

2. 磁铁若干(与参与活动的幼儿人数相同)。

3. 胸卡每人一张(卡上画有不同材料制成的物品)。

4. 幼儿已经学过歌曲《吸铁石》。

【活动过程】

一、开始部分

1. 给每组幼儿发一筐操作材料,在没有任何要求的情况下,让幼儿随意摆弄。(三分钟。)

2. 教师巡回观察,引导幼儿仔细辨认并说出自己看到和摸到的各种物品是由什么材料做成的。(两分钟。)

二、基本部分

1. 给每位幼儿发一块吸铁石,并请幼儿给吸铁石"找朋友"。

2. 幼儿用吸铁石吸住了铁制的物品,在他们很兴奋、很惊奇的时候,教师引导性地发问:

(1) 你们给吸铁石找到朋友了吗?

(2) 它的朋友都有谁?(回形针、螺丝帽、小发夹。)

(3) 其他的东西(积木、纸片、插塑、橡皮筋)为什么不愿意和它成为好朋友呢?

(4) 它的好朋友都是什么材料制成的?

3. 教师收起操作材料,对幼儿刚才的活动进行小结。吸铁石还有个名字——磁铁,它能吸住铁制的物品。

4. 请幼儿观察教室里的物品,想一想什么是用铁做的。幼儿每人拿一块磁铁,在教室里找一找,找到后告诉大家为什么自己认为找到的是铁制品。

5. 教师小结幼儿的活动,对善于观察的幼儿给予表扬和肯定,并分享活动中的经验(如磁铁不能放在电视机、钟表、影碟机、手机附近,否则会影响它们正常工作)。日常生活中磁铁的利用:将不易保存的铁制品——如妈妈缝衣服用的针吸在一起,防止丢失。另外,掉在地上的缝衣针也可用吸铁石找回来。

三、结束部分

1. 复习歌曲《吸铁石》。

2. 出示胸卡,进行音乐游戏:一名幼儿当吸铁石,手叉腰随音乐在小朋友中间走动,走到某一小朋友面前去摸摸他的头,被摸到头的小朋友要看着自己的胸卡进行判断,如果是铁制品就被吸住,手搭在"吸铁石"肩上,随他走;如果不是铁制品就坐着不动。

【设计评析】

1. 日常生活中应注意材料的投放。

孩子在日常生活及游戏过程中,很喜欢动手操作周围的物品,教师要根据这一特点,并结合主题,对孩子的活动区域进行操作材料的投放。

2. 科技教育应从小班开始。

通常的教学活动中,我们根据孩子的理解力和认知程度,会更多地对大班的孩子进行科技常识方面的教育,而忽略了更应当引起我们重视的小班孩子。从小班孩子的年龄特点来看,虽然他们的无意记忆占优势、逻辑思维能力缺乏,但他们的求知欲、想像力和创造力却非常强。所以,小班孩子提出的问题以及在日常生活中遇到的科学现象,教师都应给予正确的回答和引导。但是,给小班孩子讲解应注意措辞,教师要将规范、抽象的概念通俗化,并以小班幼儿能理解的词语来解答分析。

(深圳市南山区海月谷双语幼儿园　白亚娟)

# 好吃的东西在这里

（尝试教学活动）

【设计意图】

对小小班的孩子来说，吃是他们最熟悉和最喜欢的。我们不难发现，在幼儿吃的过程中，也蕴含着较为丰富的教育元素：如通过找寻食物，可以引导幼儿观察和探究的欲望；通过开启盒子、剥糖、剥橘子等，可以锻炼幼儿的手部肌肉及眼手协调能力。同时，在找寻食物和开启盒子的过程中，可以培养幼儿等待和面对困难想办法的习惯。

【活动目标】

1. 引发幼儿观察和探究的欲望。
2. 在老师引导下，让学生感受不同容器的开启方式。
3. 初步培养幼儿面对困难想办法及学会等待和分享的精神。

【活动准备】

1. 巧克力、小橘子、各种包装的糖、开心果等食物。
2. 密封袋、拉链袋、盒子、塑料瓶、粘胶布袋等各种装食物的容器。
3. 毛巾若干。

【活动过程】

1. 出示各种食物，引起幼儿兴趣。

教师展示托盘里的食品："这里有许多好吃的东西，你们认识吗？"

2. 用游戏的口吻引导幼儿去找寻食物。

师：这么多好吃的东西我们现在还不能吃，因为一个会变魔术的精灵宝宝通过"变变变"的方式把这些好吃的东西全部装在了袋子里、瓶子里，所以，只有我们找到它们，才有可能吃到。你们想去找吗？

3. 幼儿在布置好的场景里找寻食物袋（瓶、盒）。

4. 新的问题出现：好吃的东西都藏在不同的盒子里、瓶子里，怎样想办法才能吃到这些东西呢？

5. 引导幼儿尝试打开各种容器。

在幼儿操作的过程中，教师要随时观察幼儿，鼓励幼儿积极想办法，耐心探索。尤其是对那些性子急、操作有困难的孩子，教师应帮助他们选择比较容易打开的容器，让其体验到成功的喜悦。

6. 引导幼儿回忆并表述操作过程，并评价幼儿在活动中的表现：是否有耐心、是否能动脑筋、是否愿意自己动手尝试。

7. 教师与幼儿共同分享食物,并提醒幼儿吃东西前要擦手、有好吃的东西要大家分享、废弃物要放在指定地方等。

8. 整理场地。

【设计评析】

在整个活动中,教师始终以引导者、支持者的角色挖掘孩子的探究欲望。活动的每一个环节的设计都以幼儿为主体,游戏形式贯穿其中,幼儿兴趣浓厚。通过找寻食物,幼儿感受并尝试了不同容器的开启方法,在整个活动中,绝大多数幼儿都能自己尝试动手,个别有困难、性子急的幼儿,在教师的帮助下也能顺利地完成。

(深圳市南山区蓓蕾幼儿园 林 红)

# 水果制作坊

（社会实践活动）

【设计意图】

小朋友每天都要吃水果，也经常会品尝到由水果制成的食品，如果汁、水果沙拉等。这些水果食品是怎样制作的呢？如果不亲手操作，小班的幼儿是很难通过老师的讲述而了解其制作过程的。小班年龄段的幼儿处于直觉行动思维阶段，喜欢动手摆弄和操作，因此最适宜设计这样的操作活动。由于操作材料有复杂性，必须有成人的帮助才能确保活动的安全，我们将水果制作坊的活动设计成了一个亲子操作的模式，这样便增强了家园合作以及亲子、师幼互动的感染力，为孩子提供了更多探究的信心。

【活动目标】

1. 尝试加工水果的几种方法，了解常见水果不同的制作成品与制作过程。
2. 与成人和同伴分享动手操作的乐趣。

【活动准备】

1. 所有参与活动的人员洗干净手，并准备好安全清洁的食用餐具。
2. 洗净后切好的各种水果若干，糖，色拉酱，调味品，蒜蓉，葱花，牛奶，面粉等。
3. 电煲，安全榨汁器，调制容器等。

## 活动一　水果色拉

【活动过程】

1. 欣赏制作好的水果沙拉，激发幼儿尝试的兴趣。
2. 谈话：自己吃过的沙拉有哪些？知道他们的制作过程吗？（建议个别家长讲述自己制作沙拉的经历，帮助幼儿积累制作经验。）
3. 介绍做法，鼓励幼儿自由、大胆地尝试使用调味品和辅助材料。
4. 幼儿和家长一起计划自己的活动。

提示：先选择自己喜欢的水果，然后根据自己的喜好添加调味品。每次加少量调味品，拌均匀，尝一尝水果变成什么味道了。喜欢什么味道可以自己选择尝试，也可以与同伴和亲人分享。

5. 幼儿操作：先选好需要的水果放在自己碗里，看一看，闻一闻，分辨出调味品的味道,知道他们的名称后,再放调味品做水果色拉。

## 活动二　煲水果糖水

【活动过程】
　　1. 谈话:我喝过的糖水。(引导幼儿谈谈自己喝过的糖水的味道。)
　　2. 请幼儿扮演主持人现场采访爸爸、妈妈糖水的制作方法。(请家长介绍糖水的制作过程。)
　　3. 强调制作过程及注意事项:
　　(1) 在成人(爸爸、妈妈等)的帮助下进行此活动。
　　(2) 提示幼儿离锅不能太近,将自己想放入锅内的水果,先放在汤勺内再轻轻倒入水中,以免烫伤自己。
　　(3) 慢慢搅动几下,盖上锅盖煮到自己认为满意为止。
　　(4) 喝水果糖水时,先揭开锅盖放好,再盛少量水果糖水。可以加少量白糖,也可以喝原味水果水。
　　4. 幼儿和家长计划自己的活动后开始操作。
　　5. 品尝糖水,交流自己的制作与品尝感受。鼓励家长帮助幼儿回忆自己的操作过程,交流不同糖水的味道。

## 活动三　鲜榨果汁

【活动过程】
　　1. 欣赏不同的果汁,比较、猜测它们的原材料,激发幼儿的兴趣。
　　2. 请成人(家长或老师)介绍操作方法。
　　(1) 选择好自己的操作工具,如工作帽、操作盘、榨汁器。
　　(2) 放2～3块切好的橙肉在榨汁器中,用力榨出橙汁。(翻动橙肉,重复榨1～2次。)
　　(3) 把鲜榨橙汁倒入杯中,取出榨干汁的橙肉再放入鲜橙肉,接着再榨。
　　3. 幼儿尝试操作:可以自由选择其他水果来榨。
　　4. 请朋友和自己分享榨好的果汁,也可以玩买卖果汁的游戏。

## 活动四　炒西瓜皮

【活动过程】
　　1. 谈话引出活动:水果的用途有哪些? 当菜吃过吗?
　　2. 示范操作程序:

(1) 将锅烧热后,倒入少许食用油。
(2) 取少量蒜蓉放入锅内,轻轻搅动几下。
(3) 放入切好的西瓜皮,不停地翻动。炒一会儿后,加入配料,翻炒到自己满意为止。
(4) 盛入碗里互相品尝。
3. 强调注意事项:
(1) 必须在成人(老师或家长)的帮助下开展活动。
(2) 站在操作台的指定位置。
(3) 加配料时,先看一看,闻一闻,再放入,做出自己喜欢的味道。
4. 谈话:还有哪些水果也适合做菜吃?(请家长帮助幼儿记录自己的想法,并在家和幼儿尝试。)

## 活动五 果汁面膜

【活动过程】

1. 出示妈妈(或老师)用水果面膜做美容的照片,请家长(或老师)介绍照片中的情景,并说说为什么这样做。激发幼儿的参与兴趣。
2. 介绍活动程序:
(1) 选择自己的操作盘。
(2) 选择自己喜欢的材料。
(3) 取少量果汁和牛奶放在调面膜的小碟中,再加一些面粉,慢慢搅动到自己满意为止。
(4) 调出的面膜,可以轻轻涂在自己或妈妈的手上或脸上。
3. 注意事项:果汁、牛奶与面粉的比例比较难控制,是指导的难点。开始一定要用少量的果汁和牛奶,孩子喜欢倒得很多,所以教师要重点指导。
4. 幼儿自己操作,家长、老师适当指导。

【设计评析】

1. 活动内容与幼儿生活紧密相连。每个活动都是幼儿在家中常见爸爸妈妈做过的事。幼儿很喜欢模仿成人的操作,因此活动能充分激发他们参与的兴趣。
2. 善用家长资源。活动以亲子实践的形式来开展,既可以借助家长的经验指导,给孩子增加信心和安全感,又可以让家长了解孩子的学习要经由他自己去经历这一特点。
3. 提供知识生长点。设计中提供了炒西瓜皮和制作果汁面膜的活动,意在提示家长和幼儿在尝试的同时,思考果皮、果汁、果肉等除了用来吃还有其他用途。

(深圳市南山区北师大蔚蓝海岸幼儿园  陈五园  池淑江)

# 自己的事情自己做

(生活活动)

【设计意图】

现在的孩子多为独生子女,是家中的"小公主""小皇帝",加上小班的孩子年龄小,家长更是很多事情包办代替,使孩子养成了"衣来伸手,饭来张口"的不良生活习惯。此活动从小班孩子的年龄特点和实际经验出发,给幼儿提供一个正面的形象,让幼儿模仿学习,并在日常生活中实际练习和操作,培养他们自己的事情自己做的良好生活习惯。

【活动目标】

1. 通过情景表演,知道自己的事要自己做。学习做自己能做的事,不懒惰,不依赖。

2. 练习穿脱鞋子、穿脱裤子和扣纽扣等。

3. 学习词:自己;短句:自己的事情自己做。

【活动准备】

人物:小点点(请大班小朋友扮演)。

道具:录音机(放起床音乐)。

【活动过程】

一、观看情境表演

1. 出示场景提问:这是什么地方?(午睡室。)有什么?看谁来了?(小点点来了。)小点点在干什么?(解纽扣。)谁给小点点解纽扣,脱衣服,脱鞋子?幼儿应注意到:小点点自己解纽扣,脱衣服,脱鞋子。问:衣服脱下怎样放?鞋子脱下怎么放?起床时提问:谁给小点点穿衣、穿鞋?(小点点自己穿衣、穿鞋。)

老师小结:自己的事自己做,小点点真能干。

2. 老师问小点点:你在幼儿园自己的事自己做,在家是不是也自己的事自己做呀?小点点回答:我在家也是自己的事自己做。小朋友们你们也要像我一样,自己的事自己做,做个爱劳动的好孩子。

3. 由小点点带领小朋友边做动作边说:我自己穿衣,我自己穿鞋等。

4. 全班小朋友练习穿脱鞋子,小点点指导帮助。

4. 送小点点回班(练习运用礼貌用语)。

二、穿裤子练习

师:穿裤子前,要分清裤子的前和后,穿起来才舒服。我们来认一认裤子的前面和后面都有些什么?

生:裤子前面有口袋、有花、有蝴蝶,有拉链。后面有的有口袋,有的什么都没有。

师:穿裤子的时候,我们先要分清裤子的前后。

老师教授儿歌《穿裤子》——拉着裤腰儿,穿进裤腿儿,伸出脚丫儿,自己穿裤子,真是乖孩子。

幼儿练习穿裤子。

### 三、扣纽扣练习

1. 准备以下操作材料:

(1) 苹果树(苹果树上钉上纽扣,苹果上开纽扣眼)。

(2) 小猪吃奶(猪妈妈身上钉纽扣,猪宝宝嘴上开纽扣眼)。

(3) 布花(布芯上钉纽扣,花瓣上开纽扣眼)。

(4) 螃蟹(螃蟹壳上钉上纽扣,螃蟹腿上开纽扣眼)。

2. 在区域活动中,可提供材料,引导幼儿练习,教师做好个别指导。

### 四、生活实践

1. 午睡:全班练习穿脱衣服和鞋子。

2. 发放"在家也做乖孩子"的表格,跟踪幼儿在家的动手情况。

3. 奖励:墙上布置"能干宝宝"表,给能干的孩子粘贴红花。

【设计评析】

"模仿"是孩子的天性,在已有形象的引导下,孩子们纷纷模仿学习,通过努力,孩子们便能成功了。有了成功的体验,孩子们才有兴趣进行更深一步的练习。活动由浅入深,由易到难,又有多方位的练习机会:幼儿园日常生活中、区域活动中、家庭生活中。不知不觉,孩子就养成了自己的事情自己做的良好生活习惯。

(深圳市南山区北师大蔚蓝海岸幼儿园 金 铄)

## 洗 手

（生活活动）

【设计意图】

在对幼儿的观察中发现，相互合作、共同探究是他们主动学习的有效途径之一。在幼儿园，洗手是幼儿一日生活中最常见的活动环节，可是有许多幼儿都没有认真对待，不会正确洗手。经常是该用肥皂不用，不该用时乱用，要么手没洗干净，要么就把衣服弄湿，要么趁机玩水。在大家提倡节约用水，又要保证个人卫生，防止"病从手入"的同时，如何加强幼儿讲卫生、爱清洁的意识，增加其洗手的兴趣，是非常重要的。根据幼儿学习特点，我们设计了让幼儿从自我发现、自我提高的角度去主动洗手的有意义的洗手练习活动。

【活动目标】

1. 引导幼儿学会认真洗手，正确使用洗手用品，培养幼儿从小讲卫生的好习惯。
2. 培养幼儿节约用水的习惯和自我保护的能力。

【活动准备】

1. 肥皂、洗手液、装水脸盆若干个，显微镜两台。
2. 正确洗手方法图片若干，自制的相关课件。

【活动过程】

1. 组织幼儿收拾玩具，提醒洗手上厕所准备吃饭。

师：今天的区域活动时间结束了，请把玩具和作品收好，然后洗手上厕所回位置坐好，准备吃饭。

2. 教师随幼儿进入盥洗室，注意观察幼儿的洗手过程，然后回到课室组织活动。

（1）师：刚才小朋友都去洗手了，现在请小朋友把自己的小手伸出来，老师要请几个小朋友先说说是怎么洗手的。（先请洗手方法不正确的幼儿发言。）

（2）师：现在老师要请另外几个小朋友说说，你们的小手是怎么洗的？（请洗手方法正确的幼儿发言，并且运用洗手图片突出正确的洗手方法和合理使用洗手用品的事项。）

（3）师：你们觉得哪些小朋友的洗手方法是对的？（先让幼儿讲一讲。）老师这里请了显微镜来帮忙检查小朋友的小手，请小朋友把你的小手放在显微镜下看一看，你的小手洗干净了吗？如果干净说明你的洗手方法是正确的，如果不干净说明你的洗手方法就不正确了。（让所有幼儿进一步体会洗手的重要性，并加深对正确洗手方法的理解和记忆。）

(4)师:现在老师准备了脸盆和洗手用品,请没洗干净手的小朋友再洗一次,洗干净手的小朋友当他们的小老师教教他们怎么洗。(让幼儿自由分组进行实践,教师在一旁鼓励他们大胆操作,并请幼儿把以前学过的洗手儿歌念出来,增加洗手的趣味性。)

3. 教师和幼儿共同小结。

(1)师:让我们一起说说洗手有什么好处。(把手洗干净,吃东西才不会把细菌带到口里;不小心摸了脏东西,赶快洗手,就不会得传染病……)

(2)师:今天我们还学习了洗手的方法。我们一起说一说:

a.没玩脏东西只用清水冲。b.饭前便后要用洗手液或肥皂洗。c.沾上水彩颜料、各种油墨等要用洗手液或肥皂洗。d.玩了玩具,抓了虫子,坐了公共汽车等活动要用洗手液或肥皂洗。e.不管什么时候洗手都不能浪费水,要开小水。f.洗手时要挽起衣袖,弯下腰,不玩水。

4. 请幼儿和教师一起将洗手的图片张贴在盥洗室内,以便随时观看模仿。

【活动延伸】

小游戏——我该怎样洗手

操作课件:幼儿早上来幼儿园做完早操后,准备吃早餐要去洗手的画面;玩大型玩具的画面;玩沙子的画面;午睡起床准备吃点心的画面。请幼儿用鼠标点击选择正确的洗手方式,备选方式有四种,即用清水冲、用肥皂洗、用洗手液洗、不用洗。

【设计评析】

洗手这一活动选自幼儿日常生活,教师并未刻意把它安排为正规的集体教学活动,而是利用饭前洗手后的时间随机进行的。设计有几大特点。第一,幼儿没有约束感,轻松参与。第二,洗手是幼儿的生活习惯,没有太大的能力差异,可以调动全体幼儿活动的积极性。第三,整个活动幼儿循着操作——发现问题——再操作——解决问题的环节自然进行,充分体现了幼儿活动的主体性。

【资料链接】

| 洗手歌(一) | 洗手歌(二) | 请你快快去洗手(三) |
|---|---|---|
| 小朋友,来洗手, | 搓手心,搓手背, | 我是一个×××, |
| 洗手背,洗手心, | 擦点肥皂杀细菌, | 小朋友们都爱我, |
| 自己做事好开心, | 清清水儿冲一冲, | 请你快去洗洗手, |
| 看谁洗得最干净。 | 看谁小手最干净。 | 要是手脏别碰我。 |

(深圳市南山区机关幼儿园 何爱群)

# 创意玩色坊

(美术活动)

【设计意图】
　　孩子生活在一个充满颜色的世界,他们对颜色的兴趣是与生俱来的。让孩子自由地和各种颜色做游戏,相信他们会感到非常高兴。为了满足孩子们的兴趣,带孩子更深入地探索"颜色"在不同环境和条件下的不同特性,特设计了与"颜色"有关的一系列活动,并与孩子们共同大胆尝试各种新颖的材料和玩法,激发幼儿的想像力和创造力。

【活动目标】
　　1. 让幼儿通过亲手尝试,感受各种颜色变化的奇妙。
　　2. 鼓励和引导幼儿大胆动手、自由发挥、积极合作,利用各种材料探索性地玩各种变色游戏。
　　3. 培养幼儿对各种颜色的兴趣,陶冶幼儿的审美情趣。

【活动准备】
　　1. 事先教师与幼儿共同玩过调色游戏,幼儿对几种常见的颜色(红、黄、蓝、绿)已有基本的了解。
　　2. 教师给幼儿介绍过什么是"三原色"及各种颜色给人带来的不同感受,幼儿对冷色和暖色有初步的感受和了解。

## 活动一　会跑的颜料

【活动过程】
　　一、材料准备
　　教师给每组幼儿提供红、黄、蓝三种颜料,每个幼儿一张大白纸(纸面较滑)、人手一枝毛笔。
　　二、观察和指导重点
　　1. 鼓励幼儿大胆选色,并提醒他们滴颜料在纸上时掌握好颜料的多少。
　　2. 控制好颜料在纸上滚动的快慢和方向,避免颜料流出纸外。

### 三、引导操作

师:有没有见过会跑步的颜料?几种颜料在一起还要比赛跑步呢!猜猜几种颜料跑在一起会怎样?

幼儿用毛笔分别滴几滴不同颜色的颜料在纸上的不同地方,然后拿起纸,慢慢地晃动,观察颜料滚动的情况,看看几种颜色混合的变化。

这是一个幼儿非常喜欢玩的简单又有趣的游戏,当他们看到颜料在纸上跑起来,而且还必须受自己的控制时,都特别兴奋。

## 活动二 漂亮的糖果纸——宣纸扎染

【活动过程】

### 一、材料准备

教师给每个幼儿提供宣纸(在宣纸上扎上两根橡皮筋)和三种水彩颜料,毛笔每人三枝,橡皮筋若干。

### 二、观察和指导重点

1. 观察幼儿是否掌握扎染的技巧,同时提醒幼儿慢慢展开作品,及时帮助个别能力较差的幼儿。

2. 在幼儿成功扎染一次后,让幼儿自己选择用几根橡皮筋进行扎染,帮助个别幼儿在宣纸上扎橡皮筋。

### 三、尝试操作

师:今天我们来做漂亮的糖果纸,看看,宣纸上扎了两根橡皮筋,一会我们用三种水彩颜料染色,展开后看看糖果纸变什么样。

幼儿用毛笔蘸颜料点在宣纸上,然后小心翼翼地打开宣纸,发现宣纸上出现了三圈不同颜色的花纹,而中间橡皮筋扎的地方却是白色的,形成了有规律的花纹。

教师可鼓励幼儿多次重复进行尝试,感受不同的捆扎方法和不同的扎染效果之间的联系。

## 活动三 会画画的绳子——宣纸压印

【活动过程】

### 一、材料准备

棉制绳子每人四根(二粗二细,长度同幼儿的手臂),每人四色颜料,铅画纸每人两张,白宣纸一张,格子布一块。

### 二、观察和指导重点

1. 幼儿能否选择粗细不同的绳子玩色。
2. 幼儿对宣纸压印方法的掌握。

三、活动操作

师：今天请来这四根粗细不同的绳子给我们跳舞,然后我们给它们拍照,好吗？

跳舞——幼儿自由选择粗细不同的绳子,蘸上颜色,请它到纸上跳舞。

拍照——跳完了给它拍张照,放在纸上不要动,"咔——嚓"!

印照片——拍好了用宣纸宝宝来压一压,印一印。

教师用有趣的拍照游戏引出活动,幼儿对此非常感兴趣。粗细不同的绳子所表现出来的不同效果让幼儿印象非常深刻,不过有部分幼儿只用一根绳子来压印,老师可提示幼儿有意识地变换绳子。

## 活动四　炫目迷彩服——纸团印画

【活动过程】

一、材料准备

1. 幼儿有过纸团印画的经验。
2. 各色颜料若干(调出的颜料必须浓度较高)、纸团若干、废旧衣服若干。
3. 各种迷彩服样式的图片。

二、观察和指导重点

1. 指导幼儿如何选色和配色,塑造出迷彩服的特色。
2. 指导幼儿组合成小组,一起合作共同完成。

三、活动指导

师：我们一起来看看电脑叔叔给我们带来的美丽图片吧！打开电脑,带幼儿共同欣赏电脑里各种迷彩服样式的图片,感受迷彩服的特色及色彩协调的美。

幼儿自由组合成若干小组(五人一组),共同用纸团印在衣服上。让幼儿充分感受色彩变化搭配后产生的效果,并分享合作的快乐。

【活动延伸】

衣服晾干后进行时装表演。

## 活动五　泼色衣服——水墨画

【活动过程】

一、材料提供

每人一件净色废旧T恤衫(最好是棉质的),各种水彩颜料(调颜料要水分较多,颜色较稀)。

二、观察和指导重点

1. 鼓励每个幼儿大胆泼各种颜色,体验颜色搭配的奇妙效果。
2. 引导幼儿掌握水墨画的特性。

师:让我们来做时装设计师吧!给每件T恤衫泼上各种颜色。

【活动延伸】

将衣服晾干后进行时装表演。

## 活动六　天然时尚"颜料"画——蔬果汁绘画

【活动过程】

一、材料准备

已经煮好的苋菜汤,胡萝卜、西红柿、黄瓜、橙、西瓜等蔬果(适当地切小),榨汁机,毛笔,宣纸若干。

二、活动指导

1. 观察思考活动。先与幼儿尝试如何将各种水果和蔬菜本身的自然色挤压出来。(鼓励每个幼儿都想办法,动手尝试一下,感受各种水果和蔬菜的不同特性。)

2. 教师简单小结刚才的活动,介绍几种可榨汁的水果或蔬菜,并教给孩子榨汁的方法。

3. 幼儿操作活动:尝试用各种方法将水果或蔬菜的汁榨出来,然后用毛笔或用手画在宣纸上。

大部分幼儿喜欢用手直接压挤水果汁,将其滴在宣纸上,但他们发现水果汁太多,会把宣纸弄破,于是将果汁先压挤在盘子里,然后再用毛笔或手指来画。

【设计评析】

我们遵循"让幼儿在游戏中学习"的原则,带着孩子进行了一系列的玩色游戏。幼儿亲身接触和感受了各种各样的颜色,知道什么是三原色,更深入地感受了各种颜色的特性。幼儿对于每个活动都觉得非常的新奇,动手欲望特别强烈,活动中思维活跃,整个活动气氛非常的轻松和开心。活动中,一开始有些幼儿只喜欢红、蓝、绿这几种亮丽的颜色,但经过变色搭配后,他们就感知到了每种颜色有不同的美,也知道了颜色之间变化的奇妙关系。

(深圳市南山区大新幼儿园　蔡晓丽　陈　晴)

# 美丽的花园

（亲子制作活动）

【设计意图】

为了增进亲子之间的感情和默契，使家长进一步了解幼儿在园的生活，特设计亲子制作活动。此次活动的重点是，指导家长如何在亲子游戏活动中，加强亲子之间的互动，把握好亲子活动中的角色。这类亲子制作活动可以充分利用家长的智慧，让孩子和家长共同获得成功的体验。

【活动目标】

1. 利用多种材料表现花园里的花草、小路、小房子等环境，学习搓揉、粘贴等技能。
2. 在亲子制作的互动中，体验亲子共同创作的乐趣。

【活动准备】

1. 请家长和幼儿一起收集各种废旧材料，如报纸、宣传纸、各种包装纸、各种果壳（开心果、瓜子等）。
2. 有目的地请家长和孩子对材料进行第一次加工，如将报纸刷上颜料，将厚纸板去掉外层、制成瓦楞状。
3. 准备彩笔、胶水、剪刀、刻刀、白纸等。

【活动过程】

1. 观看录像：我们住在花园般的城市——深圳。欣赏内容选用附近的公园、知名小区的中心公园。教师简单介绍，唤起家长和孩子们的回忆。
2. 请孩子说说喜欢去什么公园，那里有什么。请你来设计一个美丽的公园，你会怎样设计？启发孩子根据已有的经验说说自己的想法，设计意图相似的家庭可以合作成一组。
3. 教师出示各种材料并提问，这些材料的颜色和形状像什么，可以做什么用？启发孩子充分想像，敢于表达。教师启发家长与幼儿一起加工材料。
4. 制作活动开始，教师巡视并对亲子家庭进行个别指导。

（1）从设计到剪贴，要充分尊重孩子的想法，满足孩子的创作需要。在动手操作过程中，指导家长观察发现孩子操作中的难点，再予以帮助。指导家长把握好亲子合作的方法，即适时鼓励、适时帮助、适时提醒、适时等待。

（2）鼓励孩子创新，不要片面追求画面的干净、漂亮，让孩子充分享受创造的乐趣。

5. 组合成"花园城市"。请孩子来介绍自己设计的"花园"，讲讲"花园"各部分的名称、用途、特色等。

【活动延伸】

1. 幼儿可以进一步布置活动区——花园城市。

2. 建议家长和幼儿在家多进行此类亲子制作活动。注意收集和利用身边的废旧物品，逐步养成变废为宝的好习惯。

【设计评析】

2～3岁的幼儿很喜欢剪剪贴贴，但由于其动手能力有限，很难独立完成。教师设计开展这一活动，无疑为家长提供了亲子制作活动的范本。同时，把活动材料的准备纳入到整个活动中来，增强了家长和孩子的参与和互动。

在活动中，要切实指导家长与孩子如何分工合作，整个活动应以幼儿为主体，家长适时地帮助。

活动过程中，教师要注意观察了解家长的教养方法，这将有助于日后与家长交流教育的心得，做到家园同步，共同承担起教育的重任。

此活动也可以设计成全班孩子制作一个大花园，然后分组行动。比如一组制作假山和鱼池，一组粘贴小路，一组制作花草、树木等，最后布置成一个大花园。

【资料链接】

可参考的制作方法：

1. 将报纸或牛皮纸揉皱，做假山。

2. 请家长把皱纹纸剪成小块，让孩子揉成小球状，粘出物体轮廓。

3. 请家长画好小路的轮廓，利用废旧彩纸的深色部分，撕出鹅卵石的形状，让孩子在小路上粘贴石子。

3. 家长画出凉亭轮廓，将瓦楞纸剪成条状，让孩子来拼贴。

（深圳市南山区机关幼儿园　滕建芳）

# 有趣的小音符

(音乐活动)

【设计意图】

音乐的节奏和语言的节奏有着密不可分的联系,人体动作更是感受音乐节拍、节奏的基础。步行、跑步等幼儿最容易感受的生活中的节奏与4分音符、8分音符节奏相仿,因此我们设计的活动试图利用这样的方法,让幼儿感受和表现4分音符与8分音符的节奏,以此作为节奏训练的开始。此活动适宜在小班下期安排。

## 活动一 感受生活中的声音节奏

【活动过程】

生活中有很多的声音,我们选择感受简单的、有规律的声音作为节奏感培养的第一步,如跑步声、走路声、钟摆声、滴水声等,这些声音可以经常听到,也极容易模仿。

1. 引导幼儿观察、模仿生活中的声音,并用动作表现出来。
2. 引导幼儿用动作表现教师击鼓或拍手的节奏,不断变换力度、速度,以训练幼儿的听觉和反应力。
3. 教师敲打出各种简单的有规则的节奏,引导幼儿想像。

## 活动二 节奏活动——走和跑

【活动目标】

1. 引导幼儿感受走和跑的节奏,体验节奏活动的乐趣。
2. 引导幼儿进一步感受音乐的高、低、快、慢。

【活动准备】

1. 《铃儿响丁当》(教师弹奏)。
2. 高个子、矮个子的律动。

【活动过程】

1. 幼儿自由地感受走和跑的节奏。

请幼儿听音乐走一走、跑一跑,说说有什么不一样。(幼儿会说"走——慢,跑

——快"。)"我们来和钢琴做好朋友好不好?听一听它让你走还是跑。""你是怎样听出来的?"

2. 用手和脚打节拍来感受走和跑的节奏。

(1) 分组做走和跑的游戏。引导幼儿听一听两种和声的感觉。

(2) 双手走和跑。"你们的手也会走路和跑步吗?你想在哪里走一走、跑一跑?(腿上、肩上)""我们让小手在腿上走一走、跑一跑吧。""我们可不可以让一只手走路、一只手跑步呢?"让幼儿自己试一试,教师观察。

(3) 手和脚结合练习走和跑的节奏。"能不能让小手跑步、小脚走路呢?"(个别幼儿尝试后,教师组织集体尝试。)

(4) 听音乐,学高个、矮个跑和走。(音乐《铃儿响丁当》,分别弹两个音区、两种速度。)引导幼儿做各种高个、矮个的动作。

## 活动三 认识 4 分音符和 8 分音符

【活动目标】

1. 将声音、动作节奏和符号匹配。在有趣的活动中认识 4 分音符和 8 分音符,感受它们的时值。

2. 培养幼儿对节奏活动的兴趣。

【活动准备】

1. 动物叫声录音。

2. 4 分、8 分音符卡片及卡通头饰若干。

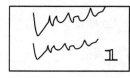  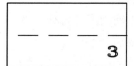

【活动过程】

一、图片与声音匹配

1. 播放动物叫声录音。(羊——2 分音符,鸡——8 分音符,鸭——4 分音符。)

2. 出示叫声图片。

3. 幼儿匹配,说说自己的选择理由。

二、看一看、说一说小音符

1. 引出小音符。让幼儿知道:原来声音也可以用笔画出来的,有一种符号——小音符可以让我们看得更加清楚。

2. 看看说说小音符。看看小音符长得什么样。引导幼儿观察小音符的形象,重点说说 4 分音符和 8 分音符的不同(如 8 分音符有小辫子、喜欢手拉手等)。

3. 小结:它们也有名字,叫 4 分(8 分)音符。(不用担心幼儿不明白,这种直接的称呼,更有利于让幼儿将名称和含义相连。)

### 三、感受 4 分音符、8 分音符的时值

1. 从语言节奏出发感受 4 分音符、8 分音符的时值。

(1) 小音符向大家问好。老师出示 4 分音符,说:小朋友们好(××××× );老师出示 8 分音符,说:小朋友们好(×××××)。

(2) 让幼儿说说不同的音符说话是否一样。不一样的话,怎么不一样?(4 分音符慢一点、8 分音符快一点。)

(3) 辨别:哪个音符在说话?老师分别用两种不同的节奏说几句话,幼儿听声音,指出是 4 分(或 8 分)音符在说话。

2. 从动作节奏出发感受 4 分音符、8 分音符的时值。

(1) 小音符走路。老师出示 4 分音符时按×××××节奏走路;出示 8 分音符时,按×××××节奏走路。

(2) 说一说它们走路是否一样,怎么不一样。(4 分音符慢一点,像走路;8 分音符快一点,像小跑步。)

(3) 学一学小音符走路。老师变换着出示 4 分音符、8 分音符,幼儿根据变化走或小跑。

(4) 小音符还想做什么?鼓励幼儿创编生活动作,如擦桌子、洗脸、拍球等。

3. 请幼儿分别带上 4 分、8 分卡通音符头饰,并根据自己所带头饰来做动作。(如带 4 分音符头饰,按×××××的节奏做动作。)

## 活动四 节奏火车

【活动准备】

1. 小动物图片每样一式两份,一份给"小动物坐火车"做准备,一份给"小朋友坐火车"做准备。

2. 节奏图片若干:大节奏卡(火车)、小节奏卡(火车票)。

3. 小动物活动图片一幅。

【活动过程】

**一、声音节奏**

1. 小动物坐火车(听声音找卡片)。

(1) 小动物上火车。师:小动物要坐火车回到森林里去(出示小动物图片),可是它们不会看票(出示节奏火车)。

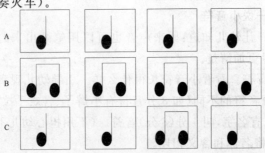

哪一列车才是他们要上的呢?小朋友们来帮一帮它们,好吗?老师读票,幼儿听辨并领小动物上车,如小鸭子的票:呷呷呷呷,则上 A 列火车。

(2)小朋友坐火车。老师发给幼儿每人一张票(如上图节奏卡),场地上分别有三个小动物图片及三种不同的节奏卡,请幼儿看看自己的票和哪个小动物是一样的,就搬椅子上哪一列火车(坐成一排),老师扮演列车长查票,要求幼儿读出、拍出自己的节奏卡。

## 二、动作节奏

1. 看动作拍节奏。火车到家了,森林里很热闹。老师出示图片(小花猫在跳舞、乌龟在拍球、小松鼠正在擦窗户、白兔妈妈在切菜、野鸡在啄米)。师:如果你们能拍出它们的动作节奏,小动物就会欢迎你去它们家做客。

老师根据一定的节奏型模仿做出小动物的动作,让幼儿拍出相应的节奏。

2. 看动作找出相应的卡片。

## 三、照相游戏

师:森林里这么好玩,可是我们就要离开了,大家一起照相留念吧!老师拿出四把椅子,让幼儿根据一定的节奏型坐好,如节奏卡 C(看刚才的图示),则第三把椅子上坐两个小朋友,其他三把椅子坐一个小朋友,然后照相。老师将多张不同的节奏卡弄乱,让幼儿猜猜哪一张(照片)是对的。

【设计评析】

这几个活动是互相联系的,它们之间成递进关系。活动一"感受生活中的声音节奏"是训练节奏的基础。从孩子们所能感受到的节奏中提取出最简单、最直接的节奏来进行训练,是一个很好的切入点,于是便有了活动二"走和跑"。而活动三"认识4分音符和8分音符"是为了将之前的感受、经验进行概括和提升,从而利用符号更好地进一步感受和学习。活动四"节奏火车"则是用幼儿感兴趣的游戏方式去巩固、延伸上一活动。

注重通过节奏活动培养幼儿的协调能力是本活动设计的特色之一。活动二中的"走和跑",就是左手和右手、手和脚的协调训练,活动四中的听声音找节奏卡片、看动作拍出节奏等则是听觉、视觉和动作的协调训练……设计者希望从小班开始,利用音乐活动,尤其是节奏活动,让幼儿初步学习控制自身动作的协调,为培养他们的自控能力及身心协调发展打下良好的基础。

(深圳市南山区大新幼儿园 覃冬晓)

# 变魔术的平衡板

(体育活动)

【设计意图】
　　小班阶段幼儿的平衡能力还较弱,平衡板是发展此项运动能力的一种很有效的体育器械。小班的孩子喜欢新鲜有趣的活动,本设计根据幼儿这一特点,在培养幼儿平衡能力的同时,也注重培养孩子们对体育活动的兴趣以及探索和创新的精神。

【活动目标】
　　1. 在体育活动中能自主活动,大胆探索平衡板的多种新玩法,发展平衡能力及爬、走等基本技能。
　　2. 探索平衡板和球结合的多种玩法,提高动作的灵巧性、协调性,体验与同伴合作的愉快。

【活动准备】
　　平衡板、球各人手一个。

【活动过程】
　　一、准备活动
　　以故事形式引导幼儿做准备运动。
　　教师:春天来了,小燕子飞来了(上肢运动——两臂在体侧上下摆动),多开心。飞到树林里,许多小树被春姑娘吹得摆呀摆的(体转——身体左右、前后转动),真带劲。
　　小燕子飞到公园里,看到许多小朋友在玩跷跷板,一上一下真好玩(下蹲运动),有趣极了。
　　小燕子飞到动物园里,看到许多大象,大象的鼻子长又长(腹背运动——身体前屈学长鼻子大象走),像老爷爷拄着拐杖往前行。
　　小燕子飞到幼儿园里,看到许多小朋友在玩皮球(跳跃运动),它们也学着跳上跳下。
　　小燕子还看到爷爷奶奶在做运动(捶捶背、敲敲腿、拍拍屁股),轻松轻松。
　　准备活动可视具体情况重复一次。
　　二、基本部分
　　1. 探索平衡板的多种新玩法。
　　(1) 幼儿自主探索。
　　(2) 教师小结,请个别幼儿介绍、示范自己的新玩法。

师：刚才，小朋友们都做了尝试，老师看到有很多小朋友想出了很多种新的玩法，现在，谁来告诉大家你刚刚是怎么玩的？让我们一起来学学这些新的玩法，好吗？（请幼儿介绍、示范自己的玩法，教师及时给予鼓励。）

（3）幼儿用新玩法玩游戏（游戏交换两次）。

幼儿自由分成三组玩：

① 站在两张平衡板上走（两张合拼增加宽度再接长）。

② 在平衡板的反面上走（平衡板反面有弧型，增加了难度）。

③ 在平衡板的反面上爬。

2. 探索平衡板和球结合的多种玩法。

（1）幼儿自主探索。

师：皮球也想玩了，我们也请它跟我们一起玩好吗？请你们每人拿一个球和板，想想这两种玩具可以怎么玩。

（2）小结，请幼儿示范自己的玩法。

师：你们真聪明，还可以把球和平衡板当成朋友一起玩，想出那么好玩的游戏。现在，请一个小老师上来示范一下（幼儿示范）。

（3）重点练习板上抛接球、板上运球、趴在板上推球。

① 板上抛接球：双手抱球站在平衡板上，把球向上抛出，等球下落时马上把球接住。

② 板上运球：把平衡板一个接一个地连成小路，中间相距30厘米，幼儿抱球从平衡板上走过，把球投入筐中。

③ 趴在板上推球：两人一组，趴在平衡板上，相距一米左右进行推接球游戏。

三、结束部分

师：我们把球放在平衡板上，手扶住平衡板的两边不碰到球，把它们都送回家吧，好吗？看谁的球一直都不会掉下来。

【设计评析】

孩子通过自由或结伴玩平衡板，充分培养了创新意识和初步的与同伴合作的意识。他们会两三个人合作把平衡板反过来拼在一起，变成可以攀爬的楼梯；把两张平衡板叠在一起，变成跷跷板；把许多张拼起来，变成独木桥……在加入球的环节中，孩子的平衡能力和动作的灵巧性得到进一步的提高，思维也更活跃了。

（深圳市南山区大新幼儿园　刘海英）

# 好玩的纸筒

（体育游戏）

【设计意图】
　　亲子班宝宝的年龄都是在两岁左右，他们大肌肉动作发展的协调性、灵活性还比不上其他小、中、大班的孩子。在他们这一年龄阶段，大动作技能和想像性玩乐紧密联系在一起，为此我们把废旧材料——纸筒当作这一次体育活动中的一种辅助材料（纸筒的大小也比较适合亲子班孩子小手的拿捏）。怎样根据幼儿身体动作的发展水平，在玩纸筒的技能和方法上给予幼儿更多的运动经验的体验，激起他们玩纸筒的兴趣，并发挥纸筒这一辅助运动器械一物多玩的功能，让宝宝在玩纸筒的过程中，跑、跳、投掷等大肌肉动作和小肌肉动作能得到发展，是设计本项体育活动的重点考虑。需要明确的是，学习不是目的，游戏才是目的，让宝宝在不知不觉中快乐地学习是我们最大的追求。

【活动目标】
　　1. 引导宝宝通过纸筒这一辅助材料，学习跳、跑、投掷等动作，并提高宝宝动作的协调性和灵活性。
　　2. 通过让宝宝自由地玩纸筒，培养宝宝的扩散性思维。
　　3. 鼓励宝宝主动参与活动，体验游戏引发的快乐的情绪。

【活动准备】
　　红色纸筒三十个、绿色纸筒十五个、原色纸筒十五个、大筐四个、录音机（含磁带）等。

【活动过程】
　　1. 快乐纸筒模仿操。
　　师：今天天气真好，让我们一起锻炼身体吧！师生一起听音乐做纸筒模仿操。（为跳、跑、投掷等动作做准备。）
　　2. 游戏：快乐跳跳跳，练习双脚连续跳。
　　（1）师：宝宝刚才做操真好看，我们现在和小纸筒一起玩游戏吧。
　　（2）纸筒摆成三排，如下图所示，可请宝宝一起摆放纸筒。
　　让幼儿一起参与摆放纸筒，使幼儿体验到自己是材料的真正主人，促使其萌发自主运动的愿望。

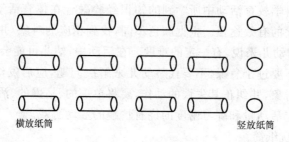

横放纸筒　　　　　　　　　竖放纸筒

（3）教师示范双脚纸筒间连续跳。
（4）鼓励幼儿和老师一起跳。（教师注意观察宝宝跳的动作、方法，及时给予指导。）
3. 游戏：趣味多多找纸筒。
（1）教师：宝宝的双脚真能干，跳得真不错，小纸筒再和你们玩一个跑的游戏吧。
（2）把红绿两种颜色的纸筒放在场地的一头，如下图所示：

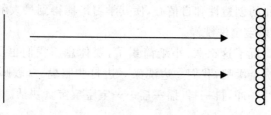

（3）教师讲解玩的方法，要求宝宝听清楚指令。
跑到线上找一个红色的纸筒 ⟶ 找一个绿色的纸筒 ⟶ 找两个红色的纸筒。
（4）提醒宝宝在跑的过程中，注意躲避，减少和别人发生碰撞。
亲子班幼儿的年龄小，不适宜过大的运动量，因此这一环节设计的时间应比较短，变换游戏要较快，还要适当控制幼儿的活动量，保证每一个孩子在游戏中都能保持高涨的运动热情。

4. 游戏：趣味多多丢纸筒。
（1）教师：宝宝刚才帮老师找到了这么多的纸筒，老师真高兴，我们现在把纸筒送回它们自己的家吧。
（2）教师示范怎样把纸筒送回家。
在场地上准备好四个大筐，并贴上红绿两种颜色标记。把宝宝分成两组，让宝宝用手握住纸筒，站在事前划好的线上，瞄准投进相应的大筐里（宝宝站的地方距筐远近不超过50厘米）。
如下图所示：

| 宝宝 ———— | 红筐 绿筐 |
| 宝宝 ———— | 红筐 绿筐 |

让幼儿将在科学教育活动中所学到的知识经验融合在体育活动的游戏之中,是实现幼儿教育综合化的有效途径。根据颜色不同,找到相应的对象,并要做出瞄准投出的动作,对亲子班的幼儿来说,有一定的难度。在活动中,幼儿可能会找错对象或动作有失误,作为教师,不要过于急躁,不要代替幼儿来解决问题,应启发幼儿先观察,让幼儿自己找到相应的对象,并纠正其失误的动作,要将单一的、枯燥的、活动量不大的投掷动作练习变为有一定活动量和练习密度的饶有情趣的活动游戏。

5. 我会自己玩纸筒。

师:宝宝真棒,红颜色的纸筒和绿颜色的纸筒都回到了自己的家。老师这里还有一些小纸筒,它们看见宝宝这么棒,也想和宝宝一起玩游戏,现在我们自己想一想还要和小纸筒玩些什么游戏。

鼓励宝宝随意用小纸筒创编一些小的玩法。教师可先示范,如用小纸筒作麦克风、在地上滚动纸筒等。在玩纸筒活动中,鼓励幼儿亲自尝试想出多种玩纸筒的方法,并互相进行交流,培养幼儿的创造性和自信心,使其学习潜能得到最大限度的发挥。

6. 放松活动:快乐宝宝洗洗澡。

师:我们和小纸筒玩了这么久,小纸筒累了,要休息。我们也玩累了,出了很多的汗,老师和你们一起洗个澡吧,我们一边洗澡一边打些肥皂。(教师引导幼儿把纸筒当成肥皂、淋浴头等。)冲一冲,抖一抖,摇一摇……宝宝宝宝真快活。我们洗完澡了,一起回家喝点水吧。

【设计评析】

在整个体育活动中,教师应始终让幼儿感觉到运动是快乐的,器械是有趣的。在活动中,让幼儿积极参与运动,体验运动乐趣的同时,应帮助他们建立必要的运动习惯。如在学习跳的过程中,一定提醒幼儿要注意排队的先后次序,要在老师指定的方向开始起跳,尽量不要和别人发生碰撞。幼儿的运动既需要快乐也需要安全。

体育活动如果每次都是模仿教师的动作,那么幼儿就成了一个机械完成任务的执行者,他的思维创造性就容易受到影响。所以,教师要鼓励幼儿回想他们已有的运动、生活经验,培养幼儿的扩散性思维,给幼儿创造机会,让他们有更多的想像空间。

(深圳市南山区大新幼儿园 韦 玮 马晓梅)

# 玩 垫 子

（亲子游戏）

- - - - - - - - - - - - - - - - - - - - - - - - - - - - - - - - - - - - - -

【设计意图】

　　根据小小班幼儿的特点，我们设计了亲子游戏的形式，通过玩垫子这一小朋友经常能够接触的简单体育器械，在游戏和练习中训练他们的平衡能力。

【活动目标】

　　1. 培养幼儿的平衡能力、手眼协调能力。

　　2. 培养幼儿与人协作的能力，并让他们感受游戏的乐趣。

【活动准备】

　　1. 小蚂蚁挂饰每人一个，水果道具两个，垫子每人一个。

　　2. 四个盆子当障碍物，四块黑板，可粘贴的红花每人一朵。

【活动过程】

　　一、热身运动

　　给每个幼儿发一个小蚂蚁挂饰、一个垫子，引起他们玩的兴趣。

　　1. 老师以蚂蚁妈妈的身份带领幼儿做热身运动。

　　师：今天妈妈带你们到大草原上玩，我们先拿垫子做做运动吧！小蚂蚁爱锻炼，伸伸臂、弯弯腰、踢踢腿、蹦蹦跳，天天锻炼身体好。

　　2. 幼儿先模仿老师玩垫子，然后自己创造新的玩法。

　　师：小蚂蚁动动脑筋，垫子可以怎么玩呢？

　　例如：当飞碟、放背上驮粮食、放头顶上当伞、拼起来当桥等等。

　　二、蚂蚁运水果

　　1. 幼儿分四组站在两边，等教师交代游戏规则。

　　师：现在我们来比赛运水果，看哪组小蚂蚁运得最快。每人垫子上面放一个水果，两只手捧着垫子，走或者慢跑绕过盆子和黑板，然后回来交给另外一个小蚂蚁，水果不掉地，最快完成的一队就胜利了！

　　2. 教师请一名家长（或配班老师）一起示范一次，提醒幼儿注意游戏规则。

　　三、亲子游戏：蚂蚁一家过河

　　教师带幼儿到红色的塑料跑道上（绿色的草地作河）：现在前面有一条河，但是小蚂蚁不会游泳，过不去啊，怎么办呢？启发幼儿动脑筋想办法。

　　师：有小蚂蚁想出用垫子来过河的办法，现在我们请蚂蚁的爸爸妈妈与小蚂蚁一起参加。

　　将幼儿分成四组,家长与孩子合作,孩子踩在垫子上过河,家长不断地交替放垫子。小蚂蚁到达对面后,在黑板上贴一朵红花,然后拿起垫子跑回来,交给下一位小蚂蚁,整组最快完成的一队胜利。

【设计评析】

　　"玩垫子"是个一物多玩的亲子活动。活动提示家长在参与孩子游戏时,应多发现并利用身边的物品。通过活动,激发了孩子的创造性思维,并在游戏的过程中培养了其创造力、想像力。

(深圳市南山区机关幼儿园　廖斯雅)

# 中班教学活动设计

# 和小雨一起玩

（综合活动）

【设计意图】

　　风、雨、雷、电这些自然现象常会出现在我们的生活里。遇上下雨天，孩子们大多只能在室内活动，有的孩子便抱怨，下雨天太不好，不能让他们在外面游戏、追逐和玩耍；而望着外面的雨，孩子们又有一种冲动，想去接接雨滴、在小雨中奔跑、踩踩地上积的雨水……为了满足孩子们的好奇心，丰富他们的生活经验，让其初步了解雨，感受雨带来的乐趣，我们设计了这个活动，让幼儿在雨中嬉戏、玩耍，充分地去感受、去观察、去发现，培养他们用积极乐观的态度对待事物，让他们体验到发现的快乐。

【活动目标】

　　1. 引导幼儿在雨天里寻找快乐，体验和感受雨中游戏的乐趣。

　　2. 使幼儿通过和小雨一起玩，初步了解雨。

【活动准备】

　　1. 教师事先了解天气情况，选择一个小雨天进行此活动。

　　2. 幼儿自带雨伞、雨衣、雨鞋等雨具，并学会使用这些雨具。

　　3. 幼儿每人带一个废旧的盒子、杯子、瓶、罐等盛雨水的容器。

【活动过程】

　　1. 让幼儿谈谈雨天的感受，说出喜欢或不喜欢下雨的理由。

　　师：你喜欢下雨天么？为什么？

　　2. 幼儿讨论雨天里能做哪些好玩、有趣的事情，想出既淋不到雨，又能和雨一起玩的办法。

　　（1）幼儿到小雨中和雨一起玩。

　　① 幼儿自己穿上雨鞋、雨衣，打开雨伞（教师给予适当的帮助），到雨中自由玩耍（幼儿可根据自己的意愿独自玩、两三个人或几个人一起玩），教师进行观察。

　　② 在幼儿充分感受、自由玩耍、观察发现的同时，教师给予恰当的引导。例如：雨是怎样落下来的？落在那里？落到的地方变成什么样了？将雨伞转圈，伞面上的雨水会怎么样？尝试伸出小手去接接雨点，看有什么感觉？手会怎么样？用小脚踩踩地上积的雨水等等。

　　③ 幼儿讲讲自己是怎样和小雨一起玩的，以及在雨中有什么样的发现。

　　师：刚才我们每个小朋友都很开心地和雨一起玩，而且有很多发现，我们来把自己的发现告诉大家。

(2) 幼儿再次和小雨一同玩耍。

利用辅助材料——盛水容器,进一步和雨玩耍,如"雨点在歌唱""收集雨水"等游戏,让幼儿体验更多的乐趣,获得更多的有关雨的知识和经验。

① 幼儿将带来的容器倒扣到地上,聆听雨点落在不同容器上的声音并模仿听到的下雨声(如沙沙沙、滴答滴答、丁冬丁冬)。

② 用容器接雨水,观察雨水滴入容器,将容器渐渐盛满的过程。

③ 将"雨朋友"带回班级。(把接的雨水放到科学角,以便进一步观察雨水和其他水的不同,加深对雨的了解。)

【活动延伸】

1. 美工区:幼儿可用绘画、泥工、粘贴等多种形式,表现"和小雨一起玩"的游戏情景,并编成故事讲给大家听。

2. 音乐角:提供"雨中曲""大雨小雨"等有关音乐,幼儿用声音和动作表现雨点欢快落下的情景。

3. 语言区:编《和小雨一起玩》的儿歌及故事《小水滴旅行记》等。

【设计评析】

以往遇到雨天,教师便组织一些室内活动,一般只想到雨天带来的不便,而忽视了它的教育作用,甚至在孩子们被雨所吸引,注意力转移,想去和雨玩耍、想去尝试时,还去制止他们。本活动却充分利用了我们身边常见的自然现象,抓住孩子们的兴趣点,满足孩子们的好奇心,通过看、听、摸、踩等多种尝试,让孩子在愉快的玩耍和自我探索中了解雨。

教师可以根据雨的大小不同(如大雨、中雨、小雨、毛毛雨等),将活动进行两次甚至三次,让孩子们在尽情玩耍的同时,积累更丰富的生活经验。当然在狂风暴雨及雷电的天气是不宜进行此活动的,但可以引导幼儿讨论这种天气带给人类的好处和危害。

(深圳市南山区蓓蕾幼儿园 毛宇宏)

# 可爱的球宝宝

（综合活动）

【设计意图】
　　生活中孩子们爱玩球，也熟悉球。中班的孩子对球的外形特征及用途也有了初步的认识和经验。本设计通过感知、对球分类、利用球的特性解救球宝宝等活动循序渐进地帮助幼儿对已获得的知识经验进行整理、归纳。活动设计建立在幼儿的兴趣基础之上，力求符合孩子的认知规律。

【活动目标】
　　1. 分享对球已有的初步经验，拓展活动开展的方向。
　　2. 学习根据物体特征进行分类、统计和记录。
　　3. 培养良好的讲述和倾听习惯，提高解决问题的能力。

【活动准备】
　　1. 收集到的各类球、图片资料、可装球的瓶子等。
　　2. 笔、记录表格、各色皱纸、色纸、颜料、胶水、剪刀、双面胶等。

## 活动一　分享球宝宝

【活动过程】
　　一、观察与摆弄
　　建议小朋友们把家里各种各样的球都带到活动室里来，引导幼儿玩球、观察球，鼓励幼儿相互合作。
　　二、交流与分享
　　1. 向大家介绍自己带来的球宝宝。
　　师：请大家互相介绍一下自己带来的球宝宝，让我们和球宝宝一起交个朋友吧！
　　2. 幼儿自由介绍自己带来的球，并大胆讲述与此有关的话题。
　　3. 引导幼儿发现常见球的特征及玩法。
　　羽毛球：是用羽毛做成的，是白色的。
　　小足球：用一小块一小块六边形的皮粘贴而成的。一般用脚来踢着玩。
　　保龄球：上面有三个洞，是给人们放手指的，有了这三个洞才能把球抓起来。

水球：上面全是刺，但是这些刺是不扎手的。上面有一个小孔，打气的小孔。
网球：摸上去毛茸茸的，像小鸡一样。
皮球：有红色、蓝色、黄色等多种颜色，充气以后会变大。
乒乓球：它比较小，橙色或者白色的。
各种各样的玩具球：羊角球、跳跳球、QQ球等。

三、迁移与延伸

找一找：教室里、家里以及其他地方，你还见过哪些球、知道哪些球？它们是怎样玩的？

## 活动二　球宝宝的分类和统计

【活动过程】

一、提出问题

师：今天我们来给球宝宝分类，我们可以怎样进行分类呢？

二、设计表格

1. 讨论：可以怎样设计表格？为什么这样设计？还有更好的方法吗？（引导幼儿发现不同的球的特征，并以此特征作为衡量是否可以与其他球放在一起的标准。）

2. 教师按照孩子的思路和孩子一起绘制统计表格（见资料链接）。

三、操作与记录

1. 引导幼儿寻求多种不同的方法进行分类。

2. 教师指导幼儿用符号或文字代表球进行记录。

四、交流与分享

1. 幼儿说一说自己的操作结果。

2. 延伸：请幼儿用心想一想还有没有更多的好的分类方式。

## 活动三　解救球宝宝

【活动过程】

一、设置情景，引发问题

设置球宝宝掉进洞里的情景，激发幼儿动脑筋，想办法把球宝宝救出来。鼓励幼儿大胆讲述自己的想法，并在幼儿想像的基础上给予积极的支持与鼓励。

二、分析与讨论

分析幼儿提出的方法的可行性，并一起制作、搜集所需要的材料。

三、设计方案

1. 小洞用什么代替？什么样的材料更适合？（瓶子、饮料桶、盆……）

2. 钩子用什么做？需要谁的帮忙？

3. 鼓励幼儿记录自己需要收集整理的材料，教师帮助汇总，并打印通知单，请求家长的配合。

### 四、家长参与
请家长协助教师和幼儿共同收集、准备操作材料。

### 五、制作操作材料
引导幼儿根据自己的假设制作操作材料。教师可以利用区域活动时间开展此活动,并尽量让幼儿自己动手。教师也可利用家长资源,鼓励家长和孩子共同制作操作材料。

### 六、实验：解救球宝宝
1. 师：想试试自己的想法吗？请小朋友们选择自己的工具去做实验。提示幼儿将假设记录在记录表中。
2. 幼儿讨论后分组进行实验操作,教师随机指导。
3. 鼓励幼儿尝试用多种工具进行操作,并记录自己的实验操作结果。
4. 交流分享：请幼儿讲述和分享解救球宝宝的办法,鼓励他们大胆表达。
5. 经验提炼：和孩子一起讨论解救球宝宝的最好办法,引导幼儿用正确的动词来表述操作过程中使用工具的方法。

【活动延伸】

在日常生活中,请幼儿继续尝试用不同的工具来"解救"球宝宝,鼓励幼儿回家和爸爸妈妈一起做实验,并进行记录。

提示：注意多给幼儿互相交流的空间,鼓励他们有不同的想法。教师要及时抓住机会,捕捉幼儿的闪光点。

## 活动四　打扮球宝宝

【活动过程】

### 一、设置情景
球宝宝商店开业了,小朋友是球厂的工人,请小朋友给球宝宝商店制作各种球宝宝。

### 二、拓展思维
引导幼儿结合自己的经验,谈谈可以用什么材料、什么方法进行制作活动。

### 三、积极制作
教师鼓励幼儿利用现有的废旧材料。例如：用报纸制作立体球；用水彩颜料给球宝宝做花衣服；用皱纸把海洋球做成小娃娃的头；用皱纸把球宝宝做成一个立体花球；用球宝宝做工具进行球滚画创作；撕纸粘贴画做皮球和足球宝宝。

### 四、作品展示
幼儿介绍自己的作品及制作方法。用作品装饰教室。

【设计评析】

1. 系列活动中不同层次的小活动,多元化地将球的种类拓展在孩子们的视野中。
2. "球宝宝的分类和统计"活动注重幼儿的亲身体验。教师充分尊重孩子的想法,并加以恰当的指导,帮助孩子获得成功的体验。

3."解救球宝宝"活动培养孩子们的操作能力、合作与交往的能力。

4."打扮球宝宝"活动通过观察球宝宝的颜色、图案等,给了孩子们自己发现和总结图案规律的想像空间。利用孩子的作品装饰教室、美化环境,也可以满足孩子的成就感。

【资料链接】

1. 球宝宝分类、统计表格设计方案(可按照幼儿讨论后的结果进行表格设计):

| 按照颜色分类 | |
|---|---|
| 黑白 | |
| 棕色 | |
| 绿色 | |
| 彩色 | |
| …… | |

| 按照大小分类 | |
|---|---|
| 大的 | |
| 中的 | |
| 小的 | |
| …… | |

| 按照场所分类 | |
|---|---|
| 在草地上玩的 | |
| 在台子上玩的 | |
| 在球场里玩的 | |
| 在水里玩的 | |
| …… | |

| 按照玩法分类 | |
|---|---|
| 用脚踢的 | |
| 用手玩的 | |
| 用拍子的 | |
| 用棍棒的 | |
| …… | |

球宝宝分类统计汇总表格:

| 按照颜色分类 | 按照大小分类 | 按照场所分类 | 按照玩法分类 |
|---|---|---|---|
| 黑白 | 大的 | 在草地上玩的 | 用脚踢的 |
| 棕色 | 中的 | 在台子上玩的 | 用手玩的 |
| 绿色 | 小的 | 在球场里玩的 | 用拍子的 |
| 彩色 | …… | 在水里玩的 | 用棍棒的 |
| …… | | …… | …… |

备注:幼儿统计的结果可以用自己的方式记录。他们有的直接用数字表示;有的画圆圈表示;有的用点圆点的形式……

2. 解救球宝宝实验记录表:

| 中三班"解救球宝宝"实验记录表 | | | | | | |
|---|---|---|---|---|---|---|
| 时间: | | | 幼儿姓名: | | | |
| 工具名称 | 木棍 | 水 | 绳子 | 网子 | 钩子 | …… |
| 实验前假设记录 | | | | | | |
| 实验后结果记录 | | | | | | |

备注:孩子实验前后两次记录的标记,可以参见图表,也可以自己设计。要强调幼儿根据自己的操作实事求是地记录。

(深圳市南山区北师大蔚蓝海岸幼儿园　　侯　丽)

# 小小邮票家

## （综合活动）

【设计意图】
　　随着现代社会科技的高速发展，人们的联系方法日益快捷、简便，孩子们对邮票在过去人们沟通中所起的作用非常陌生。设计这个活动，意在让孩子加深对邮票的认识，了解随着社会的发展人们生活方式发生的变迁。

【活动目标】
　　1. 通过开展邮票的系列活动，培养幼儿探索和观察的精神。
　　2. 在观察、欣赏、讨论、制作的过程中加深对邮票的认识。
　　3. 学习设计邮票，体验作品被人欣赏的乐趣。

【活动准备】
　　1. 幼儿和家长一起收集大量的邮票，事先拟写好的一封信。
　　2. 制作邮票所需的笔、纸、花边剪刀等。

【活动过程】
　　一、以信导入主题
　　师：这有一封从很远的地方寄过来的信，你们知道它是怎么寄过来的吗？
　　让幼儿知道，信必须贴上邮票，进一步了解邮票的作用。
　　二、认识邮票
　　1. 幼儿观察信封，了解邮票所贴的位置。
　　2. 出示幼儿所收集的邮票，让幼儿观察并说出邮票上的内容。
　　3. 比较邮票之间的异同。
　　老师出示一套花卉的邮票，请幼儿比较其异同。
　　再出示一套猴子的邮票，请幼儿比较其异同。
　　与幼儿讨论：为什么邮票是一套一套发行的呢？
　　老师总结提炼：邮票不仅可以让信寄出去，同时还可以让我们学到很多的知识。
　　4. 鼓励幼儿自己动手，将邮票分类、排列，并说出分类的依据。
　　5. 认识邮票的面额。
　　分别让幼儿观察不同面额的邮票，讨论为什么面额不一样。知道面额的不同和寄信路程的远近及选择的邮递方式有关。

三、制作邮票

1. 制作分两种形式进行,幼儿可自由选择。

一种是小组合作制作大型邮票,参加幼儿园的"吉尼斯大赛";另一种是幼儿自己单独制作一张邮票,要求标上名称、面额。老师适时参与,听幼儿讲述邮票内容,给予适当的帮助和提醒。

2. 幼儿和老师一起,把邮票装裱在走廊的墙上,命名为"邮票长廊",供本班和别班幼儿欣赏。

【活动延伸】

1. 幼儿学习有关邮票的诗歌,进一步理解邮票的作用。

2. 请爱好集邮的家长与幼儿一起集邮,让幼儿了解集邮的方法和步骤,体验集邮的乐趣。

3. 将邮票投放到科学区,供幼儿观察和欣赏。

【资料链接】

### 信的翅膀

小小邮票贴信上,
信像长了小翅膀,
飞往四面和八方,
带去问候和关爱。

(深圳市南山区北师大蔚蓝海岸幼儿园　吴　闽)

# 小草和小树

## （综合活动）

【设计意图】
　　园林式、花园式是幼儿园环境的一大特色。当幼儿园的绿草坪被围起来,插上"养护期间,不得入内"的牌子时,幼儿感到非常不解。通过观看录像、听故事等活动,让幼儿了解小草和树木的作用,感受它们的好处,从而激发幼儿热爱大自然的情感,并帮助他们树立正确的环保意识。

【活动目标】
　　1. 让幼儿了解小草的作用及保护小草的方法。
　　2. 激发幼儿爱小草、爱大自然的情感。
　　3. 使幼儿初步树立环保意识。

## 活动一　我们和小草

【活动准备】
　　1. 录像带:大草原、鸟语花香、绿草茵茵的景象,黄河水咆哮奔腾的景象,沙尘暴肆虐的景象。
　　2. 小木偶:青草娃娃。
　　3. 大的背景图一幅,纸做的供粘贴用的小草若干。

【活动过程】
　　1. 老师请幼儿观看录像里的两组对比鲜明的风光。
　　师:小朋友,喜欢哪个风景?为什么?引导幼儿观察风景里的大片绿草地。
　　2. 了解小草的作用及保护小草的方法。
　　(1) 师:你知道小草有什么作用吗?幼儿讨论后,老师帮助归纳和总结。老师讲《小泥块别害怕》的故事,帮助幼儿理解小草有保持水土的作用。
　　(2) 师:小朋友应该怎样去爱护小草?幼儿讨论后,老师进行总结。
　　3. 老师出示木偶——青草娃娃,用青草娃娃的口吻讲故事《没有家了》。
　　4. 请幼儿动手为青草娃娃布置美丽的家——在背景图上粘贴"青草"。

【活动延伸】
1. 在语言区投放与小草有关的儿歌、歌曲。
3. 组织幼儿为幼儿园的草地拔除杂草。

## 活动二　我们和小树

【活动准备】
1. "小树娃娃"木偶,浇水的工具。
2. 事先联系好幼儿园的花匠。

【活动过程】
1. 老师与幼儿一起参观幼儿园里的树木,通过看一看、摸一摸,比较常绿树和落叶树的异同。实地参观后,老师进行总结,帮助幼儿提升经验:
（1）按树的高度和分枝的情况,可将树分成乔木和灌木两大类。而乔木类中,又可分成常绿树和落叶树两子类。
（2）常绿树几乎整年都是绿色的（如幼儿园的榕树、荔枝树、龙眼树等）,而落叶树一般在冬季时,树叶掉得精光,等春天来到的时候,再抽叶开花或先开花后长叶（如幼儿园的石榴树、木棉树等）。
2. 老师出示木偶——小树娃娃,讲故事《我的好处真多》,帮助幼儿了解树木有以下几方面的用处:
（1）树木呼出的是氧气,吸入的是人类呼出的二氧化碳;树叶可以吸收灰尘,让空气变得清洁。
（2）树可供人们乘凉,可以减低噪音,防止水土流失。
（3）木材可以架桥和铺路,做各种各样的家具,制作纸张等等。
3. 讨论:我们应该如何爱护树木?
（1）请幼儿听歌曲《爱护小树苗》,让幼儿知道不能乱摇树苗。
（2）教育幼儿要节约用纸,少用一次性筷子,不能随意砍伐树木。
（3）老师向幼儿介绍植树绿化和植树节的意义。
4. 到户外为树木浇水,听花匠叔叔介绍如何养护树木。

【活动延伸】
1. 学习歌曲《爱护小树苗》《种树谣》,音乐游戏"围着小树做游戏"。
2. 开展美术活动,如线条画——大树、棉签手指画——果树、撕贴画——美丽的大树、小制作——叶子拓印画、树叶贴画、自制叶脉书签等。
3. 进行智力游戏"看谁种树多",帮助幼儿掌握各种树木的名称。
4. 师生同玩体育游戏"植树造林""松鼠上树""大家来植树""爱护小树苗"。

【设计评析】
在活动中老师充分利用了幼儿园的资源——众多的树木和花匠叔叔的丰富知识,

通过参观、谈话、故事、实践等多种形式,使幼儿了解了树木的有关知识,并结合实际对幼儿提出了节约用纸、少用一次性筷子的倡议。

【资料链接】

儿歌《小青草的话》

小宝宝,小宝宝,我是公园里的小青草。看我的个儿小,我的用处可不少。有我刮风不扬土,空气清洁不干燥。我是公园的美容师,我为绿化立功劳。小宝宝,小宝宝,别踩我的头,别压我的腰,爱护我们小青草,请把我的话记牢。

故事《没有家了》

草原上,小草在蓝蓝的天空下,在和暖的微风中,一起唱歌跳舞,幸福快乐地生活着。草原边,有一片美丽又茂密的大森林,它们为小草挡着风沙。可是有一天,来了许多人,到森林里乱砍乱伐,还有许许多多的人来草地上放牛牧马,太多的牛羊啃掉了一大片青草。最后,刮起了狂风,狂风把风沙吹起,风沙落在草地上,把碧绿的小草掩埋了,小草失去了家,难过地哭了。

故事《我的好处真多》

小朋友,我叫树,你到处可以看见我,你可知道我的用处?

我喜欢阳光,我的叶子在阳光下放出新鲜空气,使人们身体健康。我的叶子集合在一起像一把大伞,能够吸热,人们可以在树下乘凉学习;我的叶子表面长着许多绒毛,可以吸灰尘,让空气清洁。我的根牢牢地扎在地底下,保护着土地。我的身体能架桥、铺路、建房子、做各种家具、造纸等。小朋友喜欢吃的许多水果,都是树的果实。

(深圳市南山区西丽幼儿园　陈倩倩)

# 好玩的塑料袋

## （综合活动）

【设计意图】

幼儿每天都会带一些备用的物品来幼儿园，如换洗的衣服和药物等，奇怪的是，那些盛装物品的塑料袋竟然成了他们的玩具。有的把塑料袋当成帽子来戴，有的把塑料袋充满气后当拳击袋用，有的则拿着塑料袋迎风奔跑，仿佛在放风筝。这个再平常不过的东西成了他们的宝贝，给他们带来了无尽的欢乐。

【活动目标】

1. 利用自然材料，引导幼儿发挥想像，探索塑料袋的各种玩法，体会游戏活动的乐趣。

2. 引导幼儿在游戏活动中学会观察，进一步培养幼儿大胆尝试、主动探索的能力。

【活动准备】

1. 人手一个干净的塑料袋，各类装饰性材料：皱纹纸、彩纸、玻璃纸等，人手一把剪刀，纸巾筒，双面胶、透明胶、线，篓筐，音乐磁带。

2. 对塑料袋的性质有初步的认识。

3. 选择较为宽敞的场地，便于幼儿来回跑动。

【活动过程】

1. 出示各种款式的塑料袋，直入主题。

师：这是我们最熟悉的塑料袋，小朋友想想看，一个小小的塑料袋可以用来怎么玩呢？

让幼儿充分讨论，激发他们的发散思维，并让个别幼儿示范自己想到的玩法。

2. 引导幼儿在户外探索塑料袋的玩法。

师：我们去外面的操场玩塑料袋的游戏，看看哪些小朋友能动脑筋想出和别人不一样的玩法。

（1）给幼儿提供一些辅助材料，如线团、彩纸等。

（2）在游戏过程中进行必要的安全教育，指导幼儿不要将塑料袋套在头上或放进嘴里。

（3）游戏结束后，教师进行简单的评价，对幼儿在活动中的闪光点及时予以鼓励。

3. 小组活动，引导幼儿利用提供的材料探索出更多的玩法。

（1）播放轻柔音乐，营造良好的氛围。将幼儿分成两个小组，并给每组提供各种各样的塑料袋和辅助材料,让幼儿进行自由创作。

(2)教师作为观察者,对幼儿的活动予以适当的指导和帮助,并解决幼儿在游戏中的困难。

4. 教师总结:今天小朋友真像个魔术师,小小的塑料袋,玩出了那么多的花样。其实,我们的生活里有很多东西,只要我们动脑筋,想办法把它变一变,它就能成为一件好玩的玩具,给我们带来很多很多的快乐。希望小朋友以后多去发现这样好玩的东西,并跟大家一起来分享。

【活动延伸】

活动结束后,请幼儿向大家展示和介绍自己的作品。

【设计评析】

"好玩的塑料袋"这个活动设计源自幼儿平日生活中自创的一些小游戏。活动通过一物多玩的方法,让幼儿积极参与到活动中来,在探索的过程中学会观察,并学会解决活动中的困难,从而使其能力在一种积极、自我需要的状态中得到提升。

(深圳市南山区西丽幼儿园　刘　胜)

# 会唱歌的钢琴

（综合活动）

【设计意图】

在现代社会，钢琴被广泛地运用于家庭、学校、课堂和各种娱乐场所，而有不少幼儿也正在接受钢琴的基础教育。幼儿常常惊叹钢琴能发出如此美妙的声音。本次活动就是让幼儿在听听摸摸、弹弹试试的过程中对钢琴有更多的了解和认识，培养幼儿对周围事物进行观察和探索的兴趣，引导他们初步获得主动建构知识经验的能力。

【活动目标】

1. 让幼儿在观察和操作中，对钢琴的外形、内部构造以及各部位的功能有一定的了解。
2. 引发幼儿的探究兴趣，并初步理解钢琴的发声原理。
3. 鼓励幼儿要爱护钢琴，知道保护钢琴的基本方法。

【活动准备】

1. 钢琴的外部和内部结构图各一幅。
2. 电源插座一个，给钢琴的防潮管通电。
3. 打击乐器钗若干，用螺丝固定在木板上的、松紧程度不一的钢丝几根，敲击用器若干。

【活动过程】

一、引入

1. 教师弹奏优美的钢琴曲，激发幼儿对钢琴的兴趣和好奇心，引导幼儿提出疑问：为什么钢琴会"唱歌"呢？
2. 教师将钢琴移至教室中间，并揭开其琴罩和琴盖，引发幼儿进行一系列的探究活动。

二、钢琴需要用电吗

1. 教师提出假设性的问题：钢琴是否需要用电才能唱歌呢？调动幼儿的思维，让幼儿各抒己见。
2. 尝试：老师分别将电源接通和关闭，请幼儿在钢琴上又按又弹，听一听、想一想。
3. 教师与幼儿总结：钢琴不需要通电就可以唱歌。

教师顺应了幼儿此时的兴趣和关注点，引导幼儿围绕着钢琴，在摸摸想想、弹弹试试中开始了自己的探究之旅。幼儿通过相互争论碰撞出思想的火花，在尝试和实践中最终达到发现问题、解决问题和验证结论的目的。

### 三、防潮管的本领大

1. 引导幼儿观察防潮管通电的现象,激发幼儿提出问题:钢琴不用电就会唱歌,那它为什么还要插上电呢?

2. 幼儿进行猜想、讨论。

3. 教师帮助幼儿提升:钢琴在弹奏时不需要用电。但是,因为钢琴的主体部件是木头做的,所以很容易受潮。受潮以后,钢琴的声音会变得闷闷的,唱出来的歌就不好听了。所以钢琴设计师为了防止木头潮湿,就想了用防潮管这么一个好办法,让钢琴通电,保持钢琴的干燥。

### 四、会跳舞的黑白键

1. 教师让幼儿观察:钢琴有多少个会跳舞的琴键?其中白键有多少个?黑键有多少个?它们是怎样排列的?鼓励幼儿观察钢琴键盘的结构。

2. 教师请幼儿想想钢琴是怎么唱歌的,提醒幼儿在边玩边弹中听一听钢琴的发声规律。

### 五、踏板魔术师

1. 引导幼儿观察钢琴的底部有三个形状相同的踏板,请幼儿猜一猜它们的作用。

2. 鼓励幼儿踩一踩、弹一弹,听一听踏板带来的不同音效。

教师引导幼儿在操作中直接感受和体验,激发幼儿对探究活动的兴趣,使幼儿变得越来越自信、越来越主动。

### 六、钢丝做成的琴弦

1. 教师提供打击乐器——钹,让幼儿玩一玩,并说一说它是怎样发声的。

总结:两片钹在碰击的过程中产生了震动,并通过空气传到了人的耳朵里,于是我们就听到了声音。

2. 引导幼儿感受,钢丝通过外力可发出不同的声音。

方法:教师出示几根钢丝,把钢丝的两端用螺丝固定在一块木板上,并扭紧,使钢丝产生一定的张力。让幼儿用小槌敲击钢丝,使他们了解钢丝通过振动也会产生声音。幼儿在实践中还可以了解到,钢丝的松紧程度的不同会发出高低、强弱的不同的声音。

3. 教师与幼儿一起初步探讨钢琴的内部结构图,引导幼儿分析钢琴唱歌的原理。

待幼儿对声音的产生有了一定的感性认识后,教师把钢琴的后板和盖板都取下,这样,幼儿可清楚地看到钢琴上有许多的钢丝,它们全部按照琴键的顺序有规则地排列在键床之上。幼儿从而认识到,不光需要琴键和踏板,还必须要有钢琴的琴弦才能真正使钢琴唱歌。

### 七、谈话:我们爱钢琴

1. 让幼儿自由讨论保护钢琴的方法。

2. 归纳总结:

(1) 钢琴外部的保护:不要乱砸琴键,乱踩踏板;不弹琴的时候要盖上琴盖,让钢琴穿上琴罩;钢琴是木头做的,不能靠近火,不要被太阳晒;钢琴搬动时要注意别磕了碰了;每次太多的人弹琴,琴键会受不了,唱的歌就不会好听。

(2) 钢琴内部的保护:别让脏东西和尖尖的东西掉进钢琴里面;如果钢琴的琴键松

了、螺丝掉了、弹的音不好听了,不能自己随便把琴拆开,要请专业人员来调琴。

（3）钢琴怎样防潮:别让钢琴溅上水,钢琴上也不要放装水的杯子;不能用湿湿的布擦琴;要插上防潮管,别让钢琴受潮了。

【活动延伸】

1. 经常播放钢琴曲,让幼儿继续体会钢琴带来的美妙感受。
2. 收集各种各样钢琴的款式图片、历史资料,向幼儿介绍更多关于钢琴的知识。
3. 鼓励幼儿多渠道地了解钢琴在人们生活、工作中的作用。

(深圳市南山区西丽幼儿园　涂美霞)

# 我们身边的价格

(数学活动)

【设计意图】
　　大都市的孩子,对超市中的购物、买卖过程、商品价格既熟悉又充满好奇,同时,幼儿对价格的概念又很模糊,因为大部分家长只是让幼儿参与选购物品,而没有让其参与买卖过程,所以幼儿不能正确理解价格与钱币的关系。本活动试图从实际生活经验出发,以幼儿园为活动中心,将社会、家庭、幼儿园三者联系在一起,让幼儿在生活中,学习和运用数学知识解决身边的问题,体验数学的真正意义。

【活动目标】
　　1. 幼儿在参观过程中观察价格,并初步学会认读价格。
　　2. 幼儿在亲历买卖的过程中,了解钱币与购物的关系。
　　3. 幼儿尝试制作价格表,进一步认识价格的结构。

【活动准备】
　　1. 幼儿已有经验:对钱币面额已基本认识;能认读十位、百位数。
　　2. 联系参观超市的有关事宜。
　　3. 已制作好的价格卡若干,小卡片、笔等。
　　4. 发动家长给幼儿每人五块钱,以便他们到超市进行自由购物。

## 活动一　超市里的购物体验

【活动过程】
　一、寻找、认识价格
　　1. 幼儿在超市里寻找价格,教师引导幼儿观察价格的书写特点,了解价格通常都是用数字表示的,会有单位元,让幼儿在认识价格中认识小数点。
　　2. 教师出示多种价格卡,幼儿由浅入深地学习认读百位、十位、带小数点的价格。
　　3. 幼儿到各种商品前练习认读价格。
　二、体验买卖过程
　　1. 幼儿每人身上带了五块钱,教师了解幼儿想买什么,并一起讨论五块钱能否购买此商品。

2. 由教师带领,幼儿自由选购商品及付款,教师给予指导。
3. 幼儿相互交流,分享自己购买的商品。

## 活动二 制作价格卡

【活动过程】

一、总结购物情况

交流自己购买的商品,并展开讨论,巩固对价格的认识。

二、分组制作价格卡

1. 幼儿画自己购买的和自己喜欢的商品,并为其标上价格。
2. 幼儿给班级物品制作价格卡。
3. 将制作好的价格卡放到相应的物品上,进行买卖游戏。

【活动延伸】

1. 交给幼儿每人几张小卡片,请其在家与爸爸、妈妈制作大件物品的价格卡,如电器的价格卡。
2. 将制作好的价格卡带回园讲述,巩固对价格的认识。
3. 教师总结,帮助幼儿理解金钱与劳动的关系,让幼儿体验父母的辛勤劳动,并养成正确的消费观。

【设计评析】

现代的孩子很早就能认识一元、五元、十元面额的钱币,但对于钱币与价格的关系依然比较模糊。此活动在现实、轻松的情景中,帮助幼儿获得这些知识,让幼儿体验到数学在生活中的运用。

(深圳市南山区南山托幼中心 赖雅玲)

# 取出冰中的玩具

### （科学活动）

【设计意图】

在了解水的三态时,孩子们对冰的知识经验的回忆显得格外热烈:我们在吃麦当劳时喜欢把可乐里的冰捏在手上,过一会儿就没了;我在哈尔滨旅游时看到了冰柱子,那冰柱子一敲就断了……教师决定引领幼儿从蕴涵着丰富科学知识的日常生活入手,探究身边的科学现象,培养幼儿主动探索的精神。

【活动目标】

1. 引导幼儿运用感官探索冰的特性,尝试用多种方法取出冰中的玩具。
2. 幼儿乐意在活动中提出自己的设想,并通过实验加以验证。

【活动准备】

1. 准备一个四周挖有小洞的大纸箱,将冻有幼儿玩具的大冰置于大纸箱里。
2. 锤子、剪子、锯子、钳子、积木、塑料棒、热水、炉子、砂纸等各种工具材料。
3. 幼儿每人一份记录板、笔及红星。

【活动过程】

一、发现问题

1. 幼儿将手伸进纸箱洞里触摸冰,感受冰的特性。

（1）用手捏一捏、压一压,知道冰是固体的,有一定的硬度。

（2）提醒幼儿一只手摸冰,另一只手摸砂纸,感受冰是光滑的。

（3）将摸冰的手拿出来与另一只手比比看,这只手的水是从哪里来的?知道冰是可以融化的。

2. 让幼儿自由感受、探索,说出自己发现的冰的特性:冰是光滑的、固体的、透明的、冰凉的、会融化的……

二、提出问题

1. 请幼儿观察冰中的玩具,并想想用什么办法才能取出自己心爱的玩具。
2. 幼儿在实验记录板上画出自己的设想,教师巡回指导并了解幼儿的想法。
3. 幼儿交流各自的设计方案,并将设计方案贴在白板上。

三、实验论证

1. 幼儿开始根据自己设计的方法寻找材料和工具进行验证,教师巡回观察,并给予适当的指导。

(1) 观察每个幼儿实验的情况,及时给予适宜的支持和引导。
(2) 询问个别幼儿采用某种方法的理由。
(3) 教师采用幼儿没有想到的方法,与幼儿共同实验。
2. 当幼儿取出玩具后,请幼儿在成功的方法处贴上一颗红星。

四、交流讨论

1. 根据冰的各种特性,引导幼儿共同讨论。

师:你是用什么办法从冰中取出玩具的?为什么这种办法能取出玩具?

幼儿分别介绍自己在实验中采用过的方法。

2. 教师小结:可用热水或太阳来晒,使冰的温度升高,冰就会融化成水,玩具就取出来了;当用硬的物体敲击冰时,物体比冰硬,冰就会碎,玩具也就可取出来……

【活动延伸】

如果冰里面还有一些没取出的玩具,可以让幼儿想一想:放在室外,它们会出来吗,为什么?哪种方法能更快地取出玩具?活动可根据情况进行延续。

【设计评析】

活动目标和内容的设计,接近孩子们已有的知识经验和能力,顺应了孩子们的需求和兴趣,所以孩子们乐于参与。活动材料的准备充分,符合目标的需要,特别是活动前,将孩子心爱的玩具冻于一大块冰中,增强了孩子主动探究的愿望和积极性。整个活动的指导,教师遵循了科学活动的新理念:幼儿是主角,他们按照自己设计的思路进行大胆的、主动的尝试与探究;教师则更多的是鼓励、关注、等待与支持。

(深圳市南山区蓓蕾幼儿园　肖红梅)

# 制作面包

(科学活动)

【设计意图】

在日常生活饮食中,幼儿经常会接触到面包,他们一般都非常喜欢吃。但对于面包的制作方法孩子们都很陌生。为了满足孩子的好奇心,让孩子体验面包的制作过程,享受揉捏的乐趣,我们设计并组织了这个活动。通过这个活动,培养幼儿动手操作、喜欢尝试实验的态度,并让幼儿学会懂得珍惜自己和他人的劳动成果。

【活动目标】

1. 了解制作面包的材料和工具。
2. 认识面包的制作过程,体验制作面包的乐趣。
3. 培养动手操作的习惯。

【活动准备】

1. 制作面包所需的材料:高级面粉、发酵粉、鲜奶、奶油、鸡蛋、糖、盐、水。
2. 工具:搅拌盆、保鲜膜、烤盘、毛刷、刮板刀、量杯、烤炉。
3. 其他馅料:葡萄干、火腿肠、芝麻、蛋液。

【活动过程】

一、晨间的准备工作

1. 洗干净手,将面粉倒进盆里,幼儿帮忙加发酵粉、奶、白糖、少许盐、鸡蛋、温水(用温水可以加快面团发酵的时间),搅拌面粉。
2. 用力搓揉面团大约15分钟,使面团成型,光滑而有弹性(做出的面包才松软),并在表面抹一层花生油(保持水分,防止水分蒸发)。
3. 幼儿观察:揉好的面团有多大?在盆上盖保鲜膜,等待发酵。(第一次发酵时间约一小时。)
4. 幼儿和老师一起将做面包用的葡萄干、芝麻等分盘装好以备用。

二、餐后的观察活动

1. 幼儿进行餐后活动,在观察面团时,他们会惊喜地发现,面团变得很大很大了。
2. 告诉幼儿简单的发酵原理。面团变大,是因为发酵粉的原因:在酵母菌繁殖的过程中,酵母菌能放出大量的(二氧化碳)气体在面团内,使面团膨松,形成疏松多孔的结构。加温时,气体受热膨胀,淀粉质糊化定形,使面包内形成细密均匀的空洞,达到疏松的目的。

### 三、幼儿学习制作面包

1. 将准备好的葡萄干等材料摆放好。

2. 取出大面团,用刮板刀分割成小面团,观察面团切面的孔洞。

3. 将面团在桌上使劲揉1～2分钟,开始制作:

(1) 做面包。

师:小朋友,你喜欢吃什么味道的面包呢?你想做什么形状的面包呢?一起来做一做吧,看谁做的面包既好吃,又好看。

幼儿可根据自己的喜好选择馅料、捏出自己喜欢的面包形状。

(2) 刷蛋液。

师:为了让面包的表面光滑,看起来漂亮,我们要进行下一道工序——刷蛋液。

幼儿将做好的面包放在烤盘上,然后刷蛋液。

(3) 撒芝麻。

师:为了让面包更香,我们还要在面包上撒一些芝麻。

(4) 烤面包。

师:现在,我们要把面包送进烤炉,烘烤大概20分钟后,香喷喷的面包就出炉了。

【活动延伸】

幼儿品尝自己亲手制作的面包。

【设计评析】

此活动在设计上,注重幼儿是观察者、操作者,而教师是引导者。教师让幼儿从看、听、想、学、做中学习,并以幼儿的兴趣、动手操作为主,给孩子创造一个宽松、愉快的学习氛围。

【资料链接】

做面包的配方:高级面粉七斤、发酵粉一两、鸡蛋六个、糖半斤、盐少许、奶油少许、奶水一杯、芝麻两小包、火腿肠二十根、葡萄干若干。

(深圳市南山区机关幼儿园  陈 红  林秋霞)

# 让玻璃球浮起来

(探索活动)

【设计意图】

　　幼儿都特爱玩水,如何让他们玩得有意义呢?本次活动让幼儿在问题——尝试——记录——表达的过程中边玩边学,无形中促进其科学探究能力的发展。

【活动目标】

　　1. 让幼儿动手尝试使用多种辅助材料让玻璃球浮起来,激发幼儿对身边科学现象的兴趣。

　　2. 学习记录实验结果。

【活动准备】

　　玻璃球、盘子、杯子、木板、纸张、橡皮泥、纸盒、金属片、小的玩具筐等物品,它们有的能浮在水面,有的会下沉。

【活动过程】

　　一、问题

　　师:(出示玻璃球)请小朋友想一想,如果把这个玻璃球放进水盆里,它会怎么样?是沉下去呢?还是会浮起来?

　　(幼儿讨论。)

　　师:有人说浮起来,有人说沉下去,到底是怎样呢?请一个小朋友来将它放下去,大家看一看。

　　二、讨论

　　师:小朋友看到,玻璃球一下就沉下去了。请你想想办法,怎样才能让它浮起来呢?

　　(这一过程教师要把握:鼓励孩子积极动脑、大胆发言,并给予他们时间和机会。)

　　三、尝试

　　1. 师:小朋友想了很多办法,大家可以试一试。老师也为你们准备了很多材料,你们也来试一试吧,看谁能帮玻璃球浮起来。在试之前,老师要提几点要求,请听清楚:

　　(1) 三人或四人一组,大家要互相谦让、轻声说话。

　　(2) 玩的时候,小心别把水洒到地上,因为地湿容易摔跤。

　　(3) 多用几种材料来试,你要记住自己用过哪些方法,成功了没有,老师等会儿要请你在成功的材料下打"√",还要说一说原因。

　　(这一环节很重要,对孩子既有操作活动常规的要求,又有完成任务的要求。)

2. 幼儿进行尝试活动。

在这个过程中,要给幼儿足够的时间进行尝试,老师做观察者、记录者;发现了好的方法的幼儿,教师轻声地给予肯定;尝试失败的幼儿,鼓励他换一种方法;不知所措的孩子,要提醒他、帮助他。

**四、记录**

请做完实验的孩子擦手,记录实验结果。

教师:请你在能让玻璃球浮起来的材料下打"√"。

**五、交流与分享**

师:刚才,小朋友想了很多办法使玻璃球浮起来,现在请大家说一说吧。

这个环节的发言一定会很踊跃的,所以要尽可能让每个孩子都有机会表达。

**六、教师小结**

玻璃球放进水里会沉下去,但我们利用一些能浮的材料来帮助它,就能让它浮起来了。

【资料链接】

"让玻璃球浮起来"实验记录表

班级_____  姓名_____

请在能让玻璃球浮起来的材料下打"√"。

| 盘子 | 杯子 | 木板 | 塑料筐 | 纸张 | 橡皮泥 | 纸盒 | 金属片 |
|------|------|------|--------|------|--------|------|--------|
|      |      |      |        |      |        |      |        |

(深圳市南山区机关幼儿园　陈　红)

# 蚕宝宝还吃啥

(科学活动)

【设计意图】

本学期中班年级开展了养蚕的主题活动,活动的后期,蚕宝宝陆续开始结茧时,出现了蚕宝宝断粮的情况。在到处找不到桑叶的情况下,有些家长建议用某种菜叶或树叶代替。而孩子们在户外散步时看见了鲜花就说花瓣嫩嫩的,蚕宝宝应该也吃得动;当午餐吃豆芽时,孩子们说不知道蚕宝宝能不能吃。为了验证孩子们的猜测,我们设计了以下实验活动。

【活动目标】

1. 能大胆地设想出蚕宝宝的食物,并通过实验验证自己的想法。
2. 通过两人一组的操作活动,进一步培养幼儿与他人的合作能力。

【活动准备】

1. 课前幼儿凭借自己的生活经验想出各种给蚕宝宝的食物,并一起进行收集。
2. 蚕宝宝、幼儿收集的各种植物叶子、食物、卡纸。
3. 集体记录表、幼儿记录表。

【活动过程】

一、活动导入

师:蚕宝宝的桑叶快吃完了,又没找到桑树,大家都很焦急。小朋友想想办法,看看蚕宝宝除桑叶外还能吃些啥。

二、启发引导

1. 幼儿进行猜想:教师在黑板上出示记录纸,将幼儿说的方法做简单的记录。
2. 选择实验的方法。

师:用什么方法才能知道这些食物是不是适合蚕宝宝吃呢?(让幼儿积极发表自己的见解。)

3. 选择实验用的蚕宝宝。

师:现在大家的蚕宝宝处在不同的生长阶段,有些在蜕皮、有些在睡觉、有些准备结茧,要挑选一条什么样的蚕宝宝才适合做实验呢?(幼儿讨论,并介绍记录方法。)

建议:选取一种蚕宝宝做实验,在选择过程中注重培养幼儿对生命的珍视和尊重。

师:刚才小朋友都很棒,想出了很多很多的食物给蚕宝宝吃,但这些食物蚕宝宝能吃吗?等会儿,我们一起来试验一下,好吗?

### 三、幼儿实验、记录

幼儿分组选择食物放在卡纸上,放一条蚕进行观察。教师交代要求并巡回指导,鼓励幼儿相互协作。

(幼儿选择食物分组进行试验。)

实验后记录结果。

### 四、评讲交流

1. 与老师和同伴交流实验结果。
2. 把大家的实验结果归纳在老师的实验记录表上。

【活动延伸】

在活动结束后,让幼儿继续观察蚕宝宝对食物的反应。

【资料链接】

"蚕宝宝还吃啥"幼儿实验记录表

| 青菜叶 | 树叶 | 红桑叶 | 豆芽 | 花瓣 | 纸 |
|---|---|---|---|---|---|
|  |  |  |  |  |  |

在蚕宝宝能吃的食物上打"√"、蚕宝宝不吃的食物上画"×"

(深圳市南山区机关幼儿园　高俊卿)

# 好玩的风筝

(科学活动)

【设计意图】

"放风筝"是幼儿在生活中常见的活动,但更多的时候,幼儿是做旁观者,对风筝的构造缺乏深入的认识。本活动就是让幼儿在看看、说说、试试的过程中来进一步认识风筝。

【活动目标】

1. 了解风筝的来历,知道风筝的基本特征,学会放风筝的方法。

2. 通过实验,初步了解风筝飞得高的条件,知道风筝的尾巴可以调节气流,帮助风筝稳定地飞起来。

3. 能大胆地表达自己的想法与做法。

【活动准备】

1. 有关风筝的 VCD 资料、图片及实物若干。(可请家长参与收集。)

2. 风筝制作材料:纸张、胶带、竹条、线轴、线板、线、剪刀等。

3. 集体记录纸两份、笔若干。

4. 四份有尾巴和没有尾巴的菱形风筝。

## 活动一　认识风筝

【活动过程】

**一、了解风筝的基本情况**

1. 观看风筝节的 VCD、图片和实物,欣赏有关放风筝情景的美术作品。

2. 想一想,说一说。

(1) 风筝的来历:风筝起源于中国,是人类最早的飞行器。

(2) 风筝的外形:

各种形状:三角形、菱形、正方形等。

各种造型:小鸟、蜈蚣、蝴蝶等。

色彩各异:红色、黄色、紫色、混合色等。

(3) 风筝可以由哪些材料制作成?为什么要选用这些材料?

纸、绢、绸(很轻,能飘起来)、竹条(支撑)、线轴和线板(用来绕线)、线(牵引和控制风筝飞翔)。

二、户外观看放风筝

1. 观察别人是怎么放风筝的。

2. 提问：

(1) 什么天气适合放风筝？什么样的地方适合放风筝？

放风筝的时候天气要晴朗,而且要有一定的风力。放风筝的地方要比较开阔、平坦。

(2) 为什么风筝飞在天上有的高,有的低？

知道环境因素,如风力、风向、场地对放风筝的影响,知道风筝本身的因素,如形状、材料对风筝飞行也有影响。

## 活动二　风筝为什么有尾巴？

【活动过程】

一、设置情景,引出提问

1. 观察菱形风筝的基本特征,讨论为什么它会有尾巴。
2. 猜想：没有尾巴它能飞起来吗？
3. 教师对幼儿的讨论结果做总记录。

(把问题留给幼儿,引导他们动手前先动脑,培养幼儿的探索精神。)

二、验证设想并记录

1. 每组提供两种不同的风筝,一种有尾巴,一种没有尾巴。请幼儿分组进行实验,并记录结果。
2. 幼儿尝试放风筝,教师交代方法和要求,并提醒幼儿注意安全。

实验活动以小组形式展开,培养幼儿的合作精神和协调分工意识。让幼儿自己动手实验,帮助他们获得有关的经验,并提高解决问题的能力。

三、交流实验经过和结果

1. 幼儿自由讨论,再由每组推选一个代表发言。

例如：没有尾巴的风筝飞起来摇摇摆摆,非常不稳。有尾巴的风筝飞得稳,而且飞得高。

2. 教师总结：风筝没有尾巴,它们的身体会往前倾,所以一飞,头就往下坠；而有尾巴的风筝,可以通过尾巴来帮助风筝稳定地飞起来。

3. 评价幼儿的表现：对能互相协调、合作、积极思考、大胆尝试的幼儿进行表扬与肯定。

【活动延伸】

寻找生活中或自然界中有尾巴的动物或飞行体,感知它们的尾巴在其运动中的作用,如小鸟、鱼、飞机等。

【设计评析】

　　放风筝,是幼儿生活中常见的活动,它却蕴涵着很多的奥妙:如何利用风力、风向将风筝放得更高？风筝为什么会有尾巴？通过与自然界中有尾巴的飞行物的对比,幼儿了解了尾巴在风筝运动中的作用,并知道了仿生学的知识,进而懂得了我们生活中有许多发明创造来自大自然的启发……

　　科学就在孩子身边,我们希望通过这些活动,激发孩子关注身边的事物,积极动手、动脑,探索其中蕴涵的无穷奥秘。

（深圳市南山区南山托幼中心　杨丽君）

# 开心的地球

(科学活动)

【设计意图】

环保关系着国家的可持续发展,在我国,环保已被列为一项基本国策。幼儿园科学教育的目标之一就是要培养幼儿初步的环保意识。中班幼儿对周围环境事物已具有一定的洞察力和探究欲,已认识一些常见的日常生活制品。此次活动以幼儿熟悉的物品包装袋(盒)(以下简称包装袋)为切入点,引导他们形象地认识环保材料和非环保材料,从而逐步形成环保的观念。

【活动目标】

1. 学习分辨环保包装与非环保包装。
2. 形成初步的环保观念。

【活动准备】

1. 师生共同收集不同质地的废旧包装袋(纸、塑料、玻璃、金属等),将教室布置成展览会。
2. 锄头若干,"开心地球"和"伤心地球"图卡,个人空白记录纸,集体表格记录纸,记录笔。
3. 幼儿经验准备:已经认识各种质地的、常见的日常生活制品。

【活动过程】

一、设置情境

1. 幼儿用从家中收集到的废旧包装袋将教室布置成废旧包装用品展览会,组织幼儿参观,并观察有哪些质地的包装袋。(纸、塑料、玻璃、金属。)
2. 讨论:废旧包装袋被人们扔掉后会到哪儿去呢?(送到垃圾场埋起来、焚烧掉……)

二、埋藏包装袋,幼儿猜想记录

师:那我们也来试一试,把这些包装袋埋在土里面,过一段时间看看有什么变化。

幼儿挑出不同质地的包装袋,在幼儿园的一角将其埋掉。(需选择较湿润的地方。)

幼儿猜想包装袋的变化,并以绘画方式做记录。

三、观察实验结果,验证猜想

(一个月以后。)

1. 带领幼儿到埋包装袋的地方将其挖出,观察并讨论埋在土里的包装袋的变化,作绘画记录。

2. 教师引导幼儿将观察到的结果与前期做的猜想记录作比较,鼓励幼儿大胆讲述猜想与实验结果的异同。

3. 集体统计:哪些质地的包装袋腐烂了,哪些没有腐烂？作集体记录。

教师画好表格,其中的有关标志由幼儿商定。

| 现象<br>包装袋的材料 | （腐烂标志） | （不腐烂标志） |
| --- | --- | --- |
|  |  |  |
|  |  |  |
|  |  |  |

4. 讨论:能腐烂的包装袋与不能腐烂的包装袋对环境的影响。

5. 教师小结:在土中会腐烂的包装袋(纸)是不会破坏环境的,是环保包装材料;在土中不会腐烂的包装袋(塑料、玻璃、金属)是会破坏环境的,是非环保包装材料。

四、游戏

展示"开心地球"和"伤心地球"图卡,请幼儿从起点随意拿一个包装袋跑到终点的地球图卡前。

——如果是环保包装,就放在"开心地球"前。

——如果是非环保包装,就放在"伤心地球"前。

五、成果展示

将实验观察的结果以图片或绘画的方式布置成展板,展出在幼儿园公开的场合,向其他班级的小朋友及来园接孩子的家长介绍选用环保包装袋的重要性。

【活动延伸】

1. 鼓励幼儿回家后提醒父母,要购买有环保包装的物品。

2. 幼儿与父母同去超市购物时,自觉地少用塑料袋,并告诉父母白色污染对地球造成的危害。

【设计评析】

为了让幼儿认识环保包装与非环保包装,教师设置情境,让他们亲自埋藏包装袋,而后再观察包装袋的不同变化,使幼儿通过亲身实践来获得环保经验。此活动有助于幼儿在日常生活中逐渐形成良好的环保习惯,并将环保习惯带到家庭和社区。

(深圳市南山区南山托幼中心 罗婷婷)

# 切 果 果

### （科学活动）

【设计意图】

　　孩子总是对看不见的东西充满好奇,比如:他们在户外捡到不认识的野果时,总会将果子剥开看看,想知道里面究竟藏着什么东西。在日常生活中,孩子经常是从一个剖面了解物体的内部结构,当我们引导孩子通过多个剖面去观察事物时,他们会有许多惊奇的发现……

　　通过此活动,让孩子从多角度了解物体的内部结构,使他们的空间知觉更丰富和更全面,并促进他们多角度思维能力和空间知觉能力的发展。

【活动目标】

　　1. 启发幼儿从多个剖面观察果实的内部结构,感受它们不同剖面的异同。发展幼儿对物体内部结构的空间知觉。

　　2. 学习用表格记录不同的果实剖面。

【活动准备】

　　1. 幼儿已具备的经验:能正确而熟练地使用刀具。

　　2. 苹果、梨、桃子、橙子、枇杷、猕猴桃若干。

　　3. 个人记录表、笔、颜料、水果刀、抹布、塑料袋、照相机等。

## 活动一　切苹果

【活动过程】

**一、创设情境**

　　教师出示两个外表分别划了纵切线和横切线的苹果,启发幼儿大胆猜想:当我们纵切苹果和横切苹果时,将会看到什么?

**二、猜想记录**

　　幼儿分别猜想纵切苹果和横切苹果时,所观察到的苹果内部结构会是怎样的,并用绘画的形式记录在下面的个人记录表里。同时,鼓励幼儿想出更多的切法(如斜切、十字交叉切等),并猜想:用这些切法切开苹果时能看到什么?记录在个人记录中的3格和4格里。

个人记录表：

| 水果的剖面图＼切法 | 1. 纵切 | 2. 横切 | 3. | 4. |
|---|---|---|---|---|
| （猜想图） |  |  |  |  |
| （实验结果图） |  |  |  |  |

**三、动手实验**

启发幼儿按纵切、横切或自己想像的切法来切苹果，观察苹果的内部结构，并启发幼儿说说：

1. 切开的苹果是怎样的？它像什么？
2. 当采用不同的切法时，它们的内部结构有什么相同和不同的地方？

**四、记录**

幼儿用画画、拍照或苹果印章等方式将切开的苹果剖面结构记录在个人记录表里，并与猜想图做比较：自己的猜想对吗？有什么不同的地方？

**五、交流**

教师与个别幼儿交流，同时鼓励幼儿间相互交流，讨论各自的猜想和动手实验的结果。

## 活动二 切果果

【活动过程】

1. 教师出示各种水果：梨、橙子、桃子、枇杷、猕猴桃、杨桃等，请幼儿说出它们的名称。
2. 请幼儿说说：这些水果里面是什么样子的？（如梨子的果肉很厚、猕猴桃里有许多黑色的籽等。）
3. 幼儿自选一种自己最喜欢的水果，并猜想：如果按不同的方法将其切开，能看到什么？
4. 幼儿将自己的猜想记录在表格里，画出水果的外形、切线和水果的内部结构图。
5. 幼儿按自己猜想的方法切水果，并观察水果的不同剖面。教师启发幼儿比较水果的外形、果肉的纹路、颜色和内核等。
6. 用绘画、拍照等方式做记录，为布置"切果果照片展览"做准备。

7. 展示、表达与交流。

大家一起说说自己的猜想与实验后的结果有什么相同和不同的地方。

【活动延伸】

1. 带幼儿到户外捡野果,带回教室,切开并观察野果的内部结构。

2. 环境布置"切果果照片展览":启发孩子与同伴交流,并邀请其他班级的幼儿观看照片展览。

【设计评析】

1. 尝试多种科学探究的方法,发展幼儿科学探究的能力。通过提出问题、猜想假设、实验记录、展示与交流等活动,让幼儿体验科学探究的过程,树立尊重事实的科学态度,培养良好的科学素养。

2. 从幼儿的日常生活取材,充分挖掘身边常见事物中蕴含的教育价值。幼儿在日常生活中经常会接触到水果,在教师的鼓励下,孩子们尝试切水果活动,激发起了对水果内部结构的探索兴趣。

3. 发展幼儿的多向思维。通过观察,孩子们惊奇地发现水果的不同剖面有很大差异,这样,他们对立体结构和平面结构的关系有了新的感性认识,其多向思维和空间知觉能力也得到了发展。

(深圳市南山区南山托幼中心　聂燕文)

# 谁滚动得快

（科学活动）

【设计意图】
　　孩子在游戏的过程中常常会碰到各种各样的问题，我们是直接告诉他答案，还是和他一起去探索、去实验，找到问题的答案呢？让幼儿通过操作，自己动手、动脑解决问题，既能增强幼儿的动手能力、观察能力，又能培养幼儿的自主探索精神，还能培养幼儿实事求是的科学态度。

【活动目标】
　　1. 通过实验比较不同形状、不同材料的物体滚动的快慢程度。
　　2. 积极制作实验材料，提高幼儿的动手操作能力。
　　3. 培养幼儿尊重事实的科学态度，并懂得用事实说话。

【活动准备】
　　1. 实物：三棱柱体、圆柱体、长方体的积木，橡皮泥，圆柱形的拓印模，长25厘米宽8厘米的卡纸，透明胶，三个斜坡。
　　2. 小组实验记录表1，小组实验记录表2，水彩笔。

【活动过程】
　　**一、滚动实验**
　　1. 设置情景：
　　给每个小组：三角形、圆柱体、长方体的积木各一个和斜坡三个，让幼儿自由游戏。
　　2. 提出假设：
　　（1）师：小朋友，如果我们让这三块不同形状的积木同时在斜坡上滚下来，猜猜看是谁滚动得最快？
　　（2）幼儿进行猜想并记录。教师请个别幼儿说说自己的猜想。
　　小组实验记录表1：

| 材料 | | | |
|---|---|---|---|
| 猜想 | | | |
| 实验结果 | | | |

3. 幼儿动手进行实验并记录。
4. 表达交流。请每个小组展示记录表,介绍实验过程及结果。
5. 师生共同小结:哪种形状的积木滚动得最快?为什么?

二、制作滚动实验

1. 设置情景:

(1) 教师出示圆柱体积木、橡皮泥、圆柱形的拓印模、卡纸、透明胶,引导幼儿参与实验材料的制作:这个积木是用什么材料做成的?你能变个魔术,把橡皮泥和卡纸也变成圆柱体吗?

(2) 幼儿自己动手制作实验材料,教师根据具体情况给予指导。

2. 提出假设:

(1) 师:用橡皮泥和卡纸做出来的圆柱体,也能像木头做的圆柱体一样滚动得那么快吗?

(2) 鼓励幼儿大胆地猜想,并用自己的方式进行记录。

小组实验记录表 2:

| 材料 | 木头 | 橡皮泥 | 卡纸 |
| --- | --- | --- | --- |
| 猜想 | | | |
| 实验结果 | | | |

3. 动手操作,记录实验结果。
4. 对比自己的猜想和实验结果,看看是否一致。

师:你们是怎样做这个实验的?最后证实是哪种材料的圆柱体滚动得最快?

【活动延伸】

1. 探索圆柱体在不同平面上滚动时的速度快慢。
2. 探索新问题:车的轮子是什么形状?材料有什么不同?

【设计评析】

幼儿通过自己的亲身经历理解事物后得到的知识会非常扎实。本活动注重幼儿的动手操作,让幼儿通过实验来验证自己的猜想,从而得到准确而客观的结果,同时,培养他们实事求是的科学精神及严谨的科学态度。

(深圳市南山区南山托幼中心　俞文瑶)

# 橡皮泥浮起来了

（科学活动）

【设计意图】
橡皮泥一放到水里就沉下去了,但橡皮泥也能浮起来!怎样让橡皮泥浮起来呢?这一定能让好奇心强的幼儿雀跃不已。此项活动是利用幼儿常玩的橡皮泥,突破他们原有的经验,激发他们探究的欲望,借此培养他们大胆动脑、动手和主动探究的习惯。

【活动目标】
1. 引导幼儿探索橡皮泥浮起来的奥秘。
2. 体验自主探究的乐趣。
3. 培养多动脑,勤动手的探究精神。

【活动准备】
每组一盆水,几盒橡皮泥。

【活动过程】
1. 玩橡皮泥,引导幼儿探究橡皮泥沉下去也可以浮起来的奥秘。
师:小朋友,看看老师今天给你们准备了什么好玩的东西(出示橡皮泥和水),老师请小朋友把捏成各种形状的橡皮泥放到水里,去看看橡皮泥是会浮起来还是沉下去。
2. 分享玩橡皮泥的经验。
请幼儿个别讲述并示范橡皮泥沉下去和浮起来的操作。
教师小结:橡皮泥既能沉下去也能浮起来。
3. 幼儿自主探究橡皮泥浮起来的方法。
师:橡皮泥改变形状后能够浮起来。现在,老师要请小朋友们想想,橡皮泥变成什么形状后可以浮起来呢? 我们看看谁想到的办法最多。
教师观察和指导,协助个别幼儿操作,鼓励幼儿大胆尝试,分享幼儿成功的快乐。
4. 总结、分享经验。
幼儿谈谈自己想到的办法和操作的经过,与大家分享自己的实验过程。教师表扬幼儿肯动脑和大胆动手尝试的好习惯,与幼儿一起分享他们努力尝试后获得的成功快乐。

【活动延伸】
1. 继续让幼儿探究让橡皮泥浮起来的办法,让他们理解橡皮泥浮起来所要具备的条件,并初步学会归纳和记录。

2. 鼓励幼儿发挥想像,并动手尝试橡皮泥更多的新玩法。

【设计评析】

幼儿对各种新奇的现象都会表现出浓厚的兴趣。中班幼儿在具备一定经验和技能后,对这个敞开的世界充满好奇,尝试和探究的欲望变得越来越强烈。在整个活动中,教师没有直接给幼儿任何结论,而是让他们自己在游戏中去发现矛盾,然后在矛盾中探究。

(深圳市南山区西丽幼儿园　邱　婉)

# 我们都是好朋友

(品德教育活动)

【设计意图】

品德教育是现代社会中很重要的一个问题,但也是容易被忽略的问题。在教育实践中常常存在着重知轻德的现象,如何在幼儿阶段就给孩子以良好的品德教育是我们值得思考的。幼儿还处在通过学习社会经验形成心理特征的时期,他们各方面都有很大的可塑性,教师除了在日常生活中让幼儿不断获取经验外,还可通过一些既能使幼儿明白道理,又能让幼儿乐于参与和接受的活动来对他们进行教育。

【活动目标】

1. 培养幼儿的交往能力和热爱同伴的情感。
2. 学习礼貌用语,促进幼儿口语表达能力的发展。
3. 学习歌曲《我们都是好朋友》。

【活动准备】

彩笔及一些美工纸的边角料和粘贴材料,自编歌曲《我们都是好朋友》。

【活动过程】

一、故事导入

师:有一天,小刚(伸出一只画有脸谱的大拇指)觉得很孤单,想找个同伴玩一玩,他东瞧瞧,西看看,都没找到朋友。这时,他突然看见小云走了过来(伸出另一只画有脸谱的大拇指),就立刻跑过去,大声地说:"喂,你跟我玩好吗?"小云听了吓了一跳,很不高兴地摇摇头走了。小刚心里很难过,不知怎么办?

二、提问

1. 小云为什么很不高兴地摇摇头走了呢?引导幼儿通过讨论后理解:因为小刚没礼貌,所以小云才不跟他玩。
2. 小刚要怎么做,才会有朋友跟他一起玩呢?让幼儿在讨论中相互学习沟通交往的经验和礼貌用语。

三、续编故事情节

师:刚才小朋友帮小刚找到了小云不跟他玩的原因,又告诉他应该怎样与人交往,才能找到朋友,那我们再看看,小云走了以后又发生了什么事情?

师:小刚正为找不到朋友而伤心时(伸出大拇指——小刚),小青走了过来(在另一大拇指脸谱上加上一顶小帽装饰),小刚连忙走过去,很有礼貌地说:"你好,我是小刚,请问你叫什么名字?""我叫小青,小刚你好。""我能和你交朋友吗?""好啊,我也正想找朋友一起玩呢!""那让我们一起来唱歌好吗?""好,我们就唱《我们都是好朋友》的歌吧。"

这时,小刚和小青一起高高兴兴地边唱边跳起来,他们真的成了好朋友。

**四、幼儿互动活动**

幼儿在自己的大拇指上画脸谱(也可进行一些装饰),找朋友进行更广泛的对话,学唱歌曲《我们都是好朋友》(在游戏中边学边唱)。

【延伸活动】

在日常活动中,通过情景活动、角色游戏等开展各种交往活动,帮助幼儿学习交往方法,培养幼儿的文明行为。

【设计评析】

1. 将品德教育游戏化。

这个手指游戏既简单浅显,又能激发幼儿的学习兴趣。幼儿通过参与讨论、互动游戏,明白了讲文明、懂礼貌的重要性,也学会了交流的方法,获取了交往的经验,逐步形成了良好的行为品德。在活动中,孩子们有很大的兴趣,他们的对话也十分丰富,歌曲也很自然地学会了。

2. 手指游戏的拓展。

这是根据中班幼儿的年龄特点设计的一个活动。因为中班孩子已有一定的生活经验、口语表达能力和动手能力,正处在希望交往但又不善于交往的阶段。这个活动使孩子们通过自己的体验和操作明白了文明礼貌的重要性。

教师可根据小、中、大班不同的年龄注入所需要的教育内容,编成故事儿歌,设计出更多、更丰富、更有意义的教育活动。

【资料链接】

自编歌曲《我们都是好朋友》

|| 5·3 | 5 6 | i 6i | 5 — | 5·i | 6 5 | 5 32 | 1 — |
　小青　小刚　你好吗　　一　起　游戏　手拉手
| 1 2 | 3 — | 5 35 | 2 — | 5·3 | 5 6 | i i | i — |
　讲文明　　懂礼　貌　　我们　都是　好　朋　友

(深圳市南山区海月谷双语幼儿园　张俐蕾)

# 心情碰碰车

(社会活动)

【设计意图】

随着独生子女家庭的普及,提高幼儿情商也日趋显得重要。如何让幼儿走出"独"字?如何让幼儿关注他人的心情变化?如何让幼儿学会调整自我的心情呢……面对这一系列家长及社会都关注的问题,我们深入挖掘幼儿日常生活中的教育资源,设计了"心情碰碰车"活动,旨在培养幼儿的社会交往能力,培养他们关注他人、帮助他人的高尚品质。

【活动目标】

1. 学会用合适的语言表达自己的心情。
2. 学习关注他人的心情并调节自己的心情。

【活动准备】

1. 幼儿在家观看电视台的"天气预报"节目。
2. 用大纸箱做的简易"电视机",木偶小猴,班级通讯录。
3. 根据故事情节制作的幻灯片,各种彩笔、纸若干。

## 活动一  故事讲述:心情预报

【活动过程】

1. 激发幼儿兴趣,使其进入情境。

师:今天天气真好呀!谁能告诉老师今天的天气是怎样的。(幼儿讨论后发言。)

你知道明天的天气是怎样的吗?你从哪儿知道的呢?电视台一般都有天气预报节目,它告诉我们天气的情况。可是,你们知道吗?在森林里有一个心情预报台,他能让我们知道每个人的心情会是怎样的。让我们来看一看吧。(教师用木偶小猴在"电视机"里表演故事:心情预报。)

2. 教师引导幼儿理解什么是心情,通常什么心情会有什么样的表情。

3. 教师放映幻灯片,根据故事情节提问:为什么小狮子心情是阴有小雨,它有什么样的表现?

4. 教师示范表演"心情预报"(在"电视机"后面表演)。

5. 请幼儿表演心情预报。

## 活动二　手工制作：心情表

【活动过程】

1. 通过播放幻灯片和幼儿一起回忆故事：心情预报。
2. 教师引导幼儿一起来制作一个班级心情表。
   (1) 老师与幼儿讨论：什么样的心情会有什么样的表情？
   (2) 请幼儿来画一画不同的表情，说说这些表情与心情的关系。
   (3) 请幼儿结成小组制作各种表情图标。
3. 师生共同制作班级全体幼儿心情表，并挂在醒目地方，要求幼儿每天入园时，插上自己的心情预报图标。如有缺勤的幼儿，教师帮助其插上红色的心情预报图标。

## 活动三　家园互动：关注他人爱心大行动

【活动过程】

1. 请幼儿参观班级已建立的心情预报表。
2. 让幼儿交流观后的感受，并请心情预报是阴天或雨天的幼儿说说原因。
3. 请幼儿讨论心情预报是阴天或雨天的小朋友该怎么办。引导幼儿学习掌握调整自己心情的方法。
4. 请幼儿商讨红色心情预报牌的小朋友该怎么办。他们为什么没有来上幼儿园？他们生病了呆在家里一定很伤心、很孤独，请小朋友们想想办法。
5. 教师拨通孩子家里的电话，请幼儿和他（她）通话，并问候他（她）。
6. 请家长协助幼儿回家做爱心小天使，给生病的小朋友打电话表示慰问。

【活动延伸】

1. 请幼儿将表演的心情预报画出来，做成一个标志牌，并将"电视机"放在语言区供值日生或其他小朋友讲述心情预报。
2. 请回家打了电话的小朋友说说与生病的小朋友通话的内容。生病好了的小朋友也说说在家里接电话时的心情。

【设计评析】

活动开展后，小朋友们的兴趣很浓，特别是给生病的幼儿打电话时。家长们也反映孩子爱关注其他小朋友了，回家后都爱说哪个小朋友没上幼儿园，要给他打电话问问是不是病了。甚至还有个别小朋友想不上幼儿园，等其他小朋友打电话到家里来！看来小朋友们都想得到他人的关注。

（深圳市南山区金苗幼儿园　卢　静）

# 快乐的我

(社会活动)

【设计意图】

开心、生气、紧张、难过、好奇、害怕等各种情绪,在孩子的日常生活中都有可能出现。幼儿的年龄小,自我控制能力差,不会调节自己的情绪,也不会用恰当的方式表达自己的情绪。有的幼儿性格内向,不愿向人诉说;有的幼儿遇事又过于急躁,喜欢大声哭闹发脾气……此活动意在让幼儿懂得良好的情绪有利于健康,并初步学会一些调节不良情绪的方法,体验积极情绪带给自己的快乐,做个快乐的孩子。

【活动目标】

1. 让幼儿了解不高兴、生气等情绪会带给自己不舒服的感受,体验积极情绪带给自己的快乐。
2. 帮助幼儿初步学会调节自己的消极情绪,逐步养成积极乐观的生活态度。

【活动准备】

1. 开放本班娃娃家、建构区等活动区。
2. 用各种表情脸谱布置环境。
3. 布置一面墙,让幼儿画自己的情绪(表情)。

【活动过程】

一、自由活动

教师提出游戏规则,并重点提醒幼儿注意游戏中自己的心情是怎样的。教师以同伴的身份参与游戏,并注意观察、记录幼儿在游戏中的情绪。

二、回忆:我快乐吗

游戏活动结束后,教师重点引导幼儿讨论在活动时的心情:

说一说高兴的事。

说一说不高兴的事。

教师注意引导个别性格内向的孩子讲出自己的情绪。

教师引导幼儿讨论一些发泄不高兴情绪的方法。

二、谈话:怎样使自己快乐起来

1. 让幼儿谈谈生气、伤心和高兴时的感受,使幼儿知道笑比哭好,告诉他们要尽量使自己快乐起来。
2. 设计不同的情绪情境,引导幼儿初步懂得一些调节不良情绪、使自己快乐起来的方法。

(1) 不高兴时:做自己喜欢的事。如和好朋友一起玩,和家人外出游玩,想想高兴的事等。

(2) 生气时:可以大声唱歌,可以把心事告诉朋友、老师或爸爸妈妈等。

(3) 害怕时:可以请求别人的帮助,听音乐转移注意力等。

3. 教师引导幼儿在日常生活中进行尝试,以保持好的心情。

三、表达:心情故事

鼓励幼儿用绘画或其他方式表达自己愉快的情绪,并与小朋友们分享。

【活动延伸】

1. 音乐活动:表情歌。(幼儿在歌舞中表达自己的情绪,体验游戏的快乐。)

2. 开心故事会:鼓励幼儿笑对困难。

3. 美工区:幼儿用泥工、纸工、绘画等综合活动形式制作表情脸谱。

【设计评析】

幼儿在活动中会自然地流露出开心、兴奋、生气、伤心等情绪,教师要抓住这些教育契机对幼儿进行适时的引导。这个活动的设计从角色区活动入手,让幼儿体验自己身上发生的事。

活动中鼓励幼儿大胆地表达自己的心情,说出自己高兴和生气的事,教师借机引导幼儿进行讨论,帮助他们学习用恰当的方式表达自己的情绪,引导幼儿忘记烦恼、寻找快乐、感受快乐。

(深圳市南山区蓓蕾幼儿园　毛宇宏　何丽群)

# 彩色的蛋

(美术活动)

【设计意图】

当复活节快到的时候,孩子们对彩蛋非常感兴趣,有的还带来一些画的、石头的、工艺品类的彩蛋作品。看到孩子们对彩蛋这么有兴趣,我们便抓住这一契机,设计了此次制作彩蛋的手工活动,引导孩子们对自己感兴趣的事物进行观察和了解,在看看、做做、玩玩中获得有关造型方面的经验。

【活动目标】

1. 学习运用不同的手工工具、材料制作出立体的、具有新颖独特效果的彩蛋,感知立体与平面的不同。

2. 通过做彩蛋激发幼儿的想像力和创造力,并培养幼儿的动手能力。

【活动准备】

1. 活动室布置:收集各种彩蛋,老师根据收集的情况,补充一些用废旧物或不同材料做的彩蛋。

2. 报纸、小桶、糨糊水、吹好的气球、生鸡蛋、熟鸡蛋、各色水粉颜料、各种废旧材料、毛笔、吹风筒、剪刀等工具。

【活动过程】

1. 欣赏各种各样的彩蛋。引导幼儿观察收集来的各种各样的彩蛋,边观察边议论各种彩蛋的特点。

2. 让幼儿在充分的讨论中感知彩蛋的外形、色彩、花纹等方面的特征,了解制作彩蛋的材料,激发幼儿自制彩蛋的兴趣。

3. 讨论制作彩蛋的方法。引导幼儿观察现有材料,启发幼儿动脑筋,猜测如何运用这些材料以及工具,制作出不同的彩蛋。

4. 幼儿尝试制作彩蛋。在制作的过程中,鼓励幼儿大胆地进行操作。遇到困难和问题时,引导幼儿讨论、思考,想办法解决问题。教师应重点指导幼儿均匀地粘贴纸片,提醒他们注意不要留缝隙。

5. 展示幼儿制作的彩蛋,引导幼儿进行欣赏、评议,从中获取更多的知识与经验。

【活动延伸】

继续收集废旧材料,并投放到美工区,进一步引发幼儿制作立体造型的兴趣。

【设计评析】

1. 结合理论,联系实际,给幼儿营造一个良好的美术氛围。

在本次活动中,教师以欣赏为切入点,让幼儿通过观察、对比等,了解多种美术作品的表现形式和方法,并通过提供不同的操作材料、操作工具,让幼儿大胆地进行选材和创造。

2. 充分发挥幼儿的主体性,让幼儿在主动操作中学习经验,提升能力。本次活动中,幼儿全身心地投入到自由创作的空间里,用自己喜欢的材料、工具,塑造自己喜欢的造型和图案,根据自己的意愿进行创作,主体性得到了充分的体现。

3. 评价活动在整个活动里是不可缺少的重要环节。教师首先让孩子进行自我评价,通过自我评价,不仅让孩子相互学习,还让幼儿小小的心灵产生满足感。然后老师在评价中给予一定的点拨和引导,促进孩子审美能力的提高。

【资料链接】

彩蛋的制作方法:把报纸撕成各种形状,放在事先调好的糨糊水里浸泡几秒后拿出来,将其贴在吹好的气球上,直到将气球贴满,仅留一个排气口。然后用吹风筒将气球吹干或让其自然风干,最后涂上水粉颜料即可。也可以在气球上剪开一个小口,将气全部放完,这样一个空心的、立体的彩蛋就出来了。

(深圳市南山区海月谷双语幼儿园 罗加香)

# 色彩的魅力

（艺术活动）

【设计意图】
　　随着年龄的增长和认知能力的发展，中班的孩子对色彩的感觉已经从信手涂鸦的状态逐渐过渡到有目的、有层次地选择颜色的阶段了，并且其色彩运用非常的大胆。但由于幼儿对冷暖两大色系的了解及分辨仍处在萌芽状态，所以，幼儿用语言表征冷暖色系的能力差异较大。此活动意在通过音乐以及肢体语言，让孩子感受冷暖两大色系的特点，并初步学习运用色系进行绘画。

【活动目标】
　　1. 了解冷暖色系的特点。
　　2. 能用较连贯的语言表达自己的感受。
　　3. 培养对绘画的兴趣，体验集体创作的快乐。

【活动准备】
　　1. 在两块互不干扰的场地上放好桌子和椅子，准备4开水粉纸若干、水粉颜料、马克笔、油画棒、水彩笔若干（材料分放在桌上，供幼儿自由选取）。
　　2. CD机两台，音乐《欢乐颂》系列，《月光曲》系列。
　　3. 展示板一块，各种颜色的小卡纸若干。
　　4. 一系列的冷暖色调的欣赏画，分别摆放在场地周围。

【活动过程】
　　1. 引导幼儿说出自己喜欢的物品，并找出相应颜色的小卡纸。教师将幼儿选取的纸片按冷暖色调分别展示在展示板上（肉色和咖啡色暂不展示）。
　　2. 引导幼儿观察冷暖色块，感受冷暖色块的不同特点：
　　（1）师：我将刚才大家说的颜色进行了分类，看到这两类颜色，你们想到了什么，可以说出来，也可以用动作表现出来。
　　（2）教师结合孩子对两类色块的感受，帮助幼儿了解冷暖色系的不同特点：
　　师：这类颜色，我们将它们叫做暖色，它们非常活跃、热烈，让我们想起了过节、跳舞、火……
　　师：这类颜色，我们将它们叫做冷色，他们宁静、舒缓，让我们想到了大海、蓝天……
　　（3）请小朋友们找找，有没有自己喜欢的颜色不在冷色或暖色里面的（肉色、咖啡色）。师：他们既不属于冷色，也不属于暖色，它们是中间色。

3. 幼儿欣赏《欢乐颂》《月光曲》,引导幼儿用不同的方式表现乐曲的不同风格。

师:现在我们来欣赏两首音乐,一边欣赏一边选择用动作或旁边的画来表现对音乐的感觉。

(1) 幼儿欣赏《欢乐颂》,尝试用各种不同的方式表达音乐欢快而热烈的风格。

(2) 幼儿分享表现音乐的方式。

(3) 选择用动作表现音乐的孩子再次根据音乐表演。

(4) 展示幼儿选择的欣赏画,引导幼儿说出画与音乐之间的联系。

(5) 师:这些画用了哪些颜色,属于什么色调的画?

总结:暖色调的画以暖色为主,穿插了少量的冷色或中间色,但大部分的颜色都是暖色。

(6) 用同样的方法让幼儿感受音乐《月光曲》以及冷色调画的宁静和舒缓。

老师总结:冷色调的画以冷色为主,穿插了少量的暖色或中间色,但大部分的颜色都是冷色。

4. 幼儿自由组合选择冷暖色系进行集体创作。

(1) 幼儿自由组合,商量画的主题以及选择的色系。

(2) 两边场地分别播放《欢乐颂》系列曲以及《月光曲》系列曲,幼儿进行创作,教师巡回指导。

5. 各小组成员分别向同伴介绍自己的作品,教师做简单的评价,让幼儿感受成功的喜悦。

教师对每组幼儿的画进行简单的评价;幼儿互相欣赏作品。

老师总结:今天,小画家们知道哪些颜色是冷色,哪些颜色是暖色,还学会了怎样用冷暖色调画画,相信今后小朋友画画时,使用的色彩会更美丽。

【设计评析】

1. 活动巧妙地利用音乐的不同风格让幼儿感受冷暖色系的特点,教师再让他们结合肢体动作,加深对冷暖色系的理解,把色系区分中抽象的语言生动地展示出来。

2. 集体创作,为幼儿提供了协商、合作的机会,不仅提高了幼儿交往的能力,同时也让幼儿体验到了集体创作的成功喜悦。

(深圳市南山区北师大蔚蓝海岸幼儿园  张艳玲)

# 有趣的叶画

(美术活动)

【设计意图】

在我们的身边,到处可见各种各样的绿色植物。在童心的世界里,一片小小的叶子,可以是碗,可以是船,可以是小蜗牛的家……虽然叶子在孩子们的生活中早已不是陌生的东西,但他们自己却很难把已有的知识经验运用到实际的生活中来,比如,怎样用叶子来装饰我们的环境,点缀我们生活。本次活动让孩子们在观察、思考、操作、欣赏的过程中,体会自然的美,并学习用自己的双手创造美。

【活动目标】

1. 在观察、欣赏的过程中,发现叶子的装饰作用,激发创作欲望。
2. 能够思考自己的作品需要哪些形状的叶子,并找到它们。
3. 欣赏自己和他人的作品。

【活动准备】

1. 有关叶画的幻灯片。
2. 塑料袋(人手一份)。
3. 胶水、双面胶、透明胶、彩色纸、剪刀、蜡笔、颜料、画笔。

【活动过程】

1. 以幻灯片导入课题:今天,老师想请小朋友欣赏一些好看的画,看看谁能发现这些画是用什么做的。
2. 谈话:你想做一幅什么样的叶画呢?需要哪些形状的叶子?还需要哪些工具呢?启发幼儿进行想像,并计划自己的工作。
3. 带领幼儿到户外寻找自己需要的叶子,教幼儿将叶子捡到自己的塑料袋中。(注意环保教育,只捡地上的叶子,不要摘树上的叶子。)
4. 在空地上分组进行创作活动,老师注意个别辅导。(此环节可请家长协助,也可以以亲子活动的方式进行。)
5. 展示幼儿完成的作品,让幼儿欣赏自己和他人的作品。

【设计评析】

1. 从欣赏入手,激发孩子的创作欲望。在欣赏幻灯片的过程中,引导孩子们发现这些画的特点。用叶子拼出来的鸟、蝴蝶等丰富多彩的造型很容易激发幼儿动手尝试的欲望。

2. 引导幼儿学习计划自己的工作，培养幼儿严谨有序的习惯。引导幼儿思考自己要完成一幅怎样的作品，需要哪些材料。从某种意义上来说，这种教育方式更有助于拓展孩子们的思维，因为它不再是提供现成的材料，而是让孩子们自己动脑思考。在这样的过程中，孩子们会产生一个比较明确的目的，知道自己想要做什么，而不再是老师要求做什么，怎么做。

3. 教学形式的多样性让孩子们脱离单一的教与学。在户外，孩子们在捡树叶的过程中，也会萌发出许多新的想法来。他们对捡到的叶子会有不同的联想：有的像钓鱼钩，有的像蝴蝶，有的像芭蕉扇……只要老师善于引导，孩子们就能完成富有个性的作品。

4. 将孩子们的作品展示在教室的墙面上，孩子们在得到他人的肯定和认可的同时，也学习如何正确地评价他人的作品。

（深圳市南山区北师大蔚蓝海岸幼儿园 孙 燕）

# 玩 瓶 子

(健康活动)

【设计意图】
　　可乐、橙汁是孩子们平常很爱喝的饮料,而喝完后的饮料瓶大家往往是随手一扔。如何利用这些废旧物品呢?我们设计了"玩瓶子"这一体育活动,引导幼儿自己玩瓶——合作玩瓶——集体玩瓶,让他们在轻松愉快的气氛中,锻炼体能,发展创造性思维,增强合作意识,体验运动的快乐。

【活动目标】
　　1. 玩饮料瓶,发展跳跃能力、臂力以及肌体的协调能力。
　　2. 体验运动带来的快乐情绪。
　　3. 培养团结协作精神。
　　4. 发展创造性思维。

【活动准备】
　　1. 教师与幼儿、家长一起收集好各种饮料瓶子。
　　2. 幼儿每人一只饮料瓶,内装大半瓶水。
　　3. 录音机、音乐磁带一盒。

【活动过程】
　　一、准备动作
　　幼儿听音乐模仿各种小动物的动作。
　　准备活动不仅让幼儿进行了走、跑、跳等预备练习,而且激发了幼儿的学习兴趣。
　　二、自由玩瓶
　　教师用生动的语言激发幼儿自由玩瓶的兴趣。在玩瓶过程中,教师注意观察幼儿玩了哪些花样,抓住关键的几个动作,让幼儿集体练习,特别是对立定跳远的动作要加以规范的指导。
　　让幼儿自由玩瓶,使幼儿成为了活动的主体,能更好地发挥幼儿的自主性。老师深入观察,了解幼儿动作发展的具体情况,进行针对性的个别教育。
　　三、小组玩瓶
　　1. 师:现在请小朋友找自己的小伙伴,五个小朋友为一组,把你们手中的瓶子摆一摆,想一想能怎样玩?
　　2. 幼儿组合玩瓶,教师巡回观察各小组的玩法,并参与游戏,对与众不同的玩法及时给予肯定和鼓励。

这一环节的设计旨在培养幼儿团结协作的精神,更好地发展其创造性思维。教师参与游戏能使教师与幼儿、幼儿与幼儿间得到及时的交流,并提高幼儿活动的积极性。

**四、集体玩瓶**

师:这么多瓶子放在一起可以怎么玩呢?

充分发挥幼儿的想像力,让幼儿说说大家把瓶子放在一起像什么,整个活动在轻松愉快的气氛中结束。

【设计评析】

把人们在生活当中要丢弃的饮料瓶当成一种体育器械来进行活动,培养了幼儿的环保意识和创造意识。在活动中,幼儿独立或自由结伴进行练习,充分发挥了他们在活动中的主动性、独立性和合作性,为其创造性的发展提供了广阔的空间。

(深圳市南山区麒麟幼儿园　柯宝绕)

# 轮胎上的运动

(体育活动)

【设计意图】
　　爬、跳一直是幼儿喜欢的运动,但若让中班的孩子再在垫子上爬、在平地上模仿动物跳,已很难激起他们的活动兴趣了。我们发现,中班幼儿特别爱从高处往下跳,他们喜欢通过探索和尝试新奇事物,来证明自己的勇敢。我们根据这一阶段幼儿的年龄特点,结合轮胎具有弹性、可以垒高、可以滚动等特性,开展了一系列轮胎上的运动。在教学组织形式上,我们也进行了大胆的尝试,改变以往幼儿围着教师进行活动的方式,让孩子在宽松、有趣、有序的氛围中挑战自我,体验成功,以更好地提高幼儿发散性思维能力,激发幼儿游戏的兴趣和战胜困难的信心。

【活动目标】
1. 发挥幼儿想像力,让他们尝试轮胎的各种玩法。
2. 幼儿学习从高处自然地跳下,并初步掌握保护自己的技能。
3. 教师鼓励并帮助幼儿挑战目标,分享挑战成功后的快乐。

【活动准备】
1. 旧轮胎、保护垫、星星贴纸、三组轮胎创意组合图。
2. 录音机、磁带。

【活动过程】
**一、我和轮胎玩游戏**
1. 听音乐跟教师做开小车操
"头儿摇一摇,肩膀耸一耸;小手动起来,握好方向盘;小脚抬起来,踩踩小刹车;双脚抬得高,开起小汽车。"
教师利用情景进入游戏的准备活动,使幼儿能很快地调整好自己的情绪。
2. 红绿灯游戏
幼儿在教师的带领下,滚着轮胎在场地开车做红绿灯游戏。教师提醒幼儿不要互相碰撞,要遵守交通规则。

**二、探索活动**
1. 自由动脑玩
(1) 教师在幼儿自由探索前提出要求:想出与同伴不一样的玩法,可以一个人玩,也可以几个人合作玩。

（2）教师在中间巡回指导。

教师重点观察幼儿的各种尝试活动，一方面发现在方法和种类上的不同（如图1、图2、图3），另一方面帮助个别有困难，不会与其他同伴合作的幼儿。

**图1** 幼儿把轮胎放一排，在上面走一走

**图2** 幼儿把轮胎叠起来，爬过去

**图3** 幼儿把轮胎竖起来，跳过去

让幼儿根据轮胎的特点，创造出不同的玩法，既培养了幼儿克服困难、勇敢探索的精神，又使幼儿身体的协调性和平衡能力得到发展。

2. 分享新玩法

（1）请幼儿演示自己的新玩法。

（2）教师选其中典型的、好的玩法让大家一起学习。

在这个环节中，教师重点要注意倾听幼儿的想法，不仅要让幼儿把自己的创造成果展现出来，而且要让每个幼儿都有成功的体验。

### 三、学习与挑战活动

1. 看图搭小山

（1）提供图片。师：老师也想了一种新玩法，想和大家一起来分享。这里有三张图片，我们可以照图片将轮胎搭出三座不同的山，请大家一起来，好吗？

图4　　　　　　　　　图5　　　　　　　　　图6

此环节可以减少孩子等待教师摆放器械的时间。另外，看图摆放器械是一种迁移活动，让孩子在活动中动手操作，可以调动他们的积极性和主动性。

(2)集中讨论。师:我们一起看一看,想一想,哪一座山最难爬?哪一座山最容易爬?为什么?幼儿讨论三种搭法的难易。此讨论不需太长时间,因为孩子们只会从高度中分出难易,很难从轮胎的不同摆放中分出难易,难和易还需要孩子们在自己的实践中体会。

2. 挑战与学习

场地布置如图7、图8、图9所示:

图7 挑战一颗星　　　图8 挑战两颗星　　　图9 挑战三颗星

(1)师:现在,老师请你们自己选择最想挑战的小山,注意从山上跳下来要没有声音,前面的脚掌先着地,然后弯弯你的小膝盖,并且要学会保护自己。大家看,山那边有许多星星,爬过最难的山能摘三颗星星,爬过容易的山摘一颗星星,剩余的摘两颗星星。我们都是勇敢的小朋友,请大家自己选择挑战哪座大山吧!

(2)幼儿自由选择组成三个小组进行游戏。教师在轮胎旁边保护并给予一定的指导,重点是指导幼儿怎样从高处跳下,并学会保护自己。

此环节设计打破了以往教师的包办式教学,把选择权充分交给了孩子,让他们学会选择适合自己的高度和难度,并给他们提供了在挫折中得到锻炼和学习的机会。

(3)第一次游戏结束后,幼儿可重新进行选择,再进行游戏。

(4)加大游戏难度。教师按幼儿的能力可以从三个方面增加难度:① 增加轮胎高度,但要考虑到稳定性;② 规定跳下的远度;③ 增加跳下的目的性。但在增加难度的过程中,教师要充分考虑到幼儿的承受能力。

游戏几次后,教师响哨集合幼儿,看谁摘的星星多,予以表扬和鼓励。

幼儿在练习了几次后,会对所练习的高度失去原来的激情和兴趣,所以我们要在适当的时间增加新的内容,再次激发幼儿参与活动的积极性。

四、结束部分

教师根据幼儿在活动中的表现予以适当的表扬。

幼儿在音乐的伴奏下送轮胎回家。

【设计评析】

在体育活动中,能与同伴商量着合作玩,并体验到一起玩的快乐,对中班幼儿来说是一件不容易的事。在活动的设计中,我们为孩子提供了一个自由探索的时间和空间,也为孩子提供了一个合作游戏的平台,让他们自由地合作,从而发现和创造出新的玩法。

在挑战活动这一环节中,让孩子们自己看图叠轮胎,这是对抽象思维能力的挑战,也是对动手能力的挑战。在自由选择及学习活动环节中,我们为孩子创设的是一种对体能的挑战,更是一种对心理素质的挑战。

在体育活动中,都或多或少地存在着一定的隐性危险,所以教师首先要建立孩子的自我保护意识,同时在活动的设计中,每一个环节都要有相对的安全保护措施。在本次体育活动中,孩子们从高处往下跳存在着一定的危险,但正是由于这一点,孩子们提高了警惕,在教师的正确引导下,学会了自我保护的小常识。

(深圳市南山区大新幼儿园　谈　琰　仇　超)

# 快乐的小青蛙

## （体育活动）

【设计意图】

在本设计中,我们开展了以发展幼儿的平衡为主,同时穿插其他方面技能练习的系列活动。为了增加练习的趣味性,激发幼儿主动练习的愿望,活动以游戏的形式开展,并充分利用和挖掘了身边的废旧材料——曲奇饼干盒。曲奇饼干盒是幼儿园现有的材料,而且重量和大小都非常适合幼儿。

【活动目标】

1. 尝试用身体来表现各种概念,获得新的运动经验,并体验成功的乐趣。
2. 通过游戏,发展平衡能力,形成活泼开朗的性格。
3. 在自由玩曲奇饼干盒的过程中,培养发散性思维和创造性思维。

【活动准备】

1. 宽阔安全的操场,并在操场上画两个大圆圈。
2. 曲奇饼干盒若干,青蛙头饰若干,平衡板、拼垫若干。

【活动过程】

一、热身运动:小青蛙游泳

以小青蛙到河里去游泳为主线,编排音乐动作活动身体(各种游泳的姿势)。

二、有趣的荷叶游戏

1. 游戏一:荷叶叠叠高。

(1)师:今天我们青蛙宝宝要从荷叶上快速地走过,有的荷叶高,有的荷叶低,你们有没有信心?

(2)幼儿先进行单层盒的平衡练习,再进行两层或多层盒的练习。老师给予指导,根据幼儿的实际情况增加曲奇盒的高度,以激发孩子们的活动兴趣。

游戏场地器械分布图:

第一层次:单层盒　　　　　　　　第二层次:两层或多层盒

 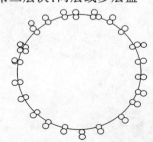

(3) 游戏小结:表扬大胆勇敢的小青蛙。

2. 游戏二:踏荷叶比赛。

(1) 介绍玩法:幼儿分成两组先从荷叶上快速走过,再两脚并拢摆动两臂从跳垫上跳过,然后走过平衡板,跑回起点。最先连续完成三次的一组获胜。

(2) 幼儿开始游戏。老师注意在平衡板处保护幼儿,提醒幼儿连续玩三次,并进行适时的鼓励。

场地器械分布图:

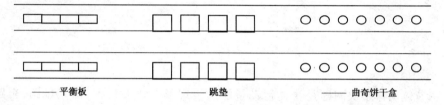

增加练习密度(连续玩三次),一方面可以减少孩子的等待,另一方面又提高幼儿的活动量。

### 三、探索活动

1. 启发幼儿探索的愿望。

启发一:曲奇饼干盒有这么多的玩法呀,你们真是太聪明了。你们还能想出曲奇饼干盒的其他玩法吗?

启发二:你们可以一人、两人、多人合作玩,可以用身体的任何一个部位来玩。

2. 教师注意提出安全要求。

3. 幼儿自由探索活动。老师鼓励幼儿的求异思维,表扬他们的新发明,并请大家借鉴和学习。

### 四、活动小结

师生回到教室,对活动进行小结,再次激发活动的愿望。

1. 表扬大胆尝试、克服困难的幼儿。

2. 表扬动脑思考、探索新玩法的幼儿。

3. 激发下一次活动的愿望。老师:喜欢今天的游戏吗? 我们下一次可以用今天你们想出的方法编游戏来玩。

【活动延伸】

可以在日常生活中多放些音乐,鼓励幼儿运用肢体动作自由来表现。让幼儿有更多的机会尝试利用各种废旧材料进行体育活动,在锻炼身体的同时,发展他们的发散思维和创造力。

(深圳市南山区大新幼儿园　丁卫红)

# 快乐滑轮

（体育活动）

【设计意图】
  用肢体动作解决问题是身体运动智能的表现形式。如投掷、即兴舞蹈、奔跑中躲闪、在容易失衡的情况下保持平衡等，都是儿童身体运动智能的表现。给儿童提供扩展身体运动的机会，能增强儿童探索周围世界的积极性。

【活动目标】
  1. 幼儿在能站稳的基础上，学习小步滑动，并能掌握滑动时手臂和上身的协调，教师对不同发展层次的幼儿进行有针对性的指导。
  2. 训练幼儿滑动时的灵活性和动作的协调性。
  3. 增强幼儿的竞争意识和团队精神。

【活动准备】
  1. 请幼儿每人准备一双合适的单排滑轮鞋以及配套的头盔、护腕和护膝。
  2. 铺有地垫的场地。
  3. 两个大筐蔬菜、秒表、事先画好的道路（双向）、红绿灯指示牌两个、毛公仔等小物品、自制障碍物、两面小红旗、地板上的箭头标记。

【活动过程】
  一、穿鞋站立
  为了确保轮滑过程中的安全，穿鞋——提鞋——系好安全扣（鞋带）——戴头盔、护腕、护膝的过程老师都要——指导。
  站立方式一：穿好鞋后翻身跪地，手臂支撑身体，依次抬脚站立。
  站立方式二：穿好鞋后抓握物体，直接站立。
  站起后，提醒幼儿身体放松、膝盖微屈、上体前倾，保持平衡。

  二、滑动姿势
  幼儿向前滑动。老师可以根据孩子不同的情况，运用不同的方法去引导：对身体协调性好的，教师可以单手带动，并强调滑动时的姿势；对身体协调性一般的幼儿，要用双手相握来带动幼儿前进，强调其弯腰、重心向下；对身体协调性不太好的孩子，进度可以稍慢些，首先要让其学会站稳、抬脚、移动。
  幼儿在学习过程中，免不了摔跤、碰撞，老师要眼勤、手勤、腿勤，时刻关注幼儿的行踪。对于正常的摔跤和碰撞，鼓励幼儿要坚强，同时进行行为礼貌教育。在一定的练习后，可以让已经入门的幼儿帮助其他的孩子，在幼儿之间形成互助帮教的氛围，这样，不仅可以培养幼儿的责任感,而且还能增强他们之间的感情。

三、轮滑游戏

1. 游戏1:团结就是力量。

师:小朋友们,今天我们来做一件有意义的事情,那就是帮助厨房的叔叔运菜。相信通过大家的努力,今天中午我们能吃到可口的饭菜。

我们今天分两组运,比一比哪组最快。但要注意的是,在运菜的时候,不能离开自己的位置,只转身递给旁边的伙伴,看哪组运得又快又好!

现在听老师指挥……

幼儿分成两组后,比赛开始。

在活动过程中,教师退为观察者,及时发现哪些孩子需要帮助,以便进行有针对性的指导。对于孩子们存在的共性问题,第一轮比赛结束后,教师给予简洁的示范和指导。

2. 游戏2:交通红绿灯。

游戏开始前,将红绿灯悬挂在场地中间,幼儿分成两队,分别站立在场地两侧。

绿灯亮后,"车辆"源源不断地走动,直到黄灯和红灯的出现。

在路边放一些公仔,让能力强的幼儿进行情景表演:如买一个公仔送给朋友做生日礼物,或是把这个物品运到另外一个地方。

活动小结:哈,马路上的"小汽车"都能遵守交通规则,但老师看到,有些"车"开得歪歪扭扭,有些"车"却非常平稳。今天我们就给开得平稳的车颁发"优秀车手奖"。

老师注意鼓励那些没有获奖的幼儿继续努力练习。

3. 游戏3:绕障碍物接力赛。

老师介绍比赛规则:幼儿分成两组,每组一面小旗。出发时,排头兵手持小旗顺着箭头方向绕过障碍物滑行,回来后将小旗交给下一位小朋友,以最先接力完毕的一组为胜。

活动中教师主要强调幼儿在绕障碍物时需要掌握的技巧:身体前倾,双脚抬起向后蹬,两臂自然摆动,协调运动。调动幼儿的集体荣誉感,为本队同伴加油助威。

【活动延伸】

在学期末,可通过分组游戏、比赛、综合技能大比拼等不同的形式,展示幼儿学习滑轮的成果。

【设计评析】

抓住幼儿的兴趣点。孩子总是对新奇事物充满好奇。当直排滑轮出现在他们面前时,个个小脸上洋溢着激动、兴奋的表情,可见孩子对轮滑的渴望:渴望拥有一双自己的滑轮鞋;渴望学会轮滑。在有兴趣的基础上开展体育活动,会收到事半功倍的效果。

尊重个体差异,进行个别指导。幼儿的身体运动发展水平是不一样的,抓住本班孩子的年龄特点以及身体发展的规律,突出个体,把帮助给予真正需要的孩子。

开展轮滑这项活动时,不仅要重视对孩子进行体育运动技能的训练,还要积极渗透情感教育和品德教育。

(深圳市南山区北大附中实验幼儿园　常　青)

# 英勇的泰罗

（体育活动）

【设计意图】
　　泰罗奥特曼是小朋友非常喜欢的卡通形象。在角色表演区，常常可以听到这样的声音："我是泰罗，你是迪加，我们一起去攻打怪兽，定时炸弹，发射！""霄霄你是谁？""我是杰克奥特曼！""不，霄霄，你是怪兽，你先到小树林里躲起来当怪兽，等你死了，我们再换着玩……"他们模仿着奥特曼的语言、动作和形象。他们还常常把自己心爱的奥特曼碟片、奥特曼玩具带到幼儿园与小朋友一起分享。如果把泰罗这一形象运用到体育活动中，一定能调动小朋友参与活动的主动性和积极性。

【活动目标】
　　1. 增强幼儿腿部肌肉的力量，发展他们的跳跃能力。
　　2. 让幼儿掌握单脚跳的技能。

【活动准备】
　　1. 能力准备：具备单足站立的能力和基本的队列队形变换能力。
　　2. 教玩具准备：录音机，磁带，泰罗头饰一个，用布娃娃改装的怪兽形象两个，用遮阳帽改做的伪装帽数个（数目与幼儿数目相等），小篮子四只，活动黑板一个，装扮成地雷的雪碧瓶，作战指挥图一幅，用绳子拉成的铁丝网、小河、陷阱。
　　3. 环境准备：检查场地有无危险物品，幼儿口袋内有无尖利物，幼儿鞋带是否系好，鞋后跟是否提起等。

【活动过程】
　　1. 热身运动
　　幼儿四路纵队排列，教师以泰罗的角色登场，带领幼儿热身：伸展运动，头部、肩部、腰部、体前曲、膝关节、踝关节运动，跳跃运动和放松运动。（热身运动的重点是膝关节与踝关节运动。）
　　2. 学习单脚跳的动作
　　泰罗告诉小朋友，最近总是有两只怪兽破坏城市，一定要尽快消灭他们，但是，因为狡猾怪兽隐蔽起来了，消灭他们还需要选一些小助手，小朋友，你们愿不愿意做泰罗的小助手呢？但是，当泰罗的小助手不是件容易的事情，必须听命令认真训练。
　　泰罗示范单脚跳，讲解单脚跳的动作要领：用力起跳，轻轻落地。请出个别小朋友做示范，简短的评价后组织全班小朋友反复单脚跳。

3. 接受任务

用录音机播放一段从奥特曼影碟中截取的行动命令。教师带领幼儿赶到怪兽出没的地点。幼儿沿场地一个跟一个走,走一圈,回到原来的位置。

4. 分配任务

到达目的地后,泰罗出示一张贴在黑板上的地形图,将幼儿分为四组;给幼儿讲解作战计划,告诉他们如何执行瞭望、排雷、消灭怪兽的任务:

(1) 全体幼儿戴伪装帽。

(2) 瞭望。第一组、第二组幼儿连续单脚跳过铁丝网,观察怪兽的动静。第三组、第四组幼儿连续单脚跳过铁丝网,察看地雷。

(3) 排雷。全体幼儿出动,跳过铁丝网,到小河的对岸去排雷(拧开可乐瓶瓶盖)。

(4) 跨越陷阱消灭怪兽

全体幼儿经过铁丝网、小河、陷阱到达怪兽的老窝,用石头狠狠地砸怪兽。当小朋友把怪兽击倒时,怪兽即被消灭。

5. 执行任务

6. 结束部分

全体幼儿欢呼胜利,泰罗任命小朋友为小泰罗勇士。教师播放奥特曼主题曲,全体幼儿在齐跳胜利舞中放松。

【延伸活动】

在以后的游戏活动中,可适当增加单脚跳的高度,如设置各种障碍跳;也可增设有单脚跳和带助跑的各种跳跃游戏;还可进行亲子单脚跳的游戏练习,等等。

【设计评析】

教育家杜威提出的四个教学原则中,有两个讲的是幼儿的兴趣与活动中幼儿的主动性的关系,简单地说就是,只有兴趣才会让幼儿的主动性发挥得淋漓尽致。本着这样的原则,本次活动把教育目标与幼儿喜欢的形象结合在一起,以游戏的形式出现,充分调动了孩子们参与活动的积极性。

(深圳市南山区北大附中实验幼儿园　闫朝霞)

# 快乐的小司机

（感觉统合活动）

【设计意图】

　　感觉统合训练不是一种单纯的体能训练，它涉及心理、大脑和躯体三个方面。感觉统合训练有别于一般的体育活动，它对训练器具和活动量均有要求（每次训练的时间需一小时左右）。儿童在训练中能增强自信心，加强自我控制能力，提高躯体的灵活性和准确性。本活动结合幼儿园中班幼儿的发展特征，采用小滑板和羊角球这两种器具，对幼儿进行视觉、听觉、触觉和前庭的训练。

## 活动一　小司机送货

【活动目标】

　　1. 通过小滑板游戏"小司机送货"，发展幼儿的视觉、触觉、中枢神经及四肢运动产生的本体感。

　　2. 培养幼儿协作互助的情感意识。

【活动准备】

　　1. 书本、小沙袋、积木等可以平放于幼儿背部的轻便物品。

　　2. 小滑板每人一块，平衡台十个。

【活动过程】

一、导入

清早起床后，我们小司机开着小货车去为路边的超市送货。

二、介绍及示范

场地附图：

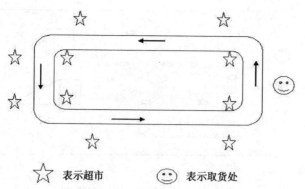

☆ 表示超市　　☺ 表示取货处

　　1. 幼儿俯卧在滑板上，以腹部为中心，身体紧贴滑板，抬头看前方，双脚并拢伸直，双手放于滑板两侧的前上方，五指分开，同时用力向前爬行。

　　2. 从取货处取货，每次一件，绕场地逆时针滑行，将货物任意放在途经的超市里（平衡台代替），然后再取送货物，依此循环进行。

　　3. 幼儿活动中，教师巡回指导，尽量让幼儿的动作规范。

　　4. 活动时间在25分钟左右。对于幼儿"开车"不冲不撞、有序谦让的要予以表扬；肯定幼儿在活动中不怕累、坚持到底的表现。

　　建议：在幼儿运货物的时候，不要规定具体方法，让其自己动脑筋。

## 活动二　驾驶弹力车

【活动目标】

　　1. 通过情境游戏将原本枯燥的羊角球跳跃练习变得更有趣，激发幼儿活动的欲望。

　　2. 促进幼儿身体的控制能力和运动企划能力的发展。

　　3. 提高幼儿的肌肉张力和耐力，发展其身体的协调性和灵敏性，培养其勇于尝试和不怕困难的品质。

【活动准备】

　　1. 羊角球若干。

　　2. 五个小凳子（每个上面都贴有小树的图片），两条平衡板。

　　3. 过河石若干，呼啦圈三个，感统专用滑梯。

　　4. 维修站标志一个，加油站标志两个。

【活动过程】

　　一、教师导入

　　小司机送货忙了一整天，今天是周末，开弹力车去郊游好吗？

　　二、交代游戏玩法

　　要求幼儿在郊游的路上跳障碍（过河石代替）——穿树林（小凳子代替）——上高山（滑梯代替）——过小桥（平衡板代替）。场地设置如下：

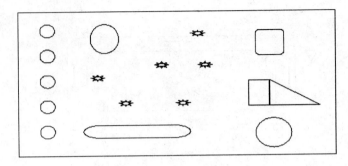

**三、组织游戏**

1. 幼儿排队依次出发,可以自己选择路线,但要避免逆行。

2. 幼儿可依据自己的体力,找加油站加油或找维修站维修,由此进行自我体力调节。

3. 幼儿活动中,教师要巡视并做个别指导。当大部分幼儿体力下降时,教师可以借助野餐组织集体休息,由此调节活动的运动强度。

【设计评析】

让幼儿通过"小司机送货"的游戏练习滑板爬行,让他们自己动脑筋想出运输办法,使每一位幼儿都可以在自己的运输过程中获得成功感,也充分照顾到了集体活动中的个体差异。取货处的设置使训练动静结合,使幼儿的运动强度有所缓和,也发展了幼儿的平衡能力。

（深圳市南山区南山托幼中心　王雁莉）

# 车 轮 滚 滚

### （体育活动）

【设计意图】

　　幼儿园收集了一批废旧轮胎,放在操场一角,每到放学时分,总有孩子要去玩一下。所以,我们设计了此项活动,以废旧轮胎为载体,充分利用日光、空气、沙、水等自然环境资源和园内已有的设施条件,提高幼儿对环境的适应能力,培养幼儿坚强、勇敢、不怕困难的意志品质和主动、乐观、合作的生活态度。

【活动目标】

　　1. 通过玩轮胎,发展幼儿双手的控制和协调能力,锻炼其手臂力量。

　　2. 培养幼儿遵守游戏规则的习惯。

【活动准备】

　　1. 废旧汽车轮胎若干,漆成彩色,体操垫四个,大积木两块,足球架两个,小树模型十棵,轮胎架一个。

　　2. 录音机,歌曲《小司机》,舒缓的音乐磁带。

　　3. 场地用体操垫和积木搭成两个小山坡,足球架做两个隧道,小树分两组间隔摆好。

【活动过程】

　　一、做课间操

　　要求:赤足、赤膊,动作有力,精神饱满。

　　二、游戏"车轮滚滚"

　　1. 每人一个轮胎,自由练习滚轮胎。

　　2. 师:今天我们来和彩虹轮胎一起玩游戏,请小朋友先想想可以怎样玩。

　　3. 老师示范玩游戏。

　　师:小朋友真会动脑筋! 想出了这么多的玩法。现在老师也想请小朋友玩一个游戏,名字叫"车轮滚滚"。轮胎从起点出发,上山下山(小山坡),然后钻过隧道,绕过小树(或小屋),最后到达终点(轮胎架)。玩游戏的时候可要一个接一个地排好队,注意别翻车了。

　　4. 放音乐《小司机》,幼儿第一次玩游戏。

　　游戏结束后,请幼儿思考为什么有的车轮会翻倒或滚到别处,以找到控制平衡的方法。

　　5. 跟着音乐幼儿进行第二、第三次游戏,教师适当增加起点和终点的距离。在两次游戏之间,教师要注意观察孩子的运动量和表情,对体弱儿和生病幼儿多加关注。

6. 跟着音乐幼儿进行第四次游戏,教师缩短起点到终点的距离,以调节幼儿的活动量。

7. 教师小结游戏,表扬遵守游戏规则的小朋友。

三、放松运动

轮胎平放在地上或拼成图形,幼儿跟着舒缓的音乐慢慢地从轮胎上走过。

四、水浴(淋足)

1. 幼儿排成一队,老师用水管冲淋幼儿的足部,幼儿双脚对搓。
2. 幼儿披好衣服,穿拖鞋回教室。
3. 幼儿洗手,喝水,穿衣。

【设计评析】

亲近大自然是孩子的天性,当孩子们尽情享受阳光和空气的拥抱,光着脚丫无拘无束地奔跑、戏水时,那份愉悦之情让老师都为之动容。在组织实施过程中,要注意观察幼儿,并进行活动量的测量和记录,随时调控,让孩子们在科学、安全的环境下进行体格的锻炼和情感意志的磨砺。

【资料链接】

附:幼儿自然浴锻炼监测记录表

记录时间:_____ 记录人:_____ 天气状况:____

| 活动内容 | 温度 | 幼儿活动表现 | 心跳次数 | 备注 |
|---|---|---|---|---|
| 空气浴、日光浴、赤足运动 | | | | |
| 水浴 | | | | |
| 进食 | | | | |
| 睡眠 | | | | |

(深圳市南山区西丽幼儿园  彭 静)

# 寻 宝 藏

(体育活动)

【设计意图】

在幼儿的教育中,教师要充分利用自然环境中的各种因素,开展各种有趣的活动,在活动中增强幼儿的体质和综合运动的能力。同时,也要借助园内的环境资源,开展安全的和有特色的适宜活动。此次活动旨在发展幼儿的动作协调能力、相互合作以及自我保护的能力,让幼儿在有趣的游戏情景中,充分体验野外活动的快乐。

【活动目标】

1. 让幼儿喜欢在自然的环境中,尝试新奇的、有趣的活动,培养其亲近自然的情感。

2. 初步培养幼儿勇敢、不怕困难的精神。

【活动准备】

1. 怪兽、宝藏、勇士奖章各若干。

2. 投掷工具:保龄球、沙包、酸奶瓶、报纸团、可乐罐等。

3. 活动前,在个别体弱幼儿后背上垫好毛巾,以便于出汗后及时抽取。提醒幼儿一定要注意安全。

4. 录音机一台。

5. 场地布置:将怪兽藏在各个角落,将宝藏也藏起来。

【活动过程】

一、热身活动

利用园内的自然环境,如凹凸不平的跑道,柔软的草地等。

教师:小朋友们,我们一起走过独木桥,再跳过大石头,就到大森林啦!

二、引出游戏主题

1. 教师:森林里有很多宝藏,可是却有很多怪兽守卫着这些宝藏,我们只有打败了怪兽才能得到珍贵的宝藏,我们该怎么办?

2. 鼓励幼儿自由说说消灭怪兽的各种方法。

3. 引导幼儿做些准备活动(压压腿、乘飞机、侦察怪兽、跳伞、打怪兽等)。

4. 委派几名勇士侦察并报告怪兽躲藏的地点。

5. 安全教育:提醒勇士们注意森林里的危险地带,让幼儿初步学会保护自己。

6. 老师提供多种打怪兽的武器和野战装备,鼓励幼儿自由挑选。将幼儿分成两组,苹果组和香蕉组。

三、幼儿活动

1. 打怪兽(配合紧张的音乐)。

要求:必须将前进路上的怪兽全部消灭才能找到宝藏。

(1) 幼儿挎上小挎包,选择喜欢的武器装备准备出发。

(2) 引导幼儿相互合作,以最快的时间,勇敢地消灭怪兽。

(3) 让幼儿互相交流,讨论哪种武器能最快地消灭怪兽。

(4) 勇士们再次检查怪兽是否全部消灭。

(5) 老师提醒幼儿及时用干毛巾擦汗,避免着凉。帮助个别易出虚汗的体弱儿抽取毛巾,保持内衣的干爽。

2. 寻宝藏(配合柔和的音乐)。

鼓励幼儿耐心、细致地寻找宝藏(引导幼儿相互帮助)。

四、结束部分

1. 幼儿交流分享:都找到了什么宝藏?找到后的心情怎样?

2. 幼儿根据自己的运动情况擦擦汗或换衣服。

3. 教师为找到宝藏的勇士们颁发勇士奖章。

4. 师生一起整理好武器装备回家。

【设计评析】

这个活动以游戏"寻宝藏"来调动幼儿积极性,从接到命令发现有怪兽,再到想办法找工具打怪兽,直到打败怪兽寻宝藏,最后得到勇士奖章,幼儿始终都处在有趣的游戏情景中。通过这个游戏,幼儿的动作协调能力、相互合作以及自我保护能力都能得到很大程度的提高。

(深圳市南山区海月谷双语幼儿园　李翔燕)

# 大班教学活动设计

# 多彩的民族

## （系列活动）

【设计意图】

帮助大班幼儿了解民族文化、世界文化的多元性，培养幼儿对多元文化的理解与尊重，是幼儿园社会教育目标的重要部分之一。"多彩的民族"系列活动从展现丰富多彩的民族文化的角度，通过认知探索活动、社会活动、亲子实践活动等不同的形式，使原本抽象的各民族文化在幼儿眼中具体而生动起来，从而帮助大班幼儿更好地理解各民族的文化，进而培养他们热爱多民族祖国的情感。

【活动目标】

1. 能辨认维吾尔族、蒙古族、朝鲜族、藏族。
2. 初步了解维吾尔族、蒙古族、朝鲜族、藏族的生活习惯和民族特征，感受他们的文化风情。
3. 用自己喜欢的方式进行艺术表演活动，体验节日的快乐。

【活动准备】

1. 维吾尔族、蒙古族、朝鲜族、藏族民族风情的音像、图片等资料。
2. 环境创设：将活动室设计成富有多个民族的民俗特征的环境。

## 活动一　认识少数民族

【活动过程】

1. 看录像、幻灯、图片等资料辨认少数民族。

教师请幼儿欣赏少数民族相关音像资料的同时，引导幼儿谈谈不同民族的特点，比较他们的生活方式与我们的生活方式，并鼓励幼儿讲述自己对此的原有经验。

2. 听音乐、看舞蹈，辨认少数民族。

引导幼儿根据自己的认识从服饰、食物以及音乐、舞蹈等文化特征方面进行判断。

3. 玩游戏"小小旅行家"，模仿、表现不同民族。

（1）角色区：在游戏中反映民族生活，如设立烤羊肉串摊点，制作朝鲜族打糕，让幼儿在活动中体验民族生活的多元化。

（2）美工区：教师提供纸筒、纸盒、乒乓球、手工纸、毛线、碎布，让幼儿进行民族娃娃的制作,表现各民族的衣着特征。

(3) 表演区:展现少数民族的舞姿,代表性的音乐、服饰,以增强识别力。

【活动延伸】

1. 家长和孩子一起看中国地图,寻找少数民族在地图上的位置。

2. 有条件的家长和幼儿一起去熟识的少数民族家庭做客。

## 活动二  走进民俗村

【活动过程】

1. 参观深圳民俗文化村。

(1) 引导幼儿观看少数民族载歌载舞的表演。维吾尔族的马头琴、傣族的银饰、藏族的哈达、香醇的蒙古奶酒等,都会给幼儿留下深刻的印象。

(2) 和幼儿一起观看维吾尔族舞蹈,引导幼儿发现其独特的音乐节奏,鼓励幼儿模仿。

(3) 参观傣族的银饰品店:引导幼儿观察饰品图案,发现其特有的文化特征。

(4) 参观"布达拉宫":穿藏族服饰感受藏族文化。

(5) 进入"蒙古包":感受蒙古民族的房屋特点。

2. 谈话:我最喜欢的少数民族。鼓励幼儿讲出自己喜欢的理由及最受吸引的方面。

3. 收集自己最喜欢的少数民族物品。鼓励幼儿自制一些喜欢的饰品,作为礼物互相赠送。

4. 鼓励幼儿回到幼儿园或家后,将自己的所见所闻讲给家长和周围的人听。

5. 亲子活动:幼儿以画中话的形式记录游民俗村的所见,家长帮助记录孩子的感受和看法。

## 活动三  亲子游园

【活动过程】

1. 幼儿一起做方案规划。教师引导幼儿讨论:怎么让我们的节日过得既开心又有意义呢?

2. 与社区合作,确定开展游园活动的时间、场地。请社区保安维持秩序,保证活动的安全。同时向家长发放游园通知单,使其了解活动的意义、项目及规则。与会人员均着有特色的少数民族服装。

3. 中国民族大舞台表演:身着傣族、新疆维吾尔族、蒙古族、藏族等服饰的幼儿同台表演具有民族代表性的舞蹈,用歌声来歌唱幸福的生活。

4. 民族民俗游园:

(1) 民间艺术——糖画。请社区制糖的老艺人现场制作,让幼儿在观赏、品尝的同时了解传统的美食文化。

（2）民间艺人——折麦秆饰物的艺人。幼儿学用麦秆皮制作小动物（蝴蝶、蚂蚱、蜻蜓），体验不同材料制作手工艺品的快乐。

（3）民间窗花秀。请会剪纸的老人现场展示剪窗花的本领，让幼儿感受民间艺术的美。

（4）民族游戏——竹竿舞。请家长做竹竿舞的驾竿人，老师带孩子一起跳，节奏可据幼儿兴趣作适当调整。

【设计评析】

此活动全方位地帮助幼儿在实践中体验祖国文化的多元与丰富，激发幼儿爱少数民族、爱祖国的情感。活动注重充分利用社区的文化资源并吸引家长主动参与，积极支持和帮助家长提高教育能力，从而优化家庭教育环境。

(深圳市南山区北师大蔚蓝海岸幼儿园　安玉晶)

# 好玩的报纸

## （综合活动）

【设计意图】

随着人们生活水平的提高，家长常常忽视或放弃一些常见的物质资源，而花钱去给孩子添置各类益智玩具、运动器械。其实，生活中常见的一些东西往往蕴含着丰富的教育价值，报纸就是其中的一种。我们利用幼儿生活中熟悉的报纸，设计开展有关的活动，使幼儿在看看、说说、玩玩、剪剪、画画、贴贴的过程中提高各方面的能力。

【活动目标】

1. 让幼儿了解报纸的制作、用途和可回收性。
2. 探索多种玩报纸的方法，培养幼儿的合作能力。
3. 发展幼儿的想像及创造能力，并提高其解决问题的能力。

【活动准备】

1. 家园共同收集废旧报纸。
2. 水彩笔、剪刀、胶水、订书机等。
3. 参观报纸的制作程序录像。

【活动过程】

**一、科学活动：报纸从哪里来**

1. 教师为订《青少年报》的幼儿发放报纸，导入课题。

（1）人们为什么要订报纸？

（2）报纸是用什么材料做出来的？

（3）报纸有哪些特性？

2. 幼儿动手、动脑，分组小实验。

A组做报纸吸水实验；B组做报纸可燃性实验。

3. 幼儿互相谈论，分享报纸的其他特性。

报纸可以折、剪、粘贴，报纸可以回收利用。

4. 幼儿观看报纸相关的编辑、印刷、投递的录像资料。

5. 幼儿一起阅读《青少年报》。

**二、体育活动：好玩的报纸**

1. 师：今天老师要和小朋友一起用报纸玩游戏，请小朋友试一试报纸有哪些玩法。提醒幼儿玩法要与别人不一样。

2. 幼儿自由探索。

(1) 幼儿探索一个人玩报纸游戏的方法,教师观察记录:

把报纸平放在地下进行双脚跳、单脚跳;把报纸顶在头上做帽子,慢慢向前走;把报纸平放在胸前,快速向前迎风跑;把报纸折成小飞机玩;把报纸揉成小纸球,向前投掷、抛接;把报纸折成细细的一条,玩走钢丝的游戏。

(2) 幼儿自由探索合作玩报纸游戏,教师观察记录:

把纸卷成纸棒,二人击剑;二人背对背夹报纸侧行走;把报纸放在身后当作尾巴,玩抓尾巴的游戏;幼儿面对面把报纸拉平,另一幼儿快跑冲过去,玩冲破高墙的游戏;两个幼儿拉着报纸离地一定高度,玩从下面钻、爬"山洞"的游戏;把报纸揉成纸球互相抛接……

### 三、美术活动:制作报纸时装

1. 教师激发幼儿制作报纸时装的兴趣。

师:这件美丽的时装是用什么材料做成的?(丰富词汇:报纸时装)

2. 教师介绍所提供的各种材料和使用方法。

3. 幼儿商量讨论如何设计自己喜欢的时装,教师表扬大胆想像、有创意的幼儿。

4. 教师引导幼儿按照自己意愿选择组别,进行报纸时装制作。

(教师提醒幼儿将报纸碎屑放进可回收垃圾桶中。)

5. 幼儿互相欣赏美丽的报纸时装。

【设计评析】

本活动所选择的报纸常见易找,是很好的动手动脑操作材料。通过活动,幼儿的环保意识增强了,并知道了报纸的制作程序和可以回收使用的特点。

在活动中,幼儿始终保持着浓厚的兴趣,在快乐中积极参与、主动探索,并乐意把自己所想、所做的跟老师和同伴分享,其思维能力、想像力、动手操作能力、语言表达能力和与人合作的能力都得到了一定程度的发展。

(深圳市南山区大新幼儿园　陈秀利)

# 玩 贴 纸

### （综合活动）

【设计意图】

儿童对周围的世界充满着强烈的好奇心,当他们对一件事物产生兴趣的时候,就会很投入地去探究,但同时也是比较盲目的。如何把握幼儿的兴趣,引导幼儿向更广泛、深入的层次发展,是老师教学活动设计中很值得重视的问题。玩贴纸就是根据大班孩子的特点,在出现贴纸热后所设计的一个活动。

【活动目标】

1. 认识贴纸的特点和作用,引导幼儿合理有效地利用贴纸。
2. 培养幼儿想像力和创造力,引导幼儿自己尝试创作贴纸。
3. 帮助幼儿树立正确的消费观。

【活动准备】

故事图画与字卡,各种贴纸及各种美工材料与工具。

## 活动一　有趣的贴纸

【活动过程】

1. 布置贴纸展。发动幼儿将自己搜集的贴纸根据其不同的材料和图案进行分类,并利用区域活动时间,师生共同布置贴纸展览。

2. 观察欣赏:参观贴纸展览,引导幼儿观察各种贴纸的特征。

师:这里有各种各样的贴纸及贴纸照片,你们看看,贴纸应该贴在哪里?有什么作用?(教师留出充分的时间,让幼儿进行自由观察和讨论。)

3. 交流讨论:分组观察后,让幼儿讲述贴纸的特征。教师帮助幼儿了解贴纸的不同质地、图案和作用。

师:你看到的贴纸是用什么做的?它的图案有什么特点?

教师帮助幼儿了解:贴纸有纸做的、有塑料做的、有布做的……图案丰富多彩,有对称的、有不对称的、有民间艺术的、有卡通的、有线条的……

师:你在哪里看到过贴纸?贴在这些地方有什么作用?选一种你喜欢的贴纸,你想用它做什么?为什么?

教师帮助幼儿了解：贴纸贴在不同的地方有不同的作用。贴在衣物上可以作为商标、标志来用；贴在家具、电器、手机上可以用来装饰；贴纸还可以作为礼物送给小朋友……
　　教师将幼儿的谈话内容，以海报的形式记录下来，并张贴在主题墙面上。
【活动延伸】
　　设立"请来帮帮我"专栏，记录幼儿提出的关于贴纸的各种问题。引导幼儿探索问题、发现问题，启发幼儿相互帮助，齐心协力解决问题。

## 活动二 《贴纸的心事》

【活动过程】
　　1. 教师出示图文，声情并茂地讲述故事《贴纸的心事》。
　　2. 讨论：贴纸为什么开心？为什么烦恼？
　　3. 怎样帮助贴纸解除烦恼？启发幼儿续编故事。
　　师：谁能想出办法，帮忙解决贴纸的烦恼呢？
　　（培养幼儿动脑筋解决问题的习惯。）
　　4. 讨论：谁的办法最好？为什么？
　　引导孩子在辩论中，积极应对同伴的意见。提示幼儿着重思考可行的办法，并能运用语言清楚地表述理由。
　　（重点引导幼儿树立正确的消费观。）
　　5. 启发幼儿用图文并茂的形式记录和展示自己续编的故事。
【活动延伸】
　　社会调查：贴纸的作用和好处，贴纸带来的问题及其解决方法。

## 活动三 自制贴纸

【活动过程】
　　1. 再次引导幼儿仔细观察贴纸上的图案和制作材料。
　　2. 让幼儿按自己的意愿和想像大胆制作一套装饰贴纸。
　　3. 欣赏自制贴纸，说说内容与用途。
【活动延伸】
　　用孩子自己创作的贴纸布置展览，装饰环境。鼓励幼儿将自制的贴纸义卖，将义卖款项捐给动物协会，以表达孩子们爱护动物的情感，并让孩子体验自己的价值。

【设计评析】

这个活动要求教师及时把握幼儿的兴趣点,引导幼儿发现和分析问题,帮助幼儿在接受新鲜事物时,克服盲目的弱点。

整个活动以幼儿为主体,从收集贴纸、举办贴纸展览,到开展社会调查,进行讨论和创作贴纸,都是让幼儿在自己动手、自己参与、自己思考的基础上进行的。

【资料链接】

### 故事《贴纸的心事》

有一对贴纸朋友,一个叫开心,一个叫烦恼。

一天,烦恼遇到开心,对开心说:"你好,开心!你有什么高兴的事乐得嘴都合不拢了,说出来共同分享一下吧!"开心说:"你没发现我们的同类越来越多,也越来越漂亮吗?有那么多人喜欢我们,小朋友的书包上、文具上、身体上、大人们的手机上、背包上、家里的电器上、家具上,到处可以看到我们的身影,可见我们是多么有用呀!这些都是值得高兴的事啊!"开心说着说着,发现烦恼无精打采的,就问:"烦恼,你怎么愁眉苦脸的,有什么不开心的事也说出来,让我和你一起分担吧。"烦恼张了张嘴,重重地叹了口气说:"哎,你有所不知,有人不讲卫生,将我们乱丢乱弃,引发了环境问题。我刚刚看到我们的同类被人骂得好惨。有的小朋友在课堂上不注意听讲玩贴纸,搞得我们已经被禁止出现在校园里了。更糟糕的是,有的孩子竟然瞒着爸爸妈妈拿钱买贴纸,出现了诸如说谎、浪费等一系列问题。我为我们给人类带来的麻烦而难过着急啊!"

"是啊。不过,别发愁,我们一起想办法来解决这些问题!"开心说道。

教师在讲述故事时,可根据情节,一边展现故事梗概漫画,一边自然地展示字卡"开心""烦恼""无精打采""愁眉苦脸"等让幼儿认读。

### 关于贴纸的社会调查表

小小调查员姓名:

| 姓名: | 年龄: | 填表时间: |
|---|---|---|
| 贴纸为我们的生活带来哪些好处? | | |
| 贴纸给我们的生活带来哪些烦恼?您认为该如何解决? | | |

谢谢您对我们工作的支持!
(幼儿在家长和老师的帮助下完成此表。)

(深圳市南山区海月谷双语幼儿园　许桂芫)

# 脚 的 游 戏

## （综合活动）

【设计意图】
　　"我的身体变变变"的主题活动让幼儿了解了自己身体各个部位，并发现我们每个人都有一双有趣的脚。现在，我们把关于脚的一些有趣的活动，融入到教学里来，改变传统的教育模式，让幼儿在玩的过程中发现问题、解决问题，在丰富的游戏活动中体验学习的乐趣。

【活动目标】
　　1. 激发幼儿在活动中探索脚的秘密。
　　2. 幼儿能运用较准确的语言大胆讲述自己的感受。
　　3. 学习用美术创作的手法表达自己对事物的认识。

【活动准备】
　　1. 四条不同材料铺设的路（垫子、沙子、小草、石子）。
　　2. 皮球、跳绳、纸箱、尾巴等物品（可多准备一些），5～10米长白布一块，颜料、水彩笔若干。

## 活动一　走小路

【活动过程】
　　1. 老师带领幼儿唱着郊游的歌曲外出散步。让幼儿光脚去走铺好的小路。
　　2. 讨论问题：
　　（1）小朋友来看看这有四条什么样的小路。请你们光着脚到四条小路上去走一走，然后说出自己的感觉。
　　（2）师：小朋友们走在不同的路上，感觉是一样的吗？平时你们还走过什么样的路？感觉如何？
　　（3）师：在小路上，我们还可以用我们的小脚做些什么呢？尝试用各种方法在不同的路面上玩耍，体验一下是什么感觉？
　　老师提供了一些物品，如皮球、跳绳、纸箱、尾巴……（可多准备一些），幼儿可用这些物品尝试在不同的路面上玩耍，体验不同的感觉。

【活动延伸】
　　幼儿有兴趣的话，可以继续探索新的玩法，还可以再去搜集更多的材料来尝试。

## 活动二  美术活动：脚印画

【活动过程】

1. 带幼儿观察白布铺成的路，引导幼儿讨论：

（1）师：上一次，老师带你们走了用不同材料铺成的小路，感觉怎么样？

（2）师：今天，老师要让小朋友去走一条很特别的路。请注意观察这条路是用什么铺成的。

（3）师：白白的布路看上去好看吗？小朋友动动脑，让白布路变得更好看。

2. 出示颜料，提出要求。

（1）师：老师给小朋友准备了各种颜料，请小朋友选择自己喜欢的颜色，然后光脚沾上颜料，在布路上任意行走、跑、跳。

（2）师：小朋友，你们看现在的白布上有什么？（有很多五颜六色的小脚印。）

（3）师：仔细观察一下，他们的轮廓像什么？（花、叶子、各种小动物。）

（4）师：我们把它变成一幅美丽的大画，好吗？那我们把它变成什么地方的场景呢？（大家共同讨论，设计整体画面。）

（5）师：小朋友可以根据我们整体画面的要求，把自己想像的东西添画上来。（注意提醒幼儿尽量发挥自己的想像，不要受别人的影响。）

3. 幼儿自由交流，相互评价，共同完善作品并布置展览。

## 活动三  故事创编：有趣的脚

【活动过程】

1. 请每位幼儿绘画出人物或动物的形象。（画的人物和动物变活了，好像在跳舞，好像在说话。）

2. 引导幼儿用小脚丫创编故事。

3. 鼓励幼儿在同伴面前，大胆表演自己创编的故事。

4. 关注并分析幼儿讲述过程中的有趣之处，启发幼儿合作创编。

5. 活动可延伸到语言活动区。

【设计评析】

这一活动设计非常注重幼儿之间的合作学习，教师通过合作脚印画及进行"有趣的脚"的故事创编活动，为幼儿提供了合作学习的机会。这三个活动都是围绕着我们的脚来开展的，具有一定的连贯性，从而帮助幼儿维持对活动的兴趣。让幼儿用自己的语言表达自己的感受，对幼儿的想像能力、思维能力的发展都是有益的。

（深圳市南山区麒麟幼儿园　黄　蕾）

# 对 称

(综合活动)

【设计意图】
　　生活中存在着许多神秘而美的事物,对称美就是其中的一种。孩子们每天生活在具有各种各样对称美的环境中,但孩子们不能有意识地主动观察生活中对称的事物,更别说欣赏对称美了。那么,如何让孩子们主动地、有目的地观察和发现生活中对称的事物及对称美呢?

【活动目标】
　　1. 初步理解对称的概念,知道对称分点对称和轴对称两种形式。
　　2. 初步感知生活中对称的事物和对称美,培养幼儿的观察能力和审美意识。
　　3. 鼓励幼儿运用多种感官感知、理解和表现对称。

【活动准备】
　　1. 幼儿操作材料:各种大小、颜色、花纹不同的蝴蝶翅膀、蜜蜂翅膀、蜻蜓翅膀,每人若干套。
　　2. 京剧脸谱、窗花、树叶、衣服、围巾等分类展示在教室环境中。
　　3. 长方形、正方形、三角形、圆形的纸,剪刀若干。
　　4. 春天的背景图一幅。

【活动过程】
　　一、感知对称
　　1. 故事引入:春天来了,花园里开满了五颜六色的花,美丽的蝴蝶、蜜蜂、蜻蜓在花丛中跳起了欢快的舞蹈。这时,飘来一片乌云,下起了大雨,朋友们赶紧拍拍翅膀准备飞回家。忽然,大家一起叫了起来:"我丢了一只翅膀,飞不起来了!"(把纸制的蝴蝶、蜜蜂、蜻蜓翅膀分散地布置在背景图上)雨越下越大,谁愿意帮助它们找到另一只翅膀呢?
　　2. 分组操作:把小朋友分成三组,分别为蝴蝶、蜜蜂、蜻蜓找翅膀。请个别幼儿为背景图上的蝴蝶、蜜蜂、蜻蜓的翅膀配对。
　　3. 幼儿展示配好对的翅膀,并说明配对的理由(从颜色、形状、花纹的角度)。
　　4. 教师小结:蝴蝶、蜜蜂和蜻蜓的翅膀以身体为中心线,它们左右两边的大小、颜色、形状和花纹完全相同,只是方向相反,我们把这种形式叫轴对称。

　　二、找对称
　　1. 幼儿分成三组分别进入植物角区观察树叶和花瓣,进入生活区观察门、窗、玩具柜、衣物等物品,进入美工区观察脸谱、窗花、工艺品等美术作品,找找都有哪些物品是对称的。

2. 师生分享:大家找到什么物品是对称的?为什么?

3. 师:人体有哪些器官是对称的?动作可以对称吗?(请小朋友指出并做动作。)

4. 师:你们在生活中还见过哪些对称的事物?(飞机的翅膀,汽车的车轮,树叶的叶脉等。)

5. 师:为什么很多事物都是对称的呢?(平稳、美丽、协调。)

三、观察和比较

1. 老师请小朋友欣赏圆形的花盘子,盘子上的图案有什么特点?(中心有一圆点,周围有许多大小、颜色相同的图案。)

2. 师:它和轴对称的图案一样吗?(不一样。)

3. 教师小结:这种也是对称的图案,它以圆点为中心点,周围的图案在大小、形状和排列上完全相同,叫点对称。

四、做对称

1. 每个幼儿一套不同形状的纸,一把小剪刀,请幼儿自己动手做对称的图形,看看谁做的对称最多。(教师提示幼儿可以用折、剪等不同的方法。)

2. 展示幼儿的作品,让幼儿互相分享经验。

【活动延伸】

在区域活动中可以开展以下活动。

1. 数学活动:

(1)对称物品的分类。请幼儿将环境中的对称物品,按轴对称和点对称进行分类,并展示在分享区。

(2)统计家里对称的物品。

2. 美术活动:剪窗花、画脸谱、印染、剪贴画、设计对称的服装等。

3. 创造性活动:我是小小发明家(鼓励幼儿运用对称的原理创造发明)。

【设计评析】

这个活动设计通过帮小昆虫找翅膀,激发幼儿主动去观察、发现、感知对称的图案,让幼儿了解生活中到处都存在着对称的事物。此设计是一个整合了语言、科学、艺术、数学等多个领域的知识与能力的综合活动。由此活动还可以引申出许多探索活动,以开阔幼儿视野,激发幼儿主动观察事物的积极性,提高幼儿自我分析能力和审美能力,培养幼儿关心自己、关心他人、关心环境的美好情感。此活动适合大班幼儿,如果在中班进行,可以把它分成两个活动来完成。

(深圳市南山区红太阳幼儿园 蔡先文)

# 会变的盒子

## （综合活动）

【设计意图】
　　很多不起眼的废旧物品，都可能成为孩子们愉快学习、游戏的极好材料，成为孩子们自然学习、探究知识的良好工具。此活动就是利用收集的废旧牛奶盒，让孩子们在愉快的游戏中，提高对数、形的认识，提高运算能力，并初步获得发散思维和逻辑思维能力的训练。

【活动目标】
　　1. 培养幼儿的团队合作意识，让其体验合作的愉悦。
　　2. 帮助幼儿巩固对图形和数的认知，训练幼儿发散思维的能力。

【活动准备】
　　1. 牛奶纸盒（师生一起清洗、封口），其数量尽可能多（不少于400个）。
　　2. 制作统计记录表、活动组的标记、比赛用的大图板。

【活动过程】
　　一、导入
　　师：近来老师和小朋友一起收集了许多的牛奶盒子，小朋友，你们说说这些盒子可以干什么呢？
　　（尽可能启发幼儿充分讨论。）
　　师：盒子有这么多的玩法，那我们现在就先来玩一个摆形状的游戏吧。
　　二、拼图形比赛
　　1. 教师讲述活动的方法和规则。
　　（1）幼儿自由组合，三人一组，合作完成任务。
　　（2）教师分给每组相同数量的盒子，每组用这一定数量的盒子想办法尽可能多地拼出图形。
　　（3）幼儿每拼完一次，用记录表把各图形数和总的图形数记录下来。例如：三角形有两个、正方形有一个、五边形有一个，一共有四个图形。
　　2. 幼儿开始三人一组的拼图比赛活动，教师巡回观察并记录幼儿的活动情况。
　　3. 老师在大图板上汇总幼儿拼制图形的统计情况。
　　4. 总结分析幼儿拼制图形的情况：
　　（1）对各组每一次拼搭的数量进行比较，图形数量多的插上小红旗，表示为胜利者。

(2) 引导幼儿分析总结获胜的原因,提升幼儿的学习经验。

通过直观地观察和分析,幼儿可能会发现:得到小红旗的组,他们拼搭的三角形的图形数量都会比较多;或者在拼搭中一条边能够多用的组,也能够较容易获胜……

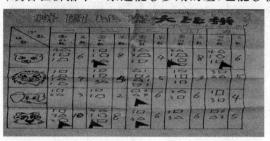

此活动通过很具体的操作活动训练幼儿的积极思维能力。幼儿最终会发现,要多拼出图形,边与边的连接方法是关键。

三、玩图形游戏

1. 全体幼儿一起把所有的盒子用不同的图形连接起来。

要求:

(1) 图形的种类尽可能的多。

(2) 每个图形要大,至少能站下一个人。

2. 幼儿搭好图形后(即用完所有的牛奶盒子),自行商量在图形中的游戏玩法和规则。

3. 幼儿根据自己已有的经验,设想和创造游戏的玩法,如跳房子、走迷宫、听信号找家等。

注:"拼图形比赛"与"玩图形游戏"的要求是不同的。从知识学习的角度来看,它们不是深度的递进,而是内容的拓宽。幼儿从完成多拼图形这个紧张思维的任务,转移到任意拼搭各种大图形的轻松环境里,是其思维活动的一种有机调节。从情绪、情感的角度来看,后一活动进一步对幼儿进行合作意识的培养,因为前面的活动是三人自愿组成一组的小范围合作。

【设计评析】

整个活动的设计体现这样几点:

1. 注重幼儿愉悦的感受。幼儿经过反复的思考和尝试后,发现自己拼制的作品越来越好,他们看到了成功,心情自然快乐。幼儿在探究中能发现规律,找到好的方法,而且能运用自己学到的新本领在比赛中获胜,就更快乐了。幼儿在合作完成任务中感受到同伴对自己、自己对同伴的支持和帮助,也充分体会到了合作的成果和快乐。

2. 注重动与静的有机结合,即专注而紧张的思考和操作与快乐而轻松的自创游戏的有机结合。

3. 注重幼儿在活动中创造力和想像力的充分拓展。

【资料链接】

☺拼图形统计表

| 统计\次数 | 第一次 | 第二次 | 第三次 | 第四次 | 第五次 |
|---|---|---|---|---|---|
| 每个图形的个数 | | | | | |
| 图形总数 | | | | | |

（深圳市南山区西丽幼儿园　林　砾）

# 荔枝飘香是我家

(综合活动)

【设计意图】
　　深圳是荔枝生产的重要基地,观察荔枝成长我们有着天然的便利条件。孩子们虽然吃过荔枝,但对荔枝的生长却了解甚少。此次设计活动旨在让幼儿自己探索发现荔枝的成熟过程,了解荔枝的品种、特点,知道荔枝树的作用。在此基础上,培养幼儿关爱自然,关心环境,进而关注人类的发展的品质。

【活动目标】
　　1. 观察荔枝从开花到成熟的过程,体验其中的乐趣。
　　2. 学习用多种方式记录荔枝的成熟过程,如图画、文字、数字、相片等,初步形成人树共处的环保意义。
　　3. 观察荔枝果的外形特征,了解荔枝的品种及储藏保鲜方法。
　　4. 培养幼儿的合作意识。

## 活动一　荔枝的成熟

【活动过程】
　　1. 教师组织幼儿去荔香公园郊游,并提问:荔香公园什么树最多?引导幼儿发现荔枝树最多。
　　2. 指导幼儿从下至上观察荔枝树,从而了解它由树干、树枝、树叶组成。
　　3. 请园丁讲解,帮助幼儿了解荔枝树成长的条件。引发幼儿讨论荔枝树喜欢什么,不喜欢什么,并将结果制作成笑脸和哭脸图谱张贴在活动室。
　　4. 教师先引导孩子观察荔枝花开放初期的颜色,让他们猜想花会不会变成其他颜色,鼓励孩子把自己的猜想记录下来,然后通过观察验证猜想结果。
　　(让幼儿带着问题去观察,可以激发幼儿的观察兴趣。)
　　5. 引导幼儿仔细观察荔枝从挂果到果实成熟这一过程中的变化。
　　6. 教师在室内墙上贴一张集体记录表,让幼儿及时记录荔枝的变化。
　　7. 师生讨论荔枝树的作用以及我们可以为荔枝树做的事,体验人与自然的关系。

## 活动二　认识荔枝果

【活动过程】

1. 准备纵剖面的荔枝果,让幼儿观察,引导幼儿说出荔枝分为三部分:果壳、果肉、果核,让幼儿知道,我们通常吃的是果肉部分。
2. 幼儿观察荔枝,大胆交流不同品种的形状、颜色和价格。
3. 品尝荔枝,知道不同品种的味道、果肉软硬及水分情况。

## 活动三　荔枝储藏和保鲜

【活动准备】

1. 请家长协助搜集荔枝的包装材料。
2. 为幼儿提供多种储存材料,如玻璃罐、铁盒等。

【活动过程】

1. 讨论荔枝可以用什么材料包装及储存。请幼儿给大家介绍自己带来的包装材料的名称及特点,如竹筐是用竹子编成的,上面有很多洞,可以通风。
2. 让幼儿猜猜哪种包装保鲜最好、最久并进行实验。教师根据幼儿假设制订实验表格,将实验结果在每天晨谈时与全班同学交流。
3. 分享实验结果:知道用塑料袋包装在冰箱冷冻室的荔枝保鲜最久,其他则很快腐烂,颜色变褐,皮会裂开,味道会变酸或有酒味。鼓励幼儿在家中用温度计测试并查找资料,进一步得知荔枝最佳的保鲜温度为2~5度。

## 活动四　开心荔枝节

【活动过程】

1. 美工活动:制作宣传栏。
（1）讨论宣传栏的设计,内容涉及荔枝成熟过程、荔枝的品种、荔枝的包装、荔枝的储藏保鲜、荔枝的文化等。
（2）知道宣传栏的结构有标题、内容和装饰。
（3）分组制作宣传板,有的写标题,有的剪贴图片,大家共同商量排版。
2. 社会活动:开心荔枝节。
（1）带幼儿去附近的荔枝批发点,购买不同品种的荔枝,并记下名称和价格。
（2）回班将购买的荔枝根据不同品种分类摆放在角色区的荔枝店里,并制作各品种的名称和价格牌。
（3）在班中玩卖荔枝的游戏,引导幼儿认识不同品种荔枝的特点。

（4）将荔枝店摆放在幼儿园一角，准备举办全园荔枝节。（准备有关荔枝的故事、诗歌表演，布置有关荔枝的知识宣传栏。）

（5）邀请全园小朋友参加荔枝节活动。大家观看宣传栏，认识并品尝不同品种的荔枝，表演诗歌和故事。

【活动延伸】

公布当年南山荔枝节的日期，请家长带领幼儿参加。

【设计评析】

1. 活动设计考虑深圳南山盛产荔枝的特点，突出了本土特色。

2. 在活动设计中充分利用了社区资源，发挥了家长的作用，使社区、家长、幼儿园三方面形成良好的互动。

3. 活动采用个别记录、小组讨论、集体小结等方式，既锻炼了孩子的记录能力，又给孩子提供了合作与分享交流的机会。

4. 注重幼儿的亲历探究过程，让幼儿自己猜想并亲自去验证保鲜的方法，在分享实验结果中体验成功的喜悦。

（深圳市南山托幼中心　童　艳）

# 鸟的家园

（综合活动）

【设计意图】
孩子们非常喜欢小鸟，经常提出一些自己认为很神奇的问题："老师，鸟儿为什么会飞？""鸟儿为什么有漂亮的羽毛？"大班的孩子喜欢根据自己已有的知识经验探究一些相关的问题："小鸟的家是什么样子的？""小鸟的家是什么东西建成的？"我们从鸟的家园入手，帮助幼儿从另一个角度认识小鸟。

## 活动一　亲近小鸟

【活动目标】
1. 幼儿与同伴交流分享已有的经验，初步了解鸟的生活习性、生活环境。
2. 唤起幼儿保护环境、保护鸟的爱心，并让他们产生给小鸟建构家园的欲望与情感。

【活动准备】
1. 实物投影仪，电脑，有关小鸟的图片资料。
2. 教师根据活动创编的故事课件。

【活动过程】
1. 通过观看实物投影仪的图片资料，让幼儿初步认识鸟的生活环境及生活习性。
2. 讨论：我最喜欢的鸟。
引导幼儿说出自己感兴趣的鸟，并将它的特征讲述出来。
3. 教师利用电脑课件以故事的形式讲述鸟的习性与特征。
4. 引导幼儿回忆故事内容，激发幼儿保护环境，保护小鸟的爱心。（附：创编故事《孔雀的生日》。）
教师提出问题：你觉得小鸟会快乐吗？你从哪里感觉到的？你认为小鸟喜欢什么样的环境？你会怎样做？我们应该怎么做？
5. 制订爱鸟公约，激发幼儿设计小鸟家园的愿望。
6. 讨论怎样建构小鸟的家。

## 活动二 参观鸟世界

【活动目标】
1. 在真实情境中感受鸟的生活环境,进一步认识鸟的生活习性、特征等。
2. 在自然的环境中感受鸟与人类的亲密关系,激发幼儿对鸟喜爱的情感。
3. 丰富幼儿外出时自我管理的社会能力,并增强幼儿的团队意识。

【活动准备】
1. 联系参观路线、交通工具,介绍相关信息。
2. 提前完成团队分组、名单分配等事宜。

【活动过程】
1. 集体讨论参观的目的:
方案一:了解鸟的生活环境。
方案二:看看动物园有多少种鸟。
方案三:想知道更多关于自己最喜欢的鸟的知识。
……
2. 讨论参观的注意事项:
(1) 注意安全,每个人都跟着自己的领队,队员要互相帮助,发扬团队精神。
(2) 爱护小鸟的同时保护鸟生活的环境,注意不乱丢垃圾,不出现破坏环境的行为。
(3) 遵守动物园的规章制度。
3. 参观各种鸟园,教师根据幼儿的兴趣讲解相关的信息资料,引导幼儿提出自己的见解和希望了解的信息,并借助导游姐姐寻求问题的答案。
4. 观看鸟的杂技表演,感受鸟的智慧和不同鸟的特征。
5. 和鸟留影,鼓励幼儿讲出和自己留影的鸟的特征,并在回到幼儿园和家后讲给其他人听。
6. 鼓励幼儿谈谈自己参观后的感受,及对"鸟的家园"的看法,激发幼儿创作的兴趣。

## 活动三 设计、构建小鸟的家

【活动目标】
1. 收集大量的材料,养成关注发现生活中美的事物的习惯。
2. 充分、合理、科学地利用多种自然材料建构小鸟的家。
3. 突出构图造型的个性化;发展拼贴、重叠、排列、组合等手工技巧。

【活动准备】
1. 废旧材料:树枝、石头、瓜子壳、开心果壳、棉花、各种干豆、报纸、包装盒等。

2. 工具：各种粘胶、笔、剪刀、小筐。
3. 引发幼儿产生情景联想的音乐。

【活动过程】
1. 创设身临其境的环境，引发幼儿产生有关小鸟家园的情景联想。（播放鸟语花香的热带雨林的情境音乐，营造一种快乐、和谐、自由、浪漫的艺术氛围。）
2. 引导幼儿计划自己的创作，并提出创作方案。
3. 自由选择合作伙伴和材料。
  引导幼儿自己设计，同时鼓励他们互相合作。（提示幼儿合理、科学地利用各种材料，根据其不同的质地选择应用于制作活动中。）
4. 教师适时提出指导，提醒幼儿利用材料本身的特点进行直接的表现。

【活动延伸】

### 油画创作——小鸟的家

利用丰富的油画颜料创造性地进行装饰，使得作品更加富有美感、感染力与表现力。教师可以利用走廊采用三维立体的形式进行作品的展示，让孩子们尽情地投入到探究鸟的活动中，体验用自己的劳动带给小鸟快乐的乐趣。

【设计评析】
1. 活动通过多媒体课件、丰富多彩的资料等多种环境材料，使孩子们身临其境，步入快乐的小鸟世界中，认识、了解小鸟赖以生存的环境。
2. 活动给了幼儿宽松的谈话空间，教师作为平等对话的一员，在支持幼儿的同时给了幼儿更多的自信。
3. 充分体现了资源开发与利用。
（1）物质环境：大量的废旧物品向我们提供了各种颜色、图案、肌理、形状的丰富的建构素材。在使用材料时，除了利用它们本身的特征进行建构小鸟的家的活动外，更重要的是发挥幼儿的创意，结合主题画面，启发幼儿经过独特的构思、巧妙的应用、精心的设计，对所有的材料进行再创造、再组合。如废旧的枯枝干叶、报纸团、小石头可以建构出茂密森林的雏形；利用盒子、干果壳、豆类排列组合，可以丰富森林环境。幼儿从中体验到，身边的、平常的、废旧的物质材料，经过艺术的加工，又可以变成美的事物。
（2）社会环境：充分利用社会资源开展社会活动，有利于孩子在了解鸟的同时增强社会实践能力，树立初步的团队精神。
4. 在展览中，幼儿的作品不仅可以体现出其本身的展览价值，还可以作为环境的一部分。不断地将幼儿的作品充实到环境中，会使孩子们开阔思路，增强他们的探究欲望与发现问题、探究问题和解决问题的能力。

【资料链接】

### 故事《孔雀的生日》

（画面一）今天是孔雀公主的生日，森林里的小鸟们都来庆祝，它们搭上了漂亮的舞台,准备把自己最拿手的节目作为礼物献给孔雀公主。"歌唱家"黄鹂鸟第一个上台表演,为孔雀公主演唱起了《生日快乐》歌,老鹰带领着它的伙伴大雕先生为孔雀公主表演了魔术,动物们看得津津有味,连连叫好。整个生日 PARTY 热闹极了,大家围着孔雀公主跳啊,唱啊,好开心啊!绿绿的小草和五颜六色的花朵都高兴得咧开了嘴。

(画面二)"吱嘎——轰"。突然,远处传来了奇怪的声音,小鸟"扑——"地四散开来。顿时整个 PARTY 一片哗然。大家都惊慌失措地你看看我,我看看你,"这是什么声音啊""发生什么事了?"……直到那声音越来越近了。

(画面三)动物们看到了一大片的树木被一个庞然大物卷席倒下。漂亮的花朵洒落在地面上。"美丽的家也倒下了。"小鸟们抹着眼泪呼喊着,扑哧着翅膀不知道该怎么做,到处乱窜、到处乱飞。舞会被搞得乱七八糟。

(画面四)轰隆!轰隆!天空下起了大雨,小鸟们不知道该躲到什么地方去避雨,它们看着自己美丽的家园被毁灭了,都痛苦地哭叫着说:"谁来救救我们啊?""谁来救救我们啊?"

(深圳市南山区北师大蔚蓝海岸幼儿园　董丽萍　池淑江)

# 我 爱 家 乡

（综合活动）

【设计意图】
　　帮助孩子认识和了解多元地域文化，建立对多元文化的认同和理解是非常重要的。但只是向幼儿介绍各地文化，可能离孩子的生活经验较远，如果通过介绍各自家乡的方式，就可以充分地调动幼儿参与的积极性。因此，"我爱家乡"的系列活动从幼儿探究自己家乡的风景名胜、文化名人、地方特产入手，帮助幼儿获得对各地域多元文化的全方位的了解和认识，建立对不同地域文化的包容与尊重的态度，培养幼儿热爱家乡、热爱祖国的情感。

【活动目标】
　　1. 认识和了解班上幼儿家乡的特产、风景名胜及著名的历史人物。
　　2. 培养幼儿热爱自己家乡和热爱他人家乡的情感。
　　3. 对多元地域文化建立起尊重和认同的态度。

【活动准备】
　　为了了解本班幼儿的家乡及其家乡特产、风景名胜和历史人物，大家一起查阅相关的资料，包括录像、图片、文字资料以及幼儿可提供的家乡具代表性的东西。

## 活动一　我是小导游

【活动过程】
　　1. "家乡的风光"展览。教师和幼儿用在家收集的家乡风光的照片、图片，在KT板上布置"家乡的风光"展览。
　　2. 游戏活动：学做小导游。请几位幼儿戴上导游证做小导游，全班幼儿分成几组，由小导游带队去旅游，参观家乡的风景名胜（看展览），并听导游的介绍。
　　3. 交往活动：我是小导游。请全班幼儿两人一组，一人带上导游证当小导游，一人当游客（轮流交换角色）。

【活动延伸】
　　小小旅行社：请全班幼儿当旅行社的导游，邀请其他班同伴来参观旅游，并为他们介绍家乡的风景名胜。

## 活动二 家乡特产博览会

【活动过程】

1. 制作产品简介（以家庭为单位，以幼儿为主，在家长帮助下完成）。
2. 博览会开始——布置会场：以省为单位分成几个摊位，请幼儿与家长一起将带来的特产分类。请幼儿拿出自己带来的特产，用简短的话为别人介绍自己这些特产的名称和特点。
3. 角色游戏：幼儿当售货员，家长当顾客进行售卖活动（轮流交换角色）。

【活动延伸】

1. 手工制作——四川脸谱：各种脸谱图、油画棒、水彩笔、图画纸。
2. 手工制作——湖南辣椒：废旧报纸、绿皱纹纸、红皱纹纸。
3. 手工制作——湖北武昌鱼：画纸、油画棒。

## 活动三 家乡的方言

【活动过程】

1. 请幼儿听家长们说话的录音，数数共有多少种方言。
2. 在地图上找到自己的家乡后，一起统计各个省份的幼儿各有多少。
3. 学学方言，选择几个有特色的方言进行模仿学习。
4. 请幼儿用自己家乡的方言为大家表演一个节目。

【活动延伸】

确定"方言日"这一天，大家都学着讲某个地方的方言，感受语言的多样性。

【设计评析】

1. 在这个主题探究的过程中，孩子是主体，教师是引导者、启发者和服务者。活动的次序和活动的内容都可以按幼儿的兴趣做相应的调整。
2. 数学活动安排在区域活动当中，通过带幼儿对家乡的各种资料进行收集、整理、分类和统计，让幼儿在实践操作中解决数学问题。教师不是教幼儿学数学，而只是提出问题和必要的帮助。
3. 大班幼儿对家乡的认识是粗浅的、单薄的。"我爱家乡"从多个方面和多个角度设计了相应的活动，使幼儿能够对多元地域文化的异同有全面的认识。孩子们的学习方式也呈现出多样化的特点。调查、区域活动、亲子互动等多种方式都有助于教育目标的达成。

（深圳市南山区北师大蔚蓝海岸幼儿园 朱新花）

# 小小消防员

（综合活动）

【设计意图】

我班门前有两个消防栓,一次老师在进行安全教育时,告诉孩子们消防栓的作用和消防员的工作,孩子们听了非常感兴趣,问了很多关于消防员的问题……

消防员是多数大班幼儿非常羡慕和向往的职业,这是一种对体能要求很高的职业。将消防员角色和救火情景与体能锻炼相结合,不仅能激发大班孩子参与体能锻炼的积极性,也能加深他们对消防员职业角色的认识。

## 活动一　消防员角色

【活动目标】

1. 能与同伴交流分享自己已有的经验,初步了解消防员的职业特征。
2. 掌握几种简单的防火方法,有初步的消防意识。

【活动准备】

实物投影仪,电脑;有关消防员的图片资料;教师根据活动创编的故事课件。

【活动过程】

1. 提问:周围建筑或物品着火了怎么办?引出活动主题。
2. 引导幼儿观看实物投影仪的图片资料,初步认识消防员的职业特征。
3. 讨论:消防员怎样救火?
4. 利用电脑课件以故事的形式讲述消防员的一日生活与职业特征。
5. 与幼儿讨论怎样防火。
6. 教师总结。

## 活动二 参观消防局

【活动目标】
1. 在真实情境中感受消防员的生活环境,丰富对消防员职业的认识。
2. 丰富幼儿外出中自我管理的社会能力,增强幼儿的团队意识。

【活动准备】
1. 联系参观路线,准备相关信息。
2. 提前完成团队分组、名单分配以及确定领队与成员事宜。

【活动过程】
1. 集体讨论参观目标。
方案1:了解消防员的一日生活。
方案2:看看消防员是怎样灭火的。
方案3:想知道更多关于灭火的知识。
2. 参观的注意事项。
注意安全,不能离开队伍,发扬团队精神,互相帮助。懂礼貌,不乱丢垃圾,遵守秩序。
3. 参观消防大队,根据幼儿的兴趣讲解相关的信息资料,引导幼儿提出自己的见解和希望了解的信息,请消防员叔叔解答,丰富防火的知识。
4. 看消防员表演穿制服及灭火的过程。
5. 鼓励幼儿谈谈自己参观后的感受和对消防员的看法。激发幼儿热爱消防员、争当消防员的情感,加深防火意识,学会简单的自我保护的方法。

## 活动三 制作灭火工具

【活动目标】
1. 能充分利用各种废旧材料,发挥想像创造出各种灭火工具。
2. 提高幼儿动手操作的能力,培养其合作精神。

【活动准备】
1. 发动父母与孩子一起收集大量的废旧材料,准备各种粘胶、笔、剪刀、小筐、不同颜色的彩纸。
2. 引发幼儿产生情景联想的音乐。

【活动过程】
1. 创设身临其境的环境,引发幼儿产生有关消防员灭火的情景联想。(播放进行曲的音乐,教师身穿消防服做灭火的动作。)
2. 引导幼儿根据已有经验,提出创造灭火工具的方案。

3. 幼儿自由选择合作伙伴和材料。引导幼儿自己设计的同时,鼓励幼儿互相合作。提示幼儿合理、科学地利用各种材料。

4. 教师巡回指导,引导幼儿利用材料本身的特点进行创造。

## 活动四　小小消防员

【活动目标】

1. 能负重越过障碍走、跑,增强跑时身体的协调能力。
2. 对体能活动感兴趣,乐意按要求和规则参加活动。

【活动准备】

大可乐瓶每人一个,装半瓶水盖好(根据孩子负重能力不同调整可乐瓶中装水的多少),水桶两个,障碍物四个,小旗帜一面,录音机,磁带。

【活动过程】

一、开始部分

1. 讨论消防员灭火的动作:钻、爬、跑、跨越。
2. 讨论消防员在灭火过程中可能遇到的障碍:水池、高墙等。
3. 共同设置障碍。

二、基本部分

1. 小小消防员训练。

(1) 消防员们肩扛灭火器(可乐瓶),跟着队长走直线、曲线,然后队列站好。

(2) 听信号将灭火器运到前面两米的地方放好,然后马上回到原地待命,再听到信号后,立刻跑上前去把灭火器搬回来。

(3) 加大负重难度,如能力强的小小消防员可一次拿两个灭火器。

2. 救火行动。

(1) 接到火情报告,引发孩子参加灭火游戏的兴趣。

老师假装接到电话:接到火警报告,有个地方着火了,我们马上要灭火。

(2) 救火的要求,即游戏的规则。

每个消防员带上灭火器,先走过一段路,然后跨过一堵障碍,到达火情点(水桶)时把灭火器打开,把水浇到火情点里再沿路返回,第一位消防员返回起点后,第二位消防员马上出发,直到最后一名。最先灭完火的队得到嘉奖。消防员必须把灭火器里所有的水全部浇完。前面一名消防员没回到起点时,第二名消防员不得出发。

(3) 行动开始。(注意请幼儿选择适宜自己的灭火器。)

三、结束部分

1. 大家欢庆灭火行动的成功,给表现突出的、最先扑灭火的组发小旗嘉奖。
2. 听音乐,做手臂交叉画圆和手挽花动作,放松手臂。

【活动延伸】

1. 制作活动:119火警标记。
2. 亲子活动:和妈妈一起去买菜时,帮妈妈提轻的物品。

【设计评析】

在"小小消防员"体能活动中,教师根据孩子能力的不同,提供不同难度的材料。如能力弱的孩子的灭火器中水装得较少,能力强的孩子可一次拿两个灭火器,使能力不同的孩子,在不同负重时得到不同程度的锻炼。

亲子充分利用各种资源,共同收集大量的废旧材料,并根据不同材料的质地将它们应用于制作活动中,大胆发挥自己的想像力,对材料进行再组合、再加工。教师充分利用社会资源开展社会活动,帮助孩子在了解消防员的同时,增强其社会实践能力。

【资料链接】

消防用具

干粉灭火器,悬挂式自动灭火器,泡沫系列灭火器,二氧化碳灭火器,强化水系列灭火器,防毒(烟)面具,空气呼吸器,防护服装及鞋帽,救生缓降器,逃生绳,消防隔热服,消防战斗服,消防指挥服,救助服,防化服,消防梯,消防车。

(深圳市南山区北师大蔚蓝海岸东区幼儿园 李 莹)

# 有趣的食品广告

(综合活动)

【设计意图】

孩子爱吃零食,这是一个普遍现象。究竟孩子对食品的了解有多少?真正吸引他们的是食品的包装?食品的广告?还是食品味道本身?带着这个大家都感兴趣的话题,我们设计了下面这项活动。

【活动目标】

1. 在幼儿原有的经验基础上,扩大其对食品相关知识的了解。
2. 初步学习创编食品广告,丰富幼儿词汇,提高幼儿表达能力。
3. 学习找出事物的特点,并主动运用到生活中去解决相关的问题。

【活动准备】

1. 请家长和幼儿一起选购1~2种小食品。
2. 在课室周围布置不同的食品海报,收集有关食品的广告片。

【活动过程】

**一、回顾与讨论**

1. 教师以美食分享的形式请幼儿回忆自己知道的食品的概念及知识。
2. 出示包装不同的几种食品(袋装、盒装、散装等),看一看、说一说,寻找这些食品的不同点(名称、包装、品牌)。
3. 小结:相同的食品会有很多不同的牌子和包装。

**二、认识和创编食品广告**

1. 通过提问引出广告的概念。

师:如果给你吃果冻或饼干、紫菜,你想吃什么牌子的?你怎么知道这种好吃呢(吃过或是广告中看到)?

提炼广告概念:原来你知道的食品品种和牌子有些是你吃过的,但更多的是从广告中看到的。那么,什么是食品广告呢?食品广告就是对食品的名称、品牌、优点作宣传,让更多的人知道它、记住它、愿意去买它。

2. 欣赏食品广告片,着重引导幼儿欣赏广告词。
3. 讨论刚才我们看的广告片。

师:你能记住这些广告词吗?为什么你能记住?引导幼儿了解广告词的特点:简短、押韵、有趣、能说出食品的特点或优点。师:喜欢广告吗?你能说说自己最喜欢的食品广告吗?

4. 师:既然大家都很喜欢有趣的食品广告,那就让我们一起来做小小设计师,给我们喜欢的食品做做广告宣传吧!

(1) 鼓励幼儿尽量说得跟别人不一样,提示幼儿可以从食品的包装、形状、色、香、味、口感方面去描述。

(2) 引导幼儿根据已有的广告词,如"达丽蛋黄派,你带我也带""旺旺雪饼,大家一起旺"等进行替换或仿编。

5. 小游戏:演广告。

(1) 幼儿轮流扮演食品推销员,手持一种食品向顾客(其他幼儿)推销食品。

(2) 教师扮演顾客、食品商或记者,对幼儿的表现进行引导和纠正。鼓励幼儿用多种形式表演(说、跳、唱、演等)。

6. 教师小结:食品广告就是给食品做宣传,广告要把食品的特点(好处)用简单的、有趣的语言清楚地说出来,让大家知道它、记住它、愿意去买它。

【活动延伸】

1. 环保教育:请幼儿处理吃完后的食品包装,将能回收的包装纸(盒、袋)进行废物利用,如制作成美工作品或布置环境用,不能回收的请放到垃圾桶里。

2. 认知区:教师与幼儿设计好食品金字塔,请幼儿将可以多吃的食品放在最下层,少吃、不能吃的放在中、上层,体验食品对身体和健康的影响。

3. 表演区:幼儿可以进行其他商品的广告创编。

4. 美工区:幼儿设计食品包装。

【设计评析】

利用孩子爱吃零食的心理,既满足了孩子的愿望,又丰富了孩子的食品知识。在美食分享活动中,让幼儿互助、互爱,充分体现同伴之间的情感与交流。幼儿的发散性思维及综合能力得到了提高,如在创编食品广告时,幼儿的语言表达能力、思维能力、想像力、解决问题能力等都得到了不同程度的提高。

幼儿的环保意识增强了,知道有的食品具有保健作用,吃剩下的食物可以回收作别的用处,及食品包装还可以废物利用等。

(深圳市南山区大新幼儿园 邓洁鑫)

# 我爱图书

（综合活动）

【设计意图】

每当图书角新投放图书或一些孩子从家中带来图书之时，那里总能吸引和聚集一大群孩子。仔细观察后，我们也不难发现，聚集在图书角的孩子大概有三类：第一类孩子是真心地喜欢图书，能认真地逐页翻阅；第二类孩子则是草草地、胡乱地翻看；第三类孩子无非是在凑热闹，有大家都喜欢的总是好东西的意识，拿到书很高兴，却只是漫无目的地翻阅一番。为此，我们设计了这个活动，意在培养幼儿看书的正确方法，提高他们的观察力和书面语言能力，激发他们阅读图书的兴趣和欲望。

【活动目标】

1. 初步了解书的种类，学习看书的正确方法，激发幼儿爱护图书的意识及阅读的兴趣和欲望。

2. 通过图书制作活动，进一步了解图书的结构。

【活动准备】

各类书籍若干，每组 A4 画纸若干，蜡笔，水彩笔，订书机等。

【活动过程】

一、谈谈图书

1. 老师和幼儿分别说说自己喜欢的图书。

2. 提供不同种类的书让幼儿进行分类，告诉幼儿归纳与分类的方法，提示他们可以按书的大小、颜色、用途、内容等进行分类。

二、了解图书

1. 给每个幼儿一本书，要求幼儿观察、翻阅手中的书，引导幼儿有序地观察和讨论：每本书上都有什么？它们分别在书的什么位置，都有些什么作用？以此帮助幼儿了解书的构造及功用，以便进一步引发幼儿看书的兴趣和自制图书的欲望。

2. 讨论小结：

（1）每本书都有封面和封底，分别在书的上面和下面，是书的衣服。封面上有书的名称，书名体现书的主要内容，便于读者查看。

（2）书的内容都有页码和序号，有的写在顶端，有的写在下端或旁边，页码和序号便于读者翻阅。

（引导幼儿正确表述出：封面、封底、页码、书名等词汇。）

3. 讨论并实践看书的正确方法：眼距离书本一尺左右，两手翻开书，由前至后，按页码一页页地翻看，观察每页画面细节，理解前后画面的情节关系。提醒幼儿平时不在强光和太弱的光线下看书，不躺着看书。

4. 讨论书的作用，激发幼儿的求知欲。教师帮助幼儿了解知识源于书本和实践。让他们知道，平时老师教的本领、讲的故事都是从书中得来，看书还能学到许多连老师和爸爸妈妈都不懂的东西。同时鼓励幼儿开展分享阅读。

三、制作图书

1. 平时我们看的图书都是购买来的，是别人编写和绘制的，今天我们了解了图书的结构，想不想我们自己来当作者，编画一本自己喜爱的图书？（充分调动幼儿自己制作图书的兴趣和欲望。）

2. 向幼儿展示材料，提出制作的要求和注意事项。

幼儿以小组为单位，合作制作图书；引导小组讨论制作的内容、方法、分工合作的事宜等。首先是确定主题，然后再分工，有的制作封面、封底，有的制作内容。建议幼儿装订时再标页码，以尽量保证图书内容的完整性。

3. 提醒幼儿制作时互相协商和帮助，并按自己组预定的主题内容来做，不离题。

4. 帮助幼儿将制作的图书按序装订起来，按幼儿的要求写上书名及一些文字说明等。

5. 自制图书的分享。先在组内分享，再各组交换分享。鼓励幼儿用图书讲故事，学认简单的文字，最后将图书送到图书角，供幼儿自由借阅。

【活动延伸】

1. 关注幼儿平时的阅读活动，培养幼儿良好的阅读习惯。

2. 饭前、睡前请个别识字多的幼儿来读一些小故事，进一步激发幼儿阅读识字的兴趣。

3. 鼓励幼儿在父母的帮助下独自创编图书。

【设计评析】

选取图书这个幼儿熟悉、感兴趣的题材进行系列活动，可以充分调动幼儿参与活动的积极性和主动性。幼儿在日常看书活动中，思维能得以发散，活动中获得的认知经验也得以提升。

（深圳市南山区大新幼儿园　袁俊琴）

# 我当小学生

(综合活动)

【设计意图】
　　参观小学对大班的幼儿来说是一个例行的活动。这种参观活动,往往只是对小学环境作一些初步认识,即一种外在的认识。对幼儿来说,这种认识能消除他们对小学的一些陌生感,但是学习内容的增加,教学方法、教学形式和作息时间的变化及幼儿任务意识淡薄等,这些问题才是幼儿上小学后不能适应的关键,因为他们没有这方面的体验和经验,这些方面在幼儿的心里可以说还是一片空白。作为老师,我们应该给予幼儿这些方面的体验,从而让幼儿自觉地约束自己的行为。为此,我们对照小学生的学习作息时间,设计了此模拟活动。

【活动目标】
　　体验小学的学习生活,积累相关的经验,为幼儿适应小学生活做心理上的准备。

【活动准备】
　　1. 有参观小学的经验,对小学生的学习作息时间有大致了解。
　　2. 教室按小学那样布置,所有的玩具收起来,桌子按小学那样摆放。
　　3. 人手一份数学练习册,书本《听读游戏》。

【活动过程】
　　一、模拟前期准备
　　1. 启发幼儿知道活动的程序和时间。
　　2. 事先做班干部的竞选,分配班干部的角色,并明确班干部的职责。
　　3. 布置幼儿自行带水或水杯,活动期间暂时不提供水杯。
　　二、模拟活动
　　1. 早操及早读:班长列队、带操,班长负责带读,组长负责收发书本。
　　引导幼儿明白小学的班干部各司其职,班长起统帅及示范的作用。
　　2. 上课:共三节课,数学、音乐及英语,课后布置家庭作业。
　　三节课的安排既考虑了小学的课时次数,又考虑到幼儿园教师的配置,同时,要避免幼儿过度疲劳,还要考虑课时的动静搭配。所布置的家庭作业要求第二天交回,主要是培养幼儿的任务意识。
　　预备铃——正式铃。教师进教室时,班长叫起立,师生互相问好。
　　上课——　　　　　　　　　　　　下课——

老师:上课! 　　　　　　　　　老师:下课!
班长:起立! 　　　　　　　　　班长:起立!
全体:老师您好! 　　　　　　　全体:谢谢老师!老师再见!
老师:同学们好!
班长:坐下!

注:预备铃声响时,教师应注意观察幼儿是否能很快回教室坐好,安静等待正式铃后老师的到来。三节课由不同的老师执教,让幼儿知道不同的课是由不同的老师来上的,并知道师生问好是彼此尊重的一种礼貌行为。

3. 课间活动及眼保健操。

(1) 要求:不四处追逐跑,不大声喧哗,上下楼梯靠右走;拿玩具,想办法自己找朋友玩;预备铃响后回课室。

(2) 课间 10 分钟教师的站岗位置:一楼操场和楼梯口;二楼走廊及楼梯口;三楼楼梯口及教室门口。

在模拟活动当中,老师不提供杯子,只提供水,幼儿自行安排自己喝水、上厕所及玩耍行为。为保障幼儿的安全,班上教师分别在楼梯口和操场观察,但不干涉幼儿的活动。

三、模拟后谈话

师:在今天的活动中,你最喜欢哪个活动?最不喜欢哪个活动?为什么?你觉得幼儿园和小学的学习活动有什么不同?

师:上小学后,你能做班长或组长吗?你觉得你在哪方面表现比较突出?

第一时间收集幼儿的反馈,准确把握幼儿的心理反应。

【活动延伸】

在日常活动中,参照下表观察,并记录幼儿的行为。

**幼儿入学准备行为记录表**

班级: 　　　　　　　第　　周　　　　　　时间:

| 项目<br>姓名 | 纪律 | 任务 | 自理 | 交往 | 其他 | 最后<br>得分 |
|---|---|---|---|---|---|---|
|  |  |  |  |  |  |  |
|  |  |  |  |  |  |  |
|  |  |  |  |  |  |  |
|  |  |  |  |  |  |  |

备注:该表模仿南山实验小学的操行评价方法,并根据幼儿"怎样做个小学生"的专题讨论而制定,教师每天小结 1~2 次,每位幼儿均从 100 分起算,表现特佳的幼儿酌情加分,不能达到目标的幼儿扣分。

【设计评析】

1. 幼儿能保持积极的态度参与模拟活动。因为这种活动是第一次尝试,加上幼儿对小学的向往,它所带来的新鲜感和和兴奋感能激起幼儿高涨的情绪。班长与众不同的榜样作用以及快活的课间 10 分钟,同样激励着幼儿积极向上。

2. 在这个活动中,教师更多的时候需要扮演观察者的角色。作为观察者,把握幼儿在活动中的表现及其心理活动,不仅可以增进老师对幼儿的了解,还为下一活动的调整提供了依据。

3. 幼儿行为的记录不仅保持了活动的持续性,也让幼儿进一步了解了小学生的各项行为要求。如果说模拟活动是心理的准备,是内在的准备,那行为的记录则是外在的准备,是幼儿行动上的准备。

(深圳市南山区大新幼儿园　程燕梅)

# 颜 色

（语言活动）

【设计意图】

活动设计采取小组合作的学习方式，使幼儿在相互合作中共同学习。巧妙地贯穿幼儿熟悉的"买气球""变色"等游戏情境，激发幼儿在游戏中主动学习的兴趣。

【活动目标】

1. 通过游戏激发幼儿学习英语的兴趣，培养其学习英语的积极态度。
2. 幼儿能够灵活运用基本句型，能够较熟练地认读单词：blue，red，yellow；认读句子：What colour do you like？Do you like red？Yes，I do．No，I don't．
3. 培养幼儿合作学习的意识和习惯。

【活动准备】

所需的卡片、气球、水粉颜料、矿泉水瓶、矿泉水瓶盖（盖内侧顶端涂有蓝、红、黄三种颜色的水粉颜料）等。

【活动过程】

一、热身运动

1. 以一首英文歌曲 Good Morning 引入学习氛围中。
2. 师生打招呼问好并自由对话，营造英语氛围。

How are you？I'm fine．Thank you！

How old are you？I'm four years old．

What's the weather like today？It's a sunny day．

Do you like sunny day？Yes．

3. 出示图片，复习 white、black、pink、purple、green，并提问幼儿：Do you like black？

Peter：I don't like black．

Teacher：I like purple．

二、认识颜色

1. 通过卖气球的情境引出新的教学内容。

Teacher：Balloon，balloon，Who want to buy my balloon？（教师扮演一个卖气球的人，手里拿红、黄、蓝三种不同颜色的气球，一边走一边卖。）

Children：I want to buy a balloon．

Teacher:What colour do you like?(教师以这个句式引出所要传授的新知识。)
Children:blue！(请幼儿跟读,以此类推。)

2. 读单词卡:blue、red、yellow,使幼儿尝试颜色与字卡的对应,并了解他们之间的密切关系。

3. 通过游戏来检查幼儿对字卡的掌握。

(1) 师生一起玩"变色"游戏。

Teacher：I am very thirsty.

Linda:Miss Yang．Water,Water.

Teacher：Thank you.(教师准备喝水时,瓶内的水经过晃动将瓶盖内的黄色颜料溶解,变成了黄色。)

Teacher:Is it water?

Children:No, Orange juice.

Teacher:What colour is it?

Children:Yellow.

Teacher:Are you thirsty?

Children:Yes.

Teacher:Please,drink water.

经过晃动矿泉水瓶,瓶盖内的水粉颜料溶解于水中,使瓶中的水分别变成了红、黄、蓝三种不同的颜色。在兴趣正浓时,教师请幼儿找到相应颜色的字卡贴在矿泉水瓶上。

(2) 利用气球分组的游戏来巩固新句型。

What colour do you like？I like red balloon.

| Subject<br>Name | Blue | Red | Yellow |
|---|---|---|---|
| Mary | √ |  | √ |
| Jane |  | √ |  |
| Tim |  |  | √ |
| Jack | √ | √ |  |

【设计评析】

　　此活动设计主要是以提高幼儿学习英语的兴趣为突破口,全面提升幼儿的听、读、认等语言能力。活动以游戏为主要的教学手段,促进教学活动生动地进行,使幼儿在愉悦的情境中快乐地学习英语。

(深圳市南山区机关幼儿园　杨丽艳　杨丽梅)

# 不同的节日,同样的开心

(语言活动)

【设计意图】

学习语言,一开始就是和文化打交道。而我们现在的英语教学,把语言和文化人为地隔离了,学习的是外语,而思想内涵还是中国文化。此项活动设计,通过介绍英语文化当中的日常生活背景知识,把英语语言的学习及其文化内涵、生活背景有机地融合在一起,激发幼儿英语学习的兴趣。通过模拟举办圣诞节和春节的活动,将两个节日的文化内涵对比展现给幼儿,演绎一堂生动有趣而简单的西方文化探索课。

【活动目标】

1. 在对圣诞节和春节的不同庆祝方式的比较中,认识并学习诸多与节日相关的词汇。

2. 在系列庆祝活动中,了解西方的节日文化和饮食文化。

3. 培养幼儿对英语学习的一种新的认识,使幼儿对英语学习的兴趣不只停留在语言符号的表层上,而是渴望去探索支撑语言的西方思想文化。

【活动过程】

一、Chinese 和 English

1. 教师用英文描述两张不同特征的脸,启发幼儿画出来。

Please draw two face. One has black hair, yellow skin and black eyes. The other has brown hair, white skin, gray eyes and a bigger nose. The two face you drawn, one with a bigger nose is an English face, and the other is a Chinese face. They come from the different countries and speak the different languages.

2. 教师出示多张中国人和英国人的图片。让幼儿仔细观察,启发幼儿得出结论:中英两国人的外貌特征不同。

3. 鼓励幼儿用英文描述自己的画,讲述中英两国人的外貌特征。

二、介绍节日

1. 播放有关春节和圣诞节节日庆祝过程的音像资料。让幼儿在观察两个节日不同庆祝方式的同时,熟悉 Christmas Day 和 Spring Festival 这两个词语。

2. 幼儿按意愿分成圣诞组和春节组参加模拟庆祝活动。

The big day for Chinese is the Spring Festival, but for English is the Christmas Day. We have two teams, one is Christmas Day Team and the other is Spring Festival

Team. You can choose the team you want to join in. Then we will start our celebration.

### 三、模拟过节

1. 节日的气氛准备。

(1) 教师指导圣诞组幼儿用废旧物品制作圣诞礼物,制作过程中学习词语 Christmas gift(圣诞礼物),并鼓励幼儿说出各种美工工具的英文名称。

(2) 教师指导春节组幼儿制作对联,反复再现词语 couplets(对联)。

(3) 将制作好的圣诞礼物挂在 Christmas tree(圣诞树)上,对联贴在教室门的两侧。

Let's make lots of Christmas gifts, Christmas Day Team , then we will decorate the Christmas trees. Spring Festival Team, we will make some couplets and put them on both sides of the door.

2. 节日的特别嘉宾。

(1) 教师装扮成圣诞老人(Father Christmas),组织圣诞组幼儿在圣诞树下唱英文歌曲《圣诞夜之歌》,然后互赠礼物(上一活动中制作的礼物),彼此祝福"Merry Christmas"。

(2) 春节组幼儿在"踩气球"的游戏中,模拟放鞭炮(fire crackers)的情景。然后,彼此祝福"恭喜发财,万事如意"。

Everybody of Christmas Day Team give the Christmas gift to another one, then say"Merry Christmas". However, the children of Spring Festival Team play the game "Stepping on the balloon". You pretend playing the fire crackers and give your best wishes to others.

3. 节日的美食。

(1) 教师出示多种食物,要求幼儿一一说出食物的英文名称(饺子 dumpling、面包 bread、面条 noodle、黄油 butter、土司 toast 和烤鸡 roast chicken 等)。

(2) 幼儿思考:在上述食物中哪种是春节一定要吃的,哪种是圣诞节一定要吃的。

(3) 引导幼儿体验自助餐(buffet dinner)的用餐形式。教师指导幼儿取适量的自己喜欢的食物,放在盘子里。在取食物的过程中,教师逐一和幼儿交流:What do you like eating? I like eating dumpling/noodle.

(4) 用餐之前请幼儿选择餐具:筷子(chopsticks)和刀叉(knife and fork)。先让幼儿尝试使用各种餐具,然后教师演示正确的使用方法。同时,为幼儿介绍吃西餐的用餐礼仪。

(5) 请幼儿尽情品尝节日美食。

In China, we must eat dumplings in Spring Festival. In England, they must eat the roast chicken. Chinese use chopsticks to have dinner, but English use knife and fork to eat the food. Although, Chinese and English have the different food, we are all very happy together with the whole family.

【设计评析】

　　本次英语活动充分证明：与文化结合起来的语言学习过程是生动有趣的，外语学习应该是对思想文化的探索。在两个节日的对比活动中，新文化的魅力取代了枯燥的单词句型记忆的压力，而成为幼儿接触语言的动力。幼儿在新鲜、刺激、轻松和愉快的活动中，将接触到的语言落实到应用中，在不断加深对西方社会文化了解的同时，加强了对英语语言符号体系的了解。

　　活动设计充分考虑与幼儿已有知识经验的结合。依据幼儿已有的思维发展水平，幼儿对不同节日现象能作出一定的反应，但对于节日背后的文化差异是认识不到的。在本次活动的几个环节中，幼儿在愉快的游戏中，不知不觉地认识了西方思想文化，了解了文化差异。

（深圳市南山区托幼中心　韩　冬）

# 啤酒桶和小老鼠

## （语言活动）

**【设计意图】**

　　游戏是幼儿学习的最好方法。"啤酒桶和小老鼠"的游戏是小朋友喜爱的一个音乐游戏，我们将英语教学的内容融入其中，对游戏进行改编，重新挖掘了游戏的教育价值。幼儿在游戏中积极而主动地思考、想像、交流，大胆地说英语、玩英语，以此得到双语方面的熏陶。

**【活动目标】**

　　1. 激发幼儿积极参与英语活动的欲望。
　　2. 发展幼儿创造性的思维能力。
　　3. 幼儿能够用英语词汇表达身体各部分的名称，并初步尝试用双语创编故事。

**【活动准备】**

　　1. 幼儿已经熟悉《啤酒桶和小老鼠》这个故事。
　　2. 小老鼠头饰、啤酒桶道具、音乐等。

**【活动过程】**

　　1. 师生一起唱英语儿歌，做热身运动。

　　T：Hello, boys and girls. Let's do some actions, ok?

　　Walking, walking, walking, hop, hop, hop, running, running, running, running, running, running, now let's stop, now let's stop!

　　2. 教师与幼儿一起商讨角色，同时提出游戏要求：幼儿要尽量多地用英语说出身体各部分的名称。

　　3. 教师与幼儿一起展现故事情节，交替使用双语说出故事的重点部分（一遍用英语、一遍用中文）。

　　（1）幼儿选择喜欢的头饰，听音乐，按照双语故事的情节做相应的动作。

　　（2）请幼儿根据故事情节的发展，用双语练习故事中人物之间的对话。

　　幼儿分成两组。扮演小老鼠的幼儿坐在椅子上准备，扮演啤酒桶的幼儿自己抱成一团坐在地上准备。

　　① 教师弹曲一，小老鼠出来自由跳舞，并向啤酒桶问候。啤酒桶做出很不高兴的样子。

　　当仙女的魔杖点到啤酒桶的时候，仙女问：What do you have?

扮演啤酒桶的幼儿伤心地回答：I have no arms, legs, head……

② 教师弹曲二，啤酒桶在音乐前部分依次长出头，两条胳膊和两条腿；在后部分慢慢站起来。

仙女的魔杖一点，说：stand up，只见啤酒桶开心地叫起来：I have arms……

③ 教师弹曲三，啤酒桶和小老鼠一起高兴地跳舞。

小老鼠跑出来问：who is my good friend?

啤酒桶说：It is me. So I have arms, legs, head……
　　　　　　We are dancing now, OK?

小老鼠说：OK！于是，小老鼠与啤酒桶一起跳起了有趣的舞蹈。

④ 教师弹曲四，啤酒桶在音乐前部分依次缩回头、两条胳膊和两条腿；在后部分慢慢坐下。当早晨的钟声响起的时候，仙女和小老鼠及啤酒桶说：Bye, see you tomorrow.

小老鼠也要和啤酒桶说：Bye, see you tomorrow.

这时候，随着音乐声，啤酒桶收回了自己的 arms、legs、head……恢复成自己抱成一团的样子。

⑤ 教师弹曲五，小老鼠向啤酒桶依依不舍地说悄悄话告别，然后轻轻回到自己的座位上做出睡觉的样子。

（3）调整故事的发展：引导幼儿轮换角色，拓展平时的经验积累，说出 sing、play、go to sleep 等短语，以达到练习英语短句的目的。

4. 在愉快的角色情境中，用好听的背景音乐结束这一活动。

【设计评析】

这是一次以音乐游戏的形式进行双语活动的尝试，活动中的英语短句非常简单，几乎都是孩子们平时经常说的一些短语。活动以音乐游戏的形式表现出来，目的就是让幼儿大胆地说英语，玩英语。孩子们发现，原来在音乐游戏中也可以说英语，他们争着要扮演故事中的角色，连以往难以开口的英语对话也让他们感到特别轻松。

【资料链接】

### 故事《啤酒桶和小老鼠》

地窖里住着许多啤酒桶，它们长着胖胖的身体，圆圆的肚皮，可是它们没有脑袋，没有胳膊，也没有腿。地窖里也住着许多小老鼠，它们长着小小的身体，小小的肚皮，小小的脑袋，小小的胳膊，小小的腿。

夜晚到了，小老鼠出来跳舞唱歌，想让它们的啤酒桶朋友不感到寂寞。可是啤酒桶们一点也不开心，它们想和小老鼠们一起唱歌、跳舞、做游戏。但它们没有脑袋，没有胳膊，也没有腿。它们不能唱歌，也不能动，这可怎么办呢？

小老鼠请来了仙女，仙女举着仙杖说："站起来吧！"啤酒桶长出了脑袋，长出了胳膊，也长出了腿。啤酒桶慢慢站起来了。

仙女的仙杖奏出了快乐的舞曲，啤酒桶和小老鼠们快乐地随着音乐唱啊，跳啊。这真是一个最最快乐的夜晚。

清晨的钟敲响了，公鸡在大声地叫着："太阳，你快出来吧！"仙女对大家说："再见！

大家都应该去睡觉了。"啤酒桶的脑袋缩回去了,胳膊缩回去了,腿也缩回去了。啤酒桶们都躺下来,它们要睡觉了。

小老鼠们轻轻地对啤酒桶们说:"再见,亲爱的朋友!"啤酒桶们也在心里说:"再见,亲爱的朋友。"它们还说了些什么呢?因为它们说得太轻太轻了,是对着耳朵说的,所以我也没办法听见了。

(深圳市南山区蓓蕾幼儿园　孙晓昕)

# 唐诗《春晓》

（语言活动）

【设计意图】

中华民族有着五千年的辉煌灿烂文明,民族文化艺术的内容丰富多彩。本设计中,我们选择民族文化中最具特色、幼儿最易于诵读的文学教育内容——唐诗,对幼儿进行秉承中华民族文化的教育,让幼儿幼小的心灵接受民族文化的熏陶,感受到古文化的魅力。同时,在赏、吟脍炙人口的诗篇中,帮助幼儿领悟古诗的韵律美,提高他们的审美情趣。

【活动目标】

1. 引导幼儿在读读、说说、画画、演演中充分感受古诗韵律。
2. 通过再现的方式,帮助幼儿体验古诗意境,感悟诗句的涵义。
3. 激发幼儿运用多种艺术形式来表现和创造艺术美的兴趣,并在活动中体验合作、交流的乐趣。

## 活动一 诵读古诗

【活动过程】

一、感知古诗大意

1. 首先请幼儿观看"春晓"图,要求幼儿用最简洁的语言说出图画中的情景,并引出新诗。

2. 以读引说,说中感知。在读的基础上,可引导幼儿说一说,把读中感知的内容交流给大家,初步理解古诗意境。

二、感知古诗韵律

1. 按古诗韵律仿读。每首古诗都有一定的韵律节拍。按其韵律节拍朗读,能在读中再现意境,体验情趣,获得深刻的理解。教师范读,让幼儿从听和模仿练读中感悟。

2. 欣赏歌曲《春晓》。借助录音,幼儿初步感受古诗歌曲平稳、抒情、流畅的旋律。

3. 按歌曲中的节奏诵读古诗。改变古诗惯有的韵律,用更贴近古诗意境的节奏进行诵读,既增强了读的兴趣,也进一步帮助幼儿去理解和感悟。

## 活动二 再现古诗

【活动过程】

**一、再现古诗意境**

1. 带领幼儿外出,寻找同古诗中所描述的情境相近的景物。

2. 选择一个孩子们认为与古诗意境最相近的场所,诵读古诗,观赏眼前的景物,激发幼儿的联想:经过一夜的风雨,春天的早晨,当你推开窗,您看到……

3. 请幼儿根据自己的想像创作画(自由选择油画棒绘画或作水墨画)。

**二、领悟古诗情趣**

感悟古诗内容,是为了深刻领悟古诗所表达的情趣。在画一画中间接再现古诗意境的基础上,再通过表演唱和配乐的形式体验其中的情趣。

1. 教师带领幼儿在音乐的伴奏下学唱古诗歌曲,并启发幼儿根据古诗的情感、情景来创编动作。

2. 古诗配乐朗诵。在幼儿对古诗已有了一定的理解和感受以后,运用打击乐器,如木鸟板、高音木琴等,模仿鸟鸣、流水的声音。也可以运用黄豆在鼓面上流动摩擦发出的声响形象地模仿春雨的沙沙声,为古诗进行配乐朗诵。这样,不仅增强幼儿诵读的兴趣,更使幼儿感受诗中有画、画中有声的意境。

【设计评析】

我们以幼儿的认知特点、兴趣为出发点,选择篇幅短小、韵律优美、格调高雅、贴近幼儿生活的唐诗进行学习,帮助幼儿感受其韵律和意境的优美,陶冶他们的情操,提高他们的文化修养。并让幼儿在学习活动中积极参与,提高文学鉴赏与感受能力。

(深圳市南山区华侨城第一幼儿园　张　楠　张绮婵)

# 快乐等分

（数学活动）

【设计意图】

　　数学活动中如何发挥孩子的能动性，激发他们的兴趣呢？我们选择了生活中随处可见的"等分"活动内容，让孩子在活动中主动地去探索，去研究，去学习。通过观察我们发现，在幼儿折纸时经常出现等分的运用，但幼儿并不能主动地提出问题，我们便以此为出发点，开始快乐的等分学习，并通过活动让幼儿感受、体验生活中数学的重要和乐趣。

【活动目标】

　　1. 引导幼儿学习等分的知识，尝试解决生活中的问题，体验成功的喜悦，感受生活中的数学。

　　2. 幼儿能用适当的方式表达、交流探索的过程和结果。

【活动准备】

　　1. 幼儿人手两张可等分的纸卡（一张有等分折痕的正方形、一张长方形），一张记录纸。

　　2. 各种食品：饼干、瓜子、香肠、萝卜、花生。

　　3. 各种工具或工具替代品：绳子、杯子、塑料刀、尺子、量杯、剪刀、小锤、秤等。

【活动过程】

**一、玩纸卡**

　　1. 请小朋友玩正方形的纸卡。

　　师：今天老师带来了一种会变魔术的纸卡，这种纸卡可以变出许多形状，你们一边玩还要一边把变出的形状记录下来，我们来比比，看谁变得多。

　　2. 简单总结，请小朋友向老师提问。

　　3. 引出等分的问题。师：我们把图形分成两份或几份一样大的图形就叫等分。如果是分成两份我们就叫二等分，分成三份、四份呢……

　　4. 学习等分图形。

　　师：原来是等分把小纸卡变得这么好玩，你们自己能做成魔术纸卡吗？你们可以做成二等分、三等分、四等分、五等分……还要证明一下你分的每一份都是一样大小的。

　　幼儿自由等分长方形纸条，并进行操作证明。可将图形重叠证明，也可剪开后证明。

　　5. 引出下一活动的问题。

　　师：是不是只有图形才可以等分？

## 二、等分食品

1. 生活中等分的运用。

师：是不是只有图形才可以等分？平时我们生活中用过等分吗？

幼儿：分点心、分饭、分菜，苹果切成四块，午点分饼干一人分四块，每个人都是一样多，木地板是从大木头里分出来的，妈妈单位里分房子……

2. 自己动手解决生活中的等分问题。

师：小班的老师昨天告诉我，他们班的小朋友还小，一份点心、零食总是吃不完，要事先帮他们分好了，他们才能吃，你们能帮助小班的老师分这些食物吗？

（1）提出分食物的要求。

师：每份食物的盘上都写着分几份的要求，按上面的要求分就行了。在分各种食物时，可能会用到各种工具，这是老师提供的工具箱，你们可以来找自己需要的工具。

（2）幼儿自由选择，尝试等分食物。教师提醒幼儿在分食物前洗手。

（3）教师指导重点：

材料一：瓜子，提醒幼儿用聪明的办法，引导他们使用工具。思考如何证明等分的结果一样多。

材料二：各种形状的面包，激发幼儿等分的兴趣。

材料三：二十块饼干、十五颗花生、八块糖等，与数有关的等分材料。重点引导幼儿观察等分以后数的关系。

材料四：不对称地等分长条形的食物火腿肠成三份。重点引导幼儿多想办法，使用工具，并证明等分的结果一样多。

（4）幼儿自由交流，老师总结，引出延伸。

师：今天，我们为小班小朋友分的食物已经都分完了。可有些小朋友说：我才分了一种食物，我还想要分别的。所以老师从明天开始就会在活动区，为你们准备各种食物，你们还可以继续去分。大家一起来讨论怎样证明这些等分过的食物是正确的等分。

【活动延伸】

1. 提供实物引导发现：可乐可不可以分？引出液体的等分。
2. 陈列各种证明食物一样多、一样重的工具，如尺、量杯、秤等，供幼儿尝试操作。

【设计评析】

让孩子体验在先，主动地提问。活动设计从幼儿经常玩的折纸入手，引导孩子从玩中去体验问题、发现问题。在幼儿快乐地玩后，老师一改常规，不是急于提问幼儿："为什么纸条这么好玩？""为什么老师要把条折成这样呢？"而是让孩子来向老师提问，这时孩子的思考积极性被激发起来了，他们发现了纸条的折痕，引出了等分的问题，小小的改变使孩子的学习变被动为主动，激发了他们主动学习的兴趣，等分的学习也由此轻松地展开了。

注重各种能力在活动中的整合。在"快乐等分"的活动中，幼儿所接触的数学问题并不是单一的等分问题，还涉及到测量（尺子、量杯、秤）、数的组成分解、解决问题的能力、使用工具等内容，所以幼儿在各相关方面的能力都得到了锻炼。

（深圳市南山区教育幼儿园　陈佩孺）

# 图形变变变

（数学活动）

【设计思路】

　　三角形、正方形是幼儿都熟悉的图形,将它们各自等比的图形叠一起有什么结果呢?又会形成多少个图形呢?通过多媒体,再配以声音,把一个个图形拉出来,不仅可以激发幼儿寻找图形的兴趣,还可以形象地帮助幼儿找到隐藏的图形,准确地找到图形的具体个数。

【活动目标】

　1. 通过图形及其不同的排列,进一步加深对数概念的理解。

　2. 学习重叠图形中的数数,感知重叠图形的奇妙。

　3. 培养幼儿仔细观察、认真操作的态度。

【活动准备】

　1. 电教设备:教学课件。

　2. 操作卡:三角形、正方形大小学具六个人一组一份。

　3. 作业卡人手若干,笔人手一支。

【活动过程】

一、播放教学课件

老师:看看画面中有哪些图形?幼儿开始自由讲述。

二、学习重叠图形中的数数

1. 播放三角形的重叠画面。

(1)师:"现在拿出你们手中的三个三角形,想一想怎样让三个三角形变成一个三角形。"

(2)鼓励幼儿自己尝试操作。(大小不同的三角形重叠在一起会怎样?如图 A 所示。)

　2. 引导幼儿观察图 B。

(1)师:想一想还能让三个三角形怎样变?鼓励幼儿自己将手中的三角形摆出图 B 的样子,数出三角形的个数。

(2)教师借助电脑演示,逐个分离画面的图形,帮助幼儿理解,特别是易忽视的大三角形。

(3)教师小结:这个魔术里共有 六个三角形。你说对了吗?

　3. 观察画面 C。

(1) 师:想一想还能让三个三角形怎样变？鼓励幼儿自己将手中的三角形摆出图C的样子,数出三角形的个数。

(2) 用电脑演示,逐个分离画面,数图形个数,特别注意不明显的大、中三角形。

(3) 教师小结:这个图形里有九个三角形。

### 三、播放正方形的重叠画面

师:三角形表演完了,正方形也想表演,我们来看它能变出什么？

1. 引导幼儿观察图 D。

师:现在拿出你们手中的三个正方形,自己也来变一变。

(1) 鼓励幼儿自己尝试操作(大小不同的正方形叠放后的效果,如图 D 所示)。

(2) 引导幼儿观察画面。老师:正方形跳舞变出了什么图形？(正方形和三角形。)它们分别有几个？三角形和正方形一共有多少个？

(3) 教师借助电脑演示,逐个分离画面的图形,帮助幼儿理解,强调易忽视的大正方形。

(4) 教师小结:有三个正方形,四个三角形,一共有七个图形。你说对了吗？

2. 观察图 E。

(1) 师:想一想还能让三个正方形怎样变？

(2) 用电脑演示,逐个分离画面,数图形个数,特别注意不明显的大、中三角形。

(3) 教师小结:有八个三角形,三个正方形,共十一个图形。

【设计评析】

本数学活动运用了电脑制作的课件进行教学,把复杂的图形重叠变成了直观的图形学习。简明清晰而直观,幼儿容易掌握。课件的运用使数学活动变得更加生动有趣,较充分地激发了幼儿学习的兴趣。

此次活动扩展了幼儿的思维。传统的教学设计中,教师可能会直接出示 3 个重叠的图形让幼儿数数。而在本次活动的开始部分,教师鼓励幼儿自己摆弄 3 个不同大小的图形,让其从中感受图形重叠后的不同变化,并鼓励幼儿数出图形的个数。

【资料链接】

图A　　　　图B　　　　图C　　　　图D　　　　图E

(深圳市南山区北师大蔚蓝海岸幼儿园　陈　莉)

# 白白的牙齿

（科学活动）

【设计意图】

许多孩子到了大班年龄段后出现了掉牙、牙松动、牙上长黑斑等现象。对此，孩子们都感到困惑，尤其对掉牙带来的痛苦感到恐惧。于是，我们带领孩子们一起探索其中的奥秘，提升孩子们的认知经验，并对换牙期间幼儿的情绪进行正确的引导。

【活动目标】

1. 引导幼儿通过观察、记录、探讨等活动了解牙齿的特征及作用。
2. 尝试进行小实验，培养孩子科学的学习态度及动手动脑能力。
3. 培养幼儿从小爱护牙齿的习惯，让他们了解基本的护齿知识。

【活动准备】

1. 小镜子若干、笔、"我的牙齿"统计表人手一份。
2. 科学区提供醋、水、鸡蛋壳两个、透明玻璃杯及活动的牙齿模型一副，墙上张贴有关护齿的图片。

【活动过程】

**一、猜谜**

谜语：大红门，打开来，白姑娘，站两排，各种东西吃进去，又切又磨全变没。

**二、照镜子**

请幼儿对着小镜子观察、触摸自己的牙齿，将牙齿的形状、数量、颜色记录在操作纸上。教师讲解记录的要求，引导幼儿关注自己残缺不全的牙及发黑的牙。

**三、牙齿的特征及作用**

1. 师：刚才，小朋友都将自己的牙齿形状、数量、颜色记录下来了，谁能讲讲你的牙齿是怎样的？

教师小结：牙齿分两排，站在正中间扁扁的牙叫切牙，上下共有八颗；两边尖尖的牙叫尖牙，共有四颗；最里侧方方大大的牙叫磨牙，共有八颗。乳牙一般有二十颗，换成恒牙后在28～30颗左右。换牙是正常的生理现象，所以大家不用害怕。

2. 鼓励幼儿尝试讨论各种牙齿的作用。

教师总结：一般切牙用来切断食物，尖牙用来撕扯食物，磨牙用来压碎食物。

**四、小实验**

1. 教师将鸡蛋壳分别放入装有醋、水的玻璃杯中。请幼儿预测蛋壳的变化（鼓励幼儿大胆讲述)。引导幼儿感知醋、水的特性。

2. 教师引导幼儿每天观察蛋壳的变化并随时记录。

教师小结:我们的牙和鸡蛋壳一样主要是由钙组成的,几天来我们发现放在醋里的蛋壳逐渐变黑变软了。这是因为酸性物质对牙、蛋壳及其他含钙物质有损害。所以小朋友要少吃酸甜食品,吃完东西后要坚持漱口。

五、牙齿的欢乐与痛苦

1. 组织幼儿讨论:牙齿喜欢什么食物或行为,不喜欢什么食物或行为?

2. 师生共同将结果记录下来并展示给大家分享。

【活动延伸】

1. 咨询活动:请牙医介绍不能正常换牙时的处理方法。

2. 家园活动:提醒家长定期带幼儿做牙齿检查,在日常活动中对幼儿进行护齿教育。

【设计评析】

此活动是从大班幼儿年龄特点和其自身的实践经验出发的。通过一系列的活动,幼儿在牙齿方面的相关经验将获得较大的提升。活动设计中教师应注意鼓励幼儿通过探索来获取直接经验,并让孩子们在没有压力的环境中愉快地学习。

【资料链接】

"我的牙齿"统计表

| 特征<br>位置 | 形 状 | 数 量 | 颜 色 |
|---|---|---|---|
| 上排 | | | |
| | | | |
| | | | |
| 下排 | | | |
| | | | |
| | | | |

(深圳市南山区西丽幼儿园　郭锦萍)

# 摆

(科学活动)

【设计意图】

幼儿主要是通过观察、实践操作、游戏等形式进行学习。我们在大班设计"摆"的科学探究活动,让孩子就"摆的速度跟什么有关系"这一问题提出设想,通过亲身实验验证自己的设想,并记录实验结果、表述实验结论,从中让幼儿体验发现科学现象的过程,培养幼儿尊重客观事实的态度。在活动中,采取分组活动的形式,有利于大班幼儿合作意识、协作能力的培养。

【活动目标】

1. 在反复尝试操作活动中,验证影响摆速的因素。
2. 通过准确地记录摆数,培养幼儿观察、比较的能力。
3. 通过小组合作完成实验活动,学习与同伴交流、分享实验结果。

【活动准备】

1.每组一套做"摆"的材料(可根据班级幼儿的实际人数准备,建议四名幼儿为一组)。每套材料包括:一个近一米高的金属架子、一个空的塑料胶卷筒、一条1.2米左右长的细绳(吊起胶卷筒)、一些玻璃珠。

2. 一个计时用的钟表、一张大记录表、每组一份小记录表、笔。

## 活动一 制作摆

【活动过程】

1. 教师将一副摆放在桌面上,引导幼儿猜猜、想想,感知摆的外形及唤起幼儿对生活中的摆的认知记忆。

师:小朋友们,你们猜这是什么?(请幼儿自由猜测。)

师:这个叫做摆,由摆线、摆锤、支架组成,你还在哪些地方见到过摆?(荡秋千、钟摆等。)

师:摆是怎样运动的呢?

2. 教师小结摆的运动规律:一来一回地摆,一来和一回摆得一样高。

3. 尝试小组合作,每组制作一个摆。

## 活动二 学习准确记录摆数

【活动过程】

1. 师：大家的摆都做好了，你们的摆有哪几部分？（巩固摆的构成：摆线、摆锤、支架。）
2. 教师记录10秒钟摆几次，向幼儿演示计算摆数的方法：一来一回算一次。
3. 幼儿自己尝试记录本组的摆在10秒钟内摆几次。

要求：摆锤从自己的胸前出发。由教师统一发令。将摆数写在自己组的记录表上。

4. 师：为什么每一组的摆数会不一样呢？摆数多少究竟跟什么有关呢？

幼儿自由猜测。教师引导幼儿关注摆数跟摆线的长短、摆锤的重量、摆的幅度等的关系。

## 活动三 验证猜测——摆线的长短

【活动过程】

1. 师：究竟摆数跟什么有关呢？跟摆线的长短有关系吗？让我们大家来试一试。请小朋友先做一个最长摆线的摆。

（1）幼儿分组制作最长摆线的摆，自己先试一试能否正常摆动（可能会因为摆线过长触及桌面而无法来回摆动）。

（2）每个组选派一名幼儿将自己组的摆拿到前面来，几个组的摆并排放在一起，幼儿目测哪个是摆线最长的摆。

（3）教师发令，几组幼儿同时开始为本组的摆计算10秒钟里的摆数。幼儿通过比较，初步感知摆线长的摆数少。

2. 请小朋友再做一个最短摆线的摆。

方法同做摆线最长的摆。幼儿最后通过比较，初步感知单位时间内摆线短的摆数多。

3. 教师小结：在10秒钟的时间里，摆线越长，摆数越少，说明摆的速度越慢；摆线越短，摆数越多，说明摆的速度越快。所以最后我们得出，摆的速度与摆线长短有关。

## 活动四 验证猜测——摆锤的重量

【活动过程】

1. 师：摆数跟摆锤的重量有关系吗？让我们大家再来试一试。

将摆锤（胶卷筒）空着时做测量一次，并记录摆数；将空胶卷筒添加入数颗玻璃珠后，再做一次测量，并记录摆数。

2. 通过比较发现,10秒钟的时间里,摆锤的重量改变了,摆数却是不变的。从而得出:摆数与摆锤重量无关。

【活动延伸】

验证幼儿猜测——影响摆速的其他因素。幼儿可能会猜测到摆速与摆的幅度有关,或与其他的种种因素有关,那么,只要幼儿感兴趣,我们可以支持他们做进一步的实验。

【设计评析】

本活动设计的内容是幼儿生活中感兴趣的问题——摆。摆在生活中很常见,如班级和家庭中的钟摆,小朋友最喜爱的荡秋千游戏等,都是摆的表现。在选择实验材料方面,也尽量选取幼儿生活中易获得的并且有教育价值的物品,如胶卷筒、玻璃球、棉线等。

教学活动过程包括以下主要环节——提出假设:幼儿猜想摆数与摆线长短、摆锤重量、摆幅大小等因素有关,这些猜测是自主的、发散性的;动手操作:自由分组,控制实验条件(如控制摆线长短、改变摆锤重量等),动手操作实验;记录信息并得出结论:实验过程中及时记录本组的实验数据,从而获得结论,证实或推翻实验前的猜测;表达与交流:启发幼儿用较为准确的、恰当的语言表述自己的实验发现,并与同伴交流分享获得的经验。

本活动设计体现了教学方式上的变革,它打破了以往教师在前、幼儿在后被牵着走的惯例。活动中,教师对幼儿的猜测是未知的(但要进行充分的准备,如预想孩子的反应、准备充足的实验材料等),活动要随时根据幼儿的反应作出及时调整;同时,还体现了学习方式的变革,它的核心在于让幼儿充分体验科学探究、科学发现的完整过程,从中发展幼儿探究与解决问题的能力。

(深圳市南山区机关幼儿园　刘红丽)

# 闯关法宝

（科学活动）

【设计意图】

磁铁对幼儿来说并不是陌生的东西，但它仍有一些特性幼儿并未完全了解，所以教学中还存在可挖掘利用的空间。本方案试图以活动"游戏闯关"贯穿始终，并且层层深入，不断地让幼儿体会成功的快乐，激发新的探索欲望，使学习活动向纵深发展。在每个闯关的过程中，老师只提供一定的条件和环境，让幼儿充分寻找、发现、探索、寻求解决问题的方法，引发幼儿主动思考，获得直接的经验和学习的方法，并鼓励幼儿与老师和同伴交流分享，使每个幼儿的认知水平和生活经验得到提高。

【活动目标】

1. 启发引导幼儿在闯关游戏中进一步感知磁铁的特征，探索和发现磁铁的作用，并积极运用磁铁的特征解决简单的问题。

2. 激发幼儿的探索欲望和对科学活动的兴趣。指导幼儿表达、交流探索的过程和收获，感受成功的乐趣和助人的快乐。

【活动准备】

1. 磁铁人手一块；背面粘有小磁铁的小兔、小猴图片各十五张（幼儿人数的一半）。

2. 回形针、细小磁铁若干。

3. 用回形针别住布做的门，请生活老师扮演公主。

【活动过程】

一、出示闯关图

师：在这座城堡中有一位非常美丽、可爱的公主被巫婆锁住了，要想救出她，必须闯过4关才行，小朋友愿意去营救她吗？

2. 给每个小朋友一个营救公主的法宝——磁铁。（给幼儿一个悬念：磁铁怎么能救公主？激发幼儿对活动的兴趣。）

二、闯关

教师介绍游戏的玩法及规则和要求。

第一关：迷宫寻宝——准备路途中的费用。幼儿用自己手中的磁铁法宝在教室中四处寻找，看磁铁和哪些东西相吸。让幼儿充分操作，感知磁铁可以吸铁和磁铁互相吸引的特点，并鼓励幼儿把发现随时说出来。

第二关：兔猴通道。幼儿利用提供的兔子、小猴图片（背面有磁铁）和回形针，把兔子或猴子图片标记固定在自己胸前才可以进入第二关。幼儿再次感受磁铁吸铁的特征,同时体会磁铁的作用。教师让幼儿自然分成两组,由两个老师分别带领幼儿完成。

第三关:扫雷。要求幼儿用手中的大磁铁把地上的细小磁铁吸上来。引导幼儿利用自己手中的大磁铁,让幼儿再次感受磁铁和磁铁相吸的特点。活动采用分组的形式。

第四关:打开门,救出公主。公主在门里面(一块用回形针别着的布),可是门上有机关,不可以用手碰,怎样让门打开？引导幼儿用磁铁把回形针吸掉,救出里面的公主(生活老师扮演)。

三、分享和交流

1. 请小朋友告诉公主,我们营救她闯过哪几关,用了什么办法。这个过程实际上是老师帮助小朋友提升对磁铁的特点和作用的认识。

2. 大家互相拥抱,欢庆胜利,感受帮助别人的乐趣和成功的喜悦。

【设计评析】

此科学活动在内容上可以说是一个很老的课题,但老师借鉴了目前网络游戏中的闯关形式,加上拯救公主的主题,一环扣一环,令幼儿的学习兴趣和探索欲望大大地被激发出来了,真正实现了"玩中学,做中思"的目的。

活动设计的几个环节由浅入深,循序渐进。

在活动的实施过程中,我们倡导形式的多样化,活动由三位老师和孩子共同游戏,使老师和幼儿建立一种亲密、合作、互助的伙伴关系。

此方案可以根据幼儿的实际情况做适当的调整和修改,如可以在第一关的迷宫寻宝中设计表格,让幼儿对磁铁可以吸的物品和不可以吸的物品做具体的记录,也可以在前面加大对磁铁特点的探索,让幼儿尝试感知磁铁和磁铁相吸时的同极相斥、异极相吸的特点。

(深圳市南山区大新幼儿园　唐玲英)

# Baby 是从哪里来的

(科学活动)

【设计意图】

接新娘的花车偶然路过幼儿园,引发了孩子们的极大兴趣。"我们两个结婚吧!"孩子们对扮新娘、新郎的游戏乐此不疲。"老师,结婚了就可以生宝宝了。""老师,baby 是从哪里来的……"由此引发出关于"诞生"的话题。"老师,XX 偷看我拉尿。""老师,XX 亲我。"在幼儿园经常会听到这样的告状声。电视、书刊上的性画面的冲击,让孩子们的性困惑越来越多,家长面对孩子性教育的困惑也越来越多。所以,我们想通过孩子们对结婚现象的讨论,及时地引导孩子们对性形成初步的正确的认识。

【活动目标】

1. 初步了解"我"从哪里来及胎儿的孕育过程。
2. 正确认识男女性别之间的差异;引发尊重异性、热爱父母的情感。

【活动准备】

Flash 动画"我从哪里来",DV 带、录音带,男人、女人的图片,布娃娃,医生道具。

## 活动一  我从哪里来

【活动过程】

**一、欣赏动画**

1. 一群潇洒的精子先生从爸爸的身体跑进了妈妈的身体,看见一位美丽的卵子小姐,它们争先恐后地向她跑去。
2. 有一位精子先生身体最强壮,它第一个跑到卵子小姐那里,它们紧紧地拥抱在一起,一个胚胎就形成了。
3. 妈妈的子宫是我温暖的家,妈妈通过脐带将营养、氧气输送给我。
4. 大约过了 280 天,我就慢慢地长大了。
5. 因为我想看看爸爸妈妈的脸。我就从妈妈的身体里使劲地挤出来了。
6. 医生剪断脐带,剪断脐带的地方就变成了肚脐。
7. 我出生了,你们喜欢我吗?

二、讨论

1. baby 从哪里来的?

2. 胎儿在妈妈的子宫里怎样吸收营养?子宫是什么?子宫是妈妈身体内的器官,在妈妈的肚子里面,是宝宝生长的地方。妈妈有,爸爸没有。

3. 小 baby 从哪里挤出来的?小 baby 在妈妈的肚子里到处找出口,找啊找,找到了妈妈的阴道,就使劲地从妈妈的阴道里挤出来了。阴道是小 baby 出来的通道,尿道是小便的通道,它们两个是放在一起的好朋友。

三、小组活动

1. 装扮孕妇(布娃娃)——体验妈妈的辛苦和爱心。

2. 装扮医生剪 baby 脐带、给 baby 洗澡等——感受生命的神圣。

3. 绘画:精子先生与卵子小姐的故事。

4. 欣赏:flash 动画。

## 活动二　男女差别

【活动过程】

一、提问

男孩头发短,女孩头发长,女孩还穿裙子;男孩站着拉尿,女孩蹲着拉尿。

讨论:为什么女孩要蹲着拉尿?

小结:男孩女孩拉尿的地方名字都叫生殖器官。但是男孩与女孩是不一样的,女孩没有小鸡鸡,只有一个尿道口,所以要蹲下小便才不会尿湿裤子。

讨论:男孩和女孩长大变成大人了有什么不同?

1. 女孩长大后胸部会变大,生了 baby 后还会有奶。出示少女图片:了解乳房名称、发育的年龄,欣赏美好的少女形象。出示妈妈喂奶的温馨图片,引发孩子美好的情感。

2. 出示男人图片:欣赏 NBA 球员,观察了解他们的喉结、胡子、发达的肌肉等明显的男性特征。

3. 通过录音辨别男人和女人说话的声音,了解男女声音的不同:男人声音粗、低沉;女人声音尖、细、高。小时候男孩、女孩的声音是一样的,15 岁左右发育时声音就开始变化了。

二、讨论

1. 欣赏 DV 剪辑:NBA 季赛精选片断(男人阳刚之美);冰上芭蕾(女人阴柔之美)。

2. 讨论:男人的美与女人的美有什么不同?男人的美是阳刚之美,女人的美是阴柔之美;各种各样的美让我们这个世界变得很美丽,变得丰富多彩。

## 活动三　自我保护的方法

【活动过程】

**一、提问**

1. 我们来猜一个谜:"你身上的隐私处在哪里?"

只要穿上游泳衣就知道了,正好是看不到的部位——乳房和生殖器官。

小结:这两个地方只属于自己,只有自己才可以触摸,其他人都不可以触摸。

2. 爸爸、妈妈可不可以触摸?如果生病或者受伤医生可不可以检查?

爸爸、妈妈也不可以随便触摸,但洗澡时可以;生病或者受伤医生可以检查,爸爸、妈妈也可以。

3. 如果有人想触摸你的隐私处,你们该怎么办?

(1) 推开他,大声喊叫。

(2) 跑开,告诉老师和爸爸妈妈。

(3) 报警。

**二、情景表演**

1. 拥抱、握手(友好的行为)。

2. 友好的、经过他人同意的亲吻额头、脸颊等(友好的行为)。

3. 侵犯或试图侵犯他人隐私部位(不良的行为)。

4. 扯拉他人的衣服、裤子(不良的行为)。

教师小结:友好的行为是受人欢迎的,不良的行为是令人厌恶的;我们要学会尊重他人,做一个文明礼貌的孩子。

【活动延伸】

1. "我"的成长过程照片的展览。

2. 家长学校的专家报告:性——我的孩子知多少?

【设计评析】

此活动设计的亮点归纳起来有以下几点:

1. 适当的介入:性对于大班的孩子就像一团"雾",对于教师就像一朵带刺的玫瑰,对于家长就像一根难啃的骨头。活动中教师适当地整合了结婚这个社会教育资源,利用孩子的好奇心由诞生引发男女差别再到自我保护,巧妙地设计了整个活动。并加以适当的引申、探讨。雾就这样一点一点地轻轻拨开了。

2. 动画的利用:关于人的诞生、精子与卵子的结合是比较抽象又具有科学性的,如何让孩子科学地了解这些内容呢?动画的方式显然是最理想的。拟人化的动画给予孩子浅显易懂、生动有趣的感知形式,既充分地体现了学科的科学性,又符合此年龄段孩子的心理特征。

3. 教师对度的把握:活动中的问题都是教师从日常生活中筛选出的、幼儿熟知的、能理解的性现象。用它们来诠释抽象的概念,突出了生活教育的重要性。

4. 在对幼儿进行性知识教育的同时,我们更加重视性与爱的心理层面的影响。我们以开放的态度,带领孩子去探索生命及性的真实性;引导孩子感受性别平等、尊重异性、两性角色、保护隐私等观念,这与孩子成人后的性道德、婚姻、家庭观念密切相关。

【资料链接】

北京性教育研究会会长,首都师范大学生物系高德伟教授认为,人的性意识是从两三岁就开始的,6岁是接受性健康教育的最佳起始时期,性教育是一种终身教育。

(深圳市南山区教育幼儿园 黄琛婷 陈佩孺)

# 地球妈妈你别哭

(科学活动)

【设计意图】
　　春游那天,景点的路上有许多游人乱扔的垃圾,几个小朋友讨论开了:"看谁这么不讲卫生,把垃圾丢得到处都是,那地球妈妈身上不是很脏了吗?"老师听了连忙接话:"对呀,你们说得太好了,地球妈妈身上不仅这里脏,还有很多地方都很脏呢!那么怎样才能让我们的地球妈妈身上不脏呢?"为此,我们设计了教学活动"地球妈妈你别哭",意在让幼儿感知现在人类对环境的污染,及地球环境所存在的危机,让幼儿有小主人翁意识,知道怎样进行环保,让生灵万物生活在更加美好的环境中。

## 活动一　参观受污染的环境

【活动目标】
　　1. 初步了解各处污染产生的源头,如排污水、垃圾站及公路上的汽车尾气等。
　　2. 培养幼儿的观察记录能力。

【活动准备】
　　参观记录表。

【活动过程】
　　1. 引导孩子观察工厂排出的污水废气,并进行记录(可以用图画记录)。
　　2. 引导幼儿看垃圾堆、垃圾站的苍蝇、蚊子、蟑螂等给人们带来的危害。
　　3. 引导幼儿观察汽车尾气、摩托车尾气给空气带来的影响。
　　4. 回园后让幼儿说说自己的感受并小结。
　　5. 展示参观记录表。

## 活动二　环保广告语

【活动目标】
　　1. 幼儿根据自己的经验及通过自己查阅资料获得较全面的有关地球妈妈为什么会这么脏的信息。(为什么会哭的原因。)
　　2. 说出怎样才能让地球妈妈变得干净的方法。(让地球妈妈不哭。)

3. 利用废物,用废旧物品进行手工制作。
4. 能说出一句有关环保的广告语。

【活动准备】
1. 一张地球妈妈哭泣的图片,可上网查阅的电脑,作品展示的空间。
2. 关于环境污染的图片,如汽车尾气、废水污染、海洋污染、垃圾成堆、小鸟搬家、小鱼死掉等。
3. 一些物品:塑料袋、纸盒、一次性快餐盒、一次性筷子、吸管等。

【活动过程】
1. 出示一张地球在哭泣的图片,提问幼儿:地球妈妈为什么会哭泣?
2. 让幼儿自己去寻找、去总结地球妈妈哭泣的原因。
(1) 给幼儿提供各种有关环境污染的图片、图书、电脑(老师可以帮助幼儿上到相应的网页),让幼儿自己选择去寻找他们想要的完整的答案。
(2) 幼儿总结讨论自己查阅的结果,并陈述自己的观点。
(3) 引导幼儿讨论怎样才能让地球妈妈身上变得干净,而不再哭泣。让幼儿说出各种方法。
3. 让幼儿自己动手制作。
(1) 选择幼儿说的解决问题的方法之一:变废为宝(用各种盒子、筷子等物品进行制作)。
(2) 孩子分成几组,让孩子选择自己所喜欢的废旧物品进行制作,教师巡回观察指导,帮助个别有困难的孩子。
4. 引导每个孩子说一句关于环保的广告语,如:地球是我家,清洁靠大家!让我的家园变得更美丽!让每一只小鸟都歌唱,让每一朵花儿都开放!
5. 根据幼儿的作品形式,可以把作品贴出来、挂起来、放在展示台等。启发幼儿互相欣赏、指认。

【设计评析】
实地参观:让幼儿对环境的污染有一个大体的印象及直接的感受。

用幼儿感兴趣的方式引题:用地球妈妈哭泣的图片引发幼儿的好奇心,让他们想知道地球妈妈哭泣的原因,用拟人的手法符合了幼儿的年龄特点。

不直接给幼儿答案:不直接告诉幼儿地球妈妈为什么哭泣,而让幼儿根据自己的参观经验及通过图书、图片及电脑资料去寻找答案,有助于培养幼儿独立思考问题的能力,也让幼儿知道可以通过多种渠道去寻找问题的答案。

培养孩子思考解决问题的能力及动手的能力。让幼儿讨论怎样才能让地球妈妈变得更干净,以及利用废品制作,让孩子知道很多物品是可以再利用的。

创想广告语:发挥孩子的想像力,煅炼幼儿的口语表达能力。

提供大量展示作品的空间:孩子的作品适合在哪里,就在哪里展示,给他们一个广阔的展示空间,这样有利于增强孩子的自信心,让他们有一定的成就感。

(深圳市南山区北师大浪琴屿幼儿园 缪艳艳)

# 电

(科学活动)

【设计意图】

在日常生活中,有许多的自然科学现象会引起幼儿的兴趣,电就是其中之一。幼儿均对会动、会响、会亮的东西特别感兴趣,由感兴趣逐步发展到想探究。我们便抓住孩子的这一特点,设计了系列活动——"电",此活动强调在幼儿自由探索、动手操作、亲自体验的基础上,对经验加以记录、归纳,使知识清晰、明确。

【活动目标】

1. 初步了解电流的粗浅知识:电流从正极流出,再流进负极,来路、回路是不变的。
2. 知道小马达的名称,初步知道通电可使马达转动。
3. 通过观察、操作、比较、记录,培养自主学习的能力,激发对科学知识探索的兴趣。

【活动准备】

1. 幼儿人手一套操作材料:电池、灯泡、马达、电线、记录卡。
2. 各类小玩具等辅助材料。

## 活动一  玩具动起来

【活动过程】

1. 在活动区中设置没装电池的玩具。

讨论:玩具为什么不会动?怎样才能使玩具动起来?

2. 请幼儿把电池往玩具里装,结果有的玩具动了,有的没动,这样幼儿就产生了好奇心,想知道为什么,从而引出下面的活动。

## 活动二  有趣的电娃娃

【活动过程】

一、观察活动

1. 老师引导幼儿观察灯泡,了解灯泡上两根电线的接头部位。

2. 幼儿观察电池的外表特征,并知道电池的正、负极位置。

二、猜想

1. 灯泡上只用一根电线会不会亮?
2. 电线只接一个正极或只接一个负极灯泡会不会亮?

三、操作、探索活动

1. 幼儿操作,根据每幅图的标示一步一步地进行实验。要求将五幅图的实验都尝试着做完。

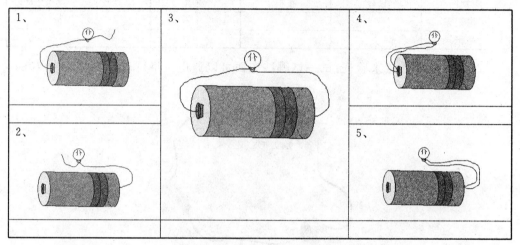

2. 记录电池与灯泡各种接线方法和结果。(若灯泡亮了,就在相应格子里画"√",若灯泡没亮,就在相应格子里画"×"。)

四、讨论

教师小结:一根电线接在电池的正极上,一根电线接在电池的负极上,灯泡就亮了。

五、学习电流的知识

1. 听录音:小朋友,你们好!我是电娃娃,住在大大的电池里,我想来和你们一起做游戏,让灯泡发亮,让玩具动起来。我还可以做很多很多的工作。谢谢你们用两根电线给我接通了一条跑出来的电路,我从电池的正极流出来,顺着电线跑到灯泡上,再从另一条电线上跑回电池的负极,许许多多的小伙伴来来回回,你追我赶,灯泡就亮了。

2. 幼儿用箭头符号表示出电流路线,复述录音的主要内容。

## 活动三 小马达

【活动过程】

1. 第一步尝试:自由探索,怎样使马达转动起来?
2. 第二步尝试:感受小马达通电后的变化。
3. 第三步尝试:使马达上的物品转动起来。(提供辅助小物品:小纸片、碎布、小飞机等。)
4. 扩散思维:小马达可以为我们做些什么?(做成风车、电风扇等为我们服务。)

## 活动四　通电游戏

【活动过程】

1. 猜想记录：哪些材料可通电？幼儿用自己想像的符号做记录。

| 实物图 | 铁丝 | 布料 | 硬币 | 橡皮泥 | …… |
|---|---|---|---|---|---|
| 猜想记录 | | | | | |
| 实验记录 | | | | | |

2. 请幼儿用实验来验证：试一试哪些东西可以通电？将可以通电的实物放在一起。

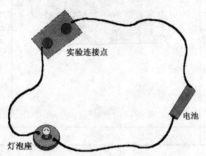

在上面的表格里做记录。（能通电的物体打"√"，不能通电的物体打"×"。）

3. 大家一起交流、展示、验证实验结果。

【活动延伸】

1. 进一步开展电路的串联、并联的实验。
2. 对幼儿进行电的安全知识讲座。

【设计评析】

此活动设计来源于幼儿的日常生活。幼儿在自主探索的过程中，主动性、积极性得到了充分发挥。孩子们在观察、交流、合作中形成了互动式的探究关系。

活动追随孩子的兴趣。兴趣是孩子们进行探索性学习的动力。从此课例可以看出，探索电始终来自孩子的兴趣，而教师只是在孩子们需要的时候，帮助一起查找材料，努力成为孩子活动的支持者、引导者。

活动提供了丰富的环境。丰富多样的环境是幼儿进行探究性学习活动的诱因和基础。在此课例中，活动区电动玩具为幼儿提供了进行探究性学习的契机，通过投放有探索价值的材料引导幼儿认识电池、灯泡、电线、马达等材料之间的关系，逐步将幼儿的探究性学习引向深入。

(深圳市南山区机关幼儿园　张　峰)

# 废旧电池的危害与回收

(科学活动)

【设计意图】

电池是孩子们生活中常见、常用的物品。废电池对环境的破坏作用是十分巨大的。为了能够将环境污染对孩子的伤害减到最轻,当务之急是通过生动形象的活动让孩子们明白一些环保的知识。只有他们有了深刻的印象,才能帮助他们在以后的生活中学会爱护环境,让环境少受伤害。

【活动目标】

1. 初步了解电池的种类,并通过小实验,初步了解废旧电池的危害。
2. 认识各种各样的电池回收箱,尝试制作废旧电池箱,培养回收废旧电池的环保意识。

【活动准备】

1. 收集各种各样的废旧电池。
2. 废电池浸泡液,活的小鱼一条,废电池的危害图片及文字资料。
3. 各种网上下载的废电池回收箱图片、废电池分类回收图。

## 活动一 电池知多少

【活动过程】

1. 教师将孩子们收集来的各种各样的旧电池摆放在一起,引导孩子们认识这些电池。

师:电池是专门用在需要电的机器里的,家里面有什么电器要用到电池啊?

需要用电池的有手电筒、妈妈的手机、遥控车、复读机、照相机、手表、电视和空调遥控器……

2. 教师将幼儿所说的各种电池归纳为三类:纽扣电池、普通电池、蓄电池。

## 活动二 废旧电池的危害

【活动过程】

1. 老师拿出一个内装有腐烂电池的透明袋(或一张腐烂电池的图片),引导幼儿观察并说说电池怎么了。

幼儿:电池脏了,要洗一洗;电池发霉了;我看见上面有白色的粉;我看见上面绿绿的;妈妈说这些电池不能用,有毒的,要丢掉。

师:白色的粉是从电池的身体里面出来的,当电池用久了,表皮坏了,身体里面的东西就会流出来。

2. 教师拿出电池的浸泡液(或图片),请幼儿观察,说说这是什么。

教师放入一条小鱼在浸泡液里,请幼儿观察过一会儿小鱼会怎样。通过实验,让幼儿知道是电池里的有毒物质害死了小鱼,教师借此向幼儿介绍废电池对人类生活产生的危害。

## 活动三 废旧电池的分类和回收

【活动过程】

1. 引导幼儿思索有毒的电池用完后应该怎么办。教师展示各种各样生活中的电池回收箱图片,请幼儿说说他们的异同。

2. 教师根据幼儿的讲述整理出电池回收箱的特点:

(1)上面有一个圆圆的小孔,只能丢电池,不能丢其他垃圾。

(2)上面绘有电池的图案,或者会写上"废电池收集箱"。

【活动延伸】

1. 讨论并制作废电池回收箱。

2. 鼓励孩子们将家中用过的废旧电池收集起来,投放到小区里的废电池回收箱或幼儿园的废电池回收箱。

3. 孩子们一起思索并探讨:电池回收箱的废电池最后运到哪里去了?

【设计评析】

"废旧电池的危害与回收"共由三个活动组成,每一个活动都与前一活动相互连接,不可缺少。在"电池知多少"活动中,孩子们自己动手给废电池分类,对电池的种类有了初步的认识;"废旧电池的危害"活动,使孩子们对电池的危害有了深刻的了解;"废旧电池的分类和回收"活动,让孩子们具备了一定的环保知识。许多孩子回到家里还津津乐道,向爸爸妈妈讲解电池的危害和回收知识,许多家长都反馈这一活动对孩子非常有益。

【资料链接】

1. 废电池的危害。有关资料显示,一节一号电池烂在地里,能使一平方米的土壤永久失去利用价值;一粒纽扣电池可使600吨水受到污染,相当于一个人一生的饮水量。在对自然环境威胁最大的几种物质中,电池里就包含了汞、铅、镉等多种金属物质,若将废旧电池混入生活垃圾一起填埋,或者随手丢弃,渗出的汞及重金属物质就会渗透到土壤里,污染地下水,进而进入鱼类、农作物中,破坏人类的生存环境,间接威胁到人类的健康。

你知道吗?汞、砷、铅、镉、镍、铬等重金属通过土壤和水在农作物与水生生物体内大量积聚,人食用这些含重金属的产品后可导致严重的疾病甚至死亡。如摄入过多汞会得"水俣病",摄入过多镉会得"痛痛病"。而水一旦受到重金属的污染,即使采用最先进的消毒方法处理,也无济于事。

汞和镉对人类的危害:

| 病例一 | 痛痛病 |
|---|---|
| 病因 | 食用含镉米饭和饮用含镉水 |
| 主要症状 | 发作时,病人十分痛苦,连咳嗽或打喷嚏都会使骨骼折断或弯曲变形,甚至一呼吸都使人剧痛不已,痛苦万分,有人不堪忍受就自杀而死。 |

| 病例二 | 水俣病 |
|---|---|
| 病因 | 食用含汞水产品 |
| 主要症状 | 发病非常缓慢,四肢终端有麻痹感,不能握东西,声音变调,视物不清,吞咽困难等。连猫吃了含汞的鱼也要"发疯"。 |

2. 各种各样生活中的电池回收箱图片。

3. 废电池的浸泡液图。

(深圳市南山区蓓蕾幼儿园 喻志鸿)

# 关于大熊猫、小熊猫的调查

(科学活动)

【设计意图】
　　大熊猫和小熊猫是两种不同的珍稀动物,有一天,两名幼儿在晨间的自由活动中为这两种动物吵起来了。一个说:"小熊猫是大熊猫的宝宝,因为在动物中,动物妈妈都说是大的,如小河马是大河马的宝宝。"另一个小朋友说:"不是,大熊猫不是小熊猫的妈妈,它们是两种不同的动物。"这引起了全班小朋友的注意。我们借此设计"关于大熊猫、小熊猫的调查"活动,满足大班幼儿强烈的求知欲,并培养幼儿的学习态度。

【活动目标】
　　1. 通过查阅资料了解大熊猫、小熊猫的生活环境、习性及分布地区。
　　2. 培养合作学习、探究学习的精神,体验主动学习的快乐。

【活动准备】
　　1. 准备若干调查表及笔,讲解调查表的用法。
　　2. 关于大熊猫、小熊猫的资料。
　　3. 让幼儿自由分好小组。

【活动过程】
　　一、谈话
　　1. 幼儿自由观看收集的有关书籍、图片、VCD,说说对大熊猫和小熊猫的看法。
　　2. 幼儿自由分组,研究大熊猫和小熊猫的特性。
　　二、分组讨论
　　1. 师:你想知道大熊猫、小熊猫的哪些问题?(幼儿自由提问,教师记录。)
　　2. 介绍调查表的使用方法。
　　三、研习活动
　　师:现在就请小朋友们分组在这些资料中找出你要的答案,并互相商量用一种方法在调查表上记录下来,如有不明白的地方可以举手问老师。
　　(幼儿自由展开研究活动,教师巡回引导、观察。)
　　四、新闻发布会
　　师:今天两组小朋友分别自己研习了小熊猫和大熊猫的基本知识,知道了这两种动物的习性、生长环境和地区。现在我们请这两组小朋友来给我们介绍他们知道的知识。

【设计评析】

此活动的设计灵感来自于孩子的争论,教师抓住了这一机会适时地满足了孩子的好奇心和求知欲。

活动设计中充分地让孩子在教师的引导下开展自主学习以及同伴间相互学习。通过让幼儿查找资料及新闻发布会等活动,使幼儿在相关方面的能力得到很好的锻炼。

【资料链接】

**关于大熊猫和小熊猫的调查表**

| 我的问题 | | | |
|---|---|---|---|
| 我的发现 | | | |
| 日期 | | 研究人 | |

(深圳市南山区深圳大学幼儿园 李 霞 张 丹)

# 好玩的沙子

（科学活动）

【设计意图】
　　沙子是常见的一种自然资源，也是孩子喜欢的一种游戏材料，平时三五个伙伴热火朝天地合作堆个堡垒、赤脚走在沙上都会留下笑声一片，每次玩沙都会乐而忘返。教师抓住幼儿这一兴趣点，让幼儿在玩得愉快、玩得尽兴的同时，做到玩中学、学中乐，玩出智慧、玩出创造力。通过幼儿动手、动口、动脑，让幼儿走进沙子的世界，获得有关沙子的知识，为今后其他的探索活动打下基础。

【活动目标】
　　1. 在玩沙中体验发现问题、探索问题的过程，从而激发探索兴趣，提高动手动脑的能力。
　　2. 探索并感知沙子的基本特性。
　　3. 了解沙与人类的关系，培养初步的环保意识。

【活动准备】
　　1. 废旧纸杯、小水桶、玩具碗、大小饮料瓶、自制沙漏、铲子、勺、沙塑模具等各种玩沙工具。
　　2. 沙池、水、水泥。
　　3. 沙尘暴录像。

## 活动一　探索沙子的特性

【活动过程】
　　一、幼儿自由玩沙
　　师：沙子是怎样的？（幼儿自由回答。）
　　教师在幼儿探索的基础上归类：
　　看：有的沙子颜色白白的，有的沙子颜色有些黄。
　　闻：沙子没有味道。
　　摸：细沙摸起来感觉很舒服，软软的，有小小的沙粒；粗沙很粗糙，沙粒大一些。
　　吹：干沙能被风吹起，湿的沙子吹不起。

## 二、流动的干沙

1. 请幼儿用手抓一把沙子,观察沙子的变化。(幼儿发现沙子像水一样会从手指缝里流走。)

2. 为幼儿提供各种玩沙工具,幼儿合作玩沙游戏,动脑筋、想办法使沙流动起来。

幼儿合作尝试用各种工具装沙、倒沙,边操作边把自己的想法说给同伴听,在组与组之间进行比赛,看哪一组沙流的时间长。

在活动中教师故意不小心将一桶水倒在沙子上,幼儿发现湿沙是不流动的,于是进入下一环节。

## 三、沙的可塑性

1. 师:沙子为什么不流动了?

幼儿通过观察、讨论发现:沙子遇到水颜色变深了,沙子不再松散,所以不会流动了,但湿的沙子能团在一起。

2. 为幼儿提供各种有趣的模具,请幼儿尝试用沙子造型,体验成功的快乐。

## 活动二 沙子与人类的关系

【活动过程】

### 一、沙子的用途

幼儿交流、分享收集到的关于沙子用途的信息。

教师小结:人们可以在沙子里种植一些植物,可以用沙子做成沙包玩,还可以粘上各种颜色的沙子做美丽的沙画,沙子还是建楼房时重要的一种建筑材料……

活动中教师发现个别幼儿对于沙子是建房子不可缺少的材料,总是半信半疑:"干沙子风一吹就飞走了,湿的沙子一碰就散了,沙子怎么可以盖房子呢?"带着幼儿的疑问,教师和幼儿一起进行下面的实验活动。

### 二、坚硬的水泥沙

1. 请幼儿把一杯水、一杯沙子、半杯水泥混合搅拌,看一看,摸一摸,说一说有什么感觉(是软是硬)。

2. 用风扇把水泥沙吹晾干,请幼儿观察。(变得坚硬。)

教师小结:沙子虽然是松散的,可是只要与水、水泥按一定的比例进行混合搅拌,晾干后会变得非常坚硬,因此沙子是建高楼大厦不可缺少的一种建筑材料。

## 活动三 沙尘暴

【活动过程】

### 一、观看沙尘暴的录像

幼儿讨论沙尘对人类有哪些危害。

教师小结:风把沙子乱吹会迷人眼睛、把脸吹脏、使司机开车看不清路、把树吹

好玩的沙子

倒……

## 二、怎样防治沙尘暴

1. 幼儿自由讨论沙尘暴形成的原因：树木减少，环境受到了破坏，就会产生沙尘暴。

2. 沙尘暴会带来很多沙子。教师激发幼儿树立保护我们居住的环境、多植树种草的环保意识。

【活动延伸】

1. 制作沙画：教师为幼儿提供各种材料，幼儿自由制作沙画。

2. 沙土种植：教师提供沙土和泥土，请幼儿进行种植实验，观察、比较、记录用二者进行种植的植物的生长速度。

3. 沙塑：为幼儿提供水和各种玩沙工具、沙塑模具，让幼儿在沙里自由进行塑造。

4. 丢沙包：幼儿分两组，进行抛接沙包游戏。

【设计评析】

教师充分利用自然资源和活动空间，引领幼儿自由探索，使幼儿在玩沙过程中，始终保持着浓厚的兴趣，在快乐中积极动手动脑，了解沙子的一些基本特性。

活动主要以小组的形式进行，有助于幼儿相互启发，培养幼儿合作探究的精神。活动中，教师为幼儿提供了充分的思考和探索的空间，培养了幼儿发现问题的能力。

充分利用家长资源，家长积极参与收集有关沙子的资料和信息，大大开阔了幼儿的视野，扩展了幼儿的知识面。

（深圳市南山区大新幼儿园　陈秀利）

# 各种各样的镜子

（科学活动）

【设计意图】

各种各样的镜子在人们的工作和生活中随处可见，为了让幼儿知道各种镜子的名称、特性，了解光的相关现象以及镜子与人们的密切关系，我们根据大班幼儿的实际经验与认知水平，设计了此活动。通过参观、观察、交流讨论、操作实验等活动，培养幼儿观察、分析、比较及动手的能力和探究周围事物与现象的兴趣。

【活动目标】

1. 在观察和实践活动中，幼儿乐于探究有关镜子的特性和光的相关现象。
2. 引导幼儿通过讨论交流和分类活动，了解镜子的名称、作用。
3. 帮助幼儿尝试做各种镜子的实验，培养幼儿的动手动脑能力。

【活动准备】

1. 请幼儿收集各种镜子的实物或读物，并和家长一起玩镜子，家长帮助记录孩子的发现与问题。
2. 布置科学区：镜子的世界。
3. 参观镜子的生产流程。

## 活动一 玩镜子

【活动过程】

1. 以游戏导入：老师用一平面镜将室外阳光反射到室内墙上，形成一个圆"月亮"。请一幼儿去捉住"月亮"，引导幼儿初步感知镜可以反射光的特性。
2. 探究活动：在室外玩镜，探究各类镜子的特性，了解光的反射、透射、折射现象，引导幼儿自由玩镜，边玩边和小伙伴交流自己的发现与问题。

幼儿讲述：放大镜中间有点鼓，放近来看人很大，放远来看人很小，而且倒了；用三棱镜看老师，她好像化了妆；凹镜照人是倒的；平面镜反射的光可以是圆的，也可以是椭圆的；望远镜可以看到很远的小鸟。

3. 师：你玩了哪些镜子？有什么发现？你打算怎样来给这些镜分类？

幼儿讲述自己的发现，了解各种镜子的名称、特性。在分类时，有的按是否能透光分,有的按颜色、形状分,有的按制作材料分,还有的按用途分。

## 活动二  镜子的用途

【活动过程】

1. 师:哪里有镜子?引导幼儿找寻商场、银行、车辆……家里的镜,这些镜子有什么用?

幼儿讲述:家里的放大镜是爷爷看书用的;妈妈的平面镜是化妆用的;幼儿园科学室里的三棱镜可以看彩虹;爸爸医院有牙镜、显微镜,可以看细菌;幼儿园的墙上还有哈哈镜,是给小朋友照着玩的;车上有后视镜,看倒车;上山的路上有镜子,是照后面的车的;舞台上也有很多镜子,会反光;银行的监视镜是照小偷的……

2. 教师小结:镜子在我们的工作和生活中无处不见。家、幼儿园、商场、银行、车辆、飞机里都有镜,各处镜子的名称不同,形状不同,制作材料不同,作用也不同。

## 活动三  镜中的彩虹

【活动过程】

1. 幼儿尝试分别用三棱镜、平面镜变出彩虹。

师:你能用这种镜变出彩虹吗?请你根据光谱的组成画上自己看到的彩虹。

幼儿实验:引导幼儿根据阳光的照射方向调整操作的角度,得到最美丽的彩虹图像。

2. 教师小结:表扬孩子的勇敢探索和实践,简单介绍光谱知识,鼓励孩子继续探究和观察有关镜的有趣现象。

## 活动四  观察记录

【活动过程】

1. 幼儿分别用凹、凸透镜和平面玻璃观察同一物件,比较发现其中的不同。
2. 师:为什么会不一样?请你看一看,摸一摸,这些镜子的样子一样吗?

引导幼儿发现镜子的厚薄变化的不同,会有放大或缩小等不同的效果。

3. 幼儿学习记录。
4. 请幼儿把几面不同的镜子放在一起玩,看看又会发现什么。

【活动延伸】

1. 继续和孩子一起玩镜子,探索平面镜成像的现象,潜望镜、望远镜的制作过程。
2. 鼓励幼儿继续了解镜子的种类和作用。

3. 参观眼镜店后，了解保护视力的方法。

【设计评析】

此活动从幼儿的兴趣点入手，参考了大班幼儿的认知水平和实际经验。

鼓励孩子向家长请教，和同伴交流，并通过到街上找镜，参观眼镜行、医院等，让孩子学到了如何利用多种学习资源主动学习。

鼓励幼儿大胆尝试，不怕失败，体验努力后成功的快乐。

（深圳市南山区西丽幼儿园　黄海芳）

# 发现鸡蛋花

(科学活动)

【设计意图】
鸡蛋花奇特的外形非常吸引幼儿,让幼儿通过自己的观察和探究来发现鸡蛋花的生长变化,不仅可让他们亲身感受自然界的奇妙,也保护了他们的好奇心,激发了他们对大自然的关注和探究的热情。

【活动目标】
1. 通过观察鸡蛋花的生长变化过程,激发幼儿对植物及身边事物的观察兴趣,体验发现的乐趣。
2. 初步体验猜想、验证、记录、表达这一科学研究的过程。
3. 了解鸡蛋花的用途,感受和体验人与植物之间的依存关系,初步产生珍惜自然资源、爱护植物的情感。

【活动准备】
1. 记录纸、笔。
2. 有鸡蛋花的公园。

## 活动一 发现鸡蛋花

【活动过程】
1. 引导幼儿进一步观察鸡蛋花的外形特征。
孩子们发现鸡蛋花的外形特征非常奇特,大家七嘴八舌地议论开了:"这些尖尖的角是什么,为什么长在树尖上?""这树怎么没有树叶呢?"
2. 幼儿用语言描述自己看到的鸡蛋花是什么样的。
师:树枝顶端尖尖的芽孢会长出叶子还是花?
3. 回到幼儿园后,请幼儿用图画的形式做观察和猜想记录——芽孢会长出叶子还是花。

## 活动二 鸡蛋花有毒液

【活动过程】
1. 观察鸡蛋花芽孢的变化,讨论并验证猜想。

幼儿观察鸡蛋花芽苞的生长变化情况,与自己上次所做的观察记录进行比较。

(1) 鸡蛋花有了哪些变化?

(2) 芽苞长出了什么?和自己的猜想一样吗?

进一步观察,幼儿发现只要轻轻用指甲掐一下树干,树干就会流出白色的液体,又发现叶子内也有白色的液体,孩子们于是提出:白色的液体是什么?

2. 教师提问并鼓励幼儿自己查找资料。

师:你们能用什么方法证明自己的想法是正确的?我们大家回去都查一查资料,看看鸡蛋花的白色液体到底是什么。

第二天交流查找的信息。

鸡蛋花的白色液体是有毒的,可用来做外敷药,治疗疥疮、红肿等。

在观察活动中老师要重视幼儿的发现。在幼儿猜想后,除了让幼儿在观察事物变化中验证自己的猜想外,还要让幼儿发现多种验证自己猜想的方法,如上网、查书、询问等。

## 活动三 鸡蛋花有什么用

【活动过程】

1. 鼓励幼儿展开丰富的想像力,猜想鸡蛋花开花时的样子,并用语言描述。

老师提出问题:鸡蛋花开花吗?如果开花,鸡蛋花的花会是什么样的呢?你为什么认为鸡蛋花开花会是这样的?

鼓励幼儿大胆地猜想,并把自己的猜想结果用图画的形式记录下来。

2. 观察鸡蛋花开花的样子,验证自己的猜想。

(1) 请幼儿仔细观察鸡蛋花的外形特征,与自己的猜想进行比较。

(2) 闻一闻鸡蛋花的味道,摸一摸鸡蛋花的花瓣,并用语言描述鸡蛋花的特征。

(3) 讨论:鸡蛋花的名字与花朵的外形之间的联系。

(4) 用图画的形式进行观察记录。

在活动中,幼儿发现有人在收集鸡蛋花,就产生了疑问:人们要它干什么?教师让幼儿查找资料,寻找鸡蛋花有哪些用途。

3. 收集、分享有关鸡蛋花用途的信息。

(1) 你喜欢鸡蛋花吗?为什么?

(2) 你知道鸡蛋花有哪些用途?

(3) 小结(内容见资料链接)。

4. 制作"我和鸡蛋花"的连环画。

【活动延伸】

1. 幼儿分组布置鸡蛋花墙饰,用图画、标记等形式描述鸡蛋花长出芽苞、长叶、开花的生长过程以及在观察中的重要发现。

2. 制作并品尝鸡蛋花茶。

【设计评析】

通过让幼儿观察记录鸡蛋花从初春到盛夏,发芽—长叶—开花的全过程,培养幼儿进行科学观察、记录、猜想、验证、表达的能力,引导幼儿学会去关注周围的环境和事物,体验其中的乐趣和奇妙。

【资料链接】

鸡蛋花,别名缅栀子,为夹竹桃科,原产热带美洲,现广植于热带地区。叶大而聚生于枝顶;花芳香,花冠漏斗状,边白心黄,故有鸡蛋花之名。花期5~11月。花晒干冲茶,名曰鸡蛋花茶,可供药用,治湿热下痢,又能润肺解毒。花还可提取香精制成香水。鸡蛋花有两种,一种因花心蛋黄色叫黄花鸡蛋花,在夏威夷人们喜欢将黄花鸡蛋花串成花环献给贵宾;另一种因花呈红色叫红花鸡蛋花。

(深圳市南山区托幼中心 董 红)

# 空 气 污 染

(科学活动)

【设计意图】
　　我们想设计以下系列活动,让孩子通过各种小实验感知空气无处不在,空气的质量直接影响到人们的生活。对幼儿来说,空气污染是一个比较抽象的概念,如果用集体授课的形式,难免会落入老师介绍、孩子被动学习的局面。从大班幼儿的年龄特点和发展水平来看,他们有了解自然科学现象、关注周围生活的需求,又具备一些关于电脑、上网的基本知识、技能。在设计本活动时,我们就充分利用家长资源,让家长在周末带孩子去寻找空气污染的原因,初步让孩子学习上网查询、去图书馆翻阅及实地考证等科学方法,使孩子从小学会利用现代化的工具获得科学的知识。

## 活动一　空气的存在

【活动目标】
　　1. 通过教师设置的问题情境,引发孩子自己动手操作,寻找证明空气存在的方法,并学习记录实验过程。
　　2. 激发孩子们的科学探索精神。
【活动准备】
　　1. 本活动建议在实验室进行,教师准备一些实验器皿,如玻璃杯、瓶子(开口小的效果较明显)、橡皮泥、漏斗等。
　　2. 水、盆、塑料袋、细绳,教师预设的记录表等。
【活动过程】
　　1. 以情境导入主题。
　　(1)(教师双手对着空中做抓东西状,然后双手握紧)教师:我来变个魔术,看看我抓到什么了?(双手慢慢打开。)
　　(2)师:我们把杯里的水喝完,杯里就什么都没有了吗?
　　(3)师:你用什么方法证明我抓到的就是空气呢?怎样证明杯子里有空气呢?
　　2. 幼儿自己设计实验方案,小组讨论、交流。
　　3. 幼儿以小组的形式进行实验、操作、记录。

(1)根据幼儿经验,准备实验场地和实验仪器(如装水的盆、塑料袋、细绳等)。
(2)幼儿设计好实验方案后,可让幼儿先预想实验结果,然后进行验证。
(3)教师可参与幼儿的讨论,但不要介入实际操作。每组人数以3~4人为宜。

教师引导幼儿利用身边的物体去"装"空气来证明空气的存在;通过水能更清楚地看到空气的存在,但此环节应启发孩子对实验过程中会发生的问题提出假设,鼓励孩子们发现问题、讨论问题。教师只是活动的参与者和观察者。

表1:寻找空气存在的方法

| 我寻找到空气的方法 |
| --- |
|  |

表2:证明空气存在的方法

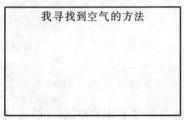

| | | |
| --- | --- | --- |
| 第一次 | | |
| 第二次 | | |

4.教师操作实验,幼儿做记录。
(1)把漏斗放在瓶口上,用橡皮泥绕瓶口一圈,让橡皮泥把漏斗与瓶子的接口处完全密封。请幼儿设想:向漏斗内倒水,会出现什么情况?
(2)围绕幼儿的预想进行实验,幼儿做记录。
(3)用小棍刺破橡皮泥,会出现什么情况?
(4)围绕幼儿的预想进行实验,幼儿做记录。

表3:空气的存在小实验记录表

| 实验过程 | 预想 | 结果 |
| --- | --- | --- |
|  |  |  |
|  |  |  |

教师小结:瓶中充满了空气,空气支撑着漏斗里的水,使它停留在那儿;当小棍刺破橡皮泥,瓶内的空气就从小孔中跑出,漏斗里的水就流到瓶内了。(实验成功与否与橡皮泥包裹瓶口是否密封有关。)

【活动延伸】
根据幼儿的兴趣,还可开展有关"空气的压力""空气的流动"等适宜大班幼儿的活动。

## 活动二 亲子互动,找空气污染的原因

【活动目标】
1.通过各种渠道寻找空气污染的原因。
2.学会把自己的调查结果用图画或简单的文字记录下来,可配上图片进行说明。

【活动过程】
略

## 活动三 科学活动——空气污染

【活动准备】

1. 幼儿人手一份调查报告。
2. 教师准备的大记录表格和小朋友人手一份的游戏记录表格。
3. 与幼儿人数相等的电脑(或两人一台电脑),实物投影仪,展示板。

【活动过程】

1. 小组讨论、交流空气污染的调查报告。

小朋友在不影响别组小朋友的情况下,把自己的调查结果讲给同组的小朋友听,教师鼓励幼儿进行讨论。教师可趁机了解幼儿的调查情况和讲述情况,为下一步做准备。

2. 小朋友讲述自己的调查报告,教师做记录。

请3~4个有代表性的幼儿把自己的调查结果与大家分享,并在投影仪上放大图片进行说明(让全班幼儿都能清楚看见)。教师在已准备好的记录表内根据幼儿的讲述进行记录。讲述完后,展示幼儿的调查结果。

3. 教师讲述自己的调查报告,小朋友做记录。

(1) 教师在出示调查结果时,避免与幼儿的调查结果重复,可以突出新闻和军事方面,这就要求教师对幼儿的调查有一个大概的了解。幼儿为教师做记录。

(2) 教师小结:除了人为因素外,造成空气污染的还有自然因素。出示图片进行说明,如龙卷风、沙尘暴、火山爆发等(教师只选一种进行说明)。

在做记录时,有意让小朋友把人为因素和自然因素的记录用颜色笔区分开来,让孩子有一个分类的概念。

(3) 网络游戏:环保小卫士(也可是教师自己制作的电脑课件游戏)。

游戏大意:有一座空气被污染了的城市(画面灰蒙蒙),存在许多空气污染的原因,小朋友找到空气污染的原因,用鼠标点击一下,这个污染的原因就会消除,画面就会逐渐变得非常干净、漂亮,而小朋友就是一个优秀的环保小卫士。

【活动延伸】

1. 问题思考:我们在游戏里都成功地扮演了一次优秀的环保小卫士,在生活中,我们该怎样做,才能当一个合格的环保小卫士呢?(留给小朋友思考,激发他们进一步探究的兴趣。)

2. 把小朋友的调查结果和收集的图片布置在一面活动墙上,让小朋友进一步交流、分享。

【设计评析】

空气的主题一直是幼儿园教师喜欢的一个重点课题,但其中对空气污染涉及较少,主要原因是概念较抽象;再则污染的表现较广,教师不好收集资料,本次活动则解决了这一难题:

1. 充分利用家长资源,让家长带领幼儿进行资料的收集,让幼儿在收集、整理和记录的过程中主动地学习和了解空气污染的原因,也增进了父母与孩子之间的感情。

2. 幼儿有充分的机会和舞台展示自己,学习记录,学习与别人交流、讨论。

3. 游戏部分是一个亮点。电脑游戏本身就特别吸引幼儿的兴趣,本活动中空气污染的游戏把抽象的概念具体化、形象化,让幼儿更好理解。不过,这需要幼儿有一定的电脑基础知识。

4. 教师在活动中一直起支持者的作用。活动主要以幼儿的讲述为主,教师进行补充;在自然因素方面,教师也是点到为止,把发展的空间留给幼儿。

(深圳市南山区机关幼儿园　黄天骥　李穗云)

# 能干的小脚

(科学活动)

【设计意图】

孩子们进入大班以后,我们一直在思考:怎样在活动中充分发挥幼儿的主观能动性,使孩子在不断的自我探索、不懈的努力中去获得成功的感受?

一个下着小雨的清晨,一幅有趣的画面引起了我的注意:浩浩撑着小伞,走在进幼儿园的路上。他一边走,一边不停地用脚去踩积在地面上的水,还不时地发出阵阵欢笑声。看着孩子快乐的神情,我灵机一动:能不能以孩子的脚为出发点,设计一个孩子们感兴趣的活动呢?于是,就产生了"能干的小脚"。

【活动目标】

1. 学习用脚趾撕纸和夹物品,促进幼儿脚部精细动作的发展和大脑的协调发展。

2. 体验赤足活动的乐趣,在活动中培养幼儿的合作意识和团队精神,激发幼儿克服困难的勇气。

【活动准备】

旧报纸、皱纹纸、碎纸、纸团、纸条、塑料小筐、充气塑料小袋若干。

【活动过程】

一、音乐游戏

引导幼儿在欢快的音乐"滑稽的脚先生"中,通过脚部运动做出高人、矮人的不同动作。

二、撕纸活动

1. 教师提问:小脚还可以做什么?

发展幼儿的扩散性思维,进一步丰富幼儿的生活经验。

2. 操作活动:用脚趾撕纸。

(1)师:小朋友的小脚还有一个本领(出示报纸),你们能用脚将这张纸撕碎吗?

(2)幼儿自由地练习用脚趾撕纸。教师要求幼儿尽量将纸撕成碎片。

有的幼儿怎么都站不稳;有的开始有些不适应,动作也有些笨拙;有的幼儿很快能找到用一只脚踩住纸,另一只脚趾用力将纸往外扯的方法。教师在指导的过程中注意引导小朋友相互学习。

(3)师:刚才你把纸撕碎了吗?你用的什么方法?引导幼儿讨论。

3. 经过第一次练习,大部分幼儿都能将报纸撕碎,于是在下一次的练习中,教师增加难度,即在材料中增加了皱纹纸,请幼儿用脚趾将皱纹纸撕碎。

幼儿这一次的表现更加积极,情绪也更加热烈,但很快他们发现皱纹纸没有报纸好撕,教师要提醒幼儿注意观察皱纹纸的特点,找到好方法,同时鼓励幼儿合作完成任务。

三、脚趾夹物

1. 请幼儿用最快的速度将地上的碎纸片夹到筐里。(在游戏中进一步练习脚的其他动作。)

2. 游戏:看谁夹得快。

要求:幼儿分成两组,老师说开始后,幼儿将地上散落的纸团、纸条、碎布等用脚趾夹进筐里,先放完的那组得胜。

四、踩气球游戏

方法:幼儿和老师一起将小气球(充气塑料小袋)放在地上,用力踩破。随着气球的一个个爆破,教室里到处洋溢着幼儿的欢笑声,幼儿的情绪达到了高潮。

【设计评析】

选材来源于幼儿熟悉、感兴趣的生活。在活动中教师始终做一个指导者、引路人,而不是做一个知识的传授者;幼儿是在自己不断地探索、努力中获得知识的。如果我们的活动都能以幼儿为本,都能让幼儿在自由、快乐的气氛中成长,那该是多么好的一件事啊!

(深圳市南山区教育幼儿园　洪　艳)

# 奇妙的网

（科学活动）

【设计意图】

蜘蛛结网这一有趣的自然现象常常能引起孩子们的好奇，而现实生活中，人们从结网这一现象受到启发，发明了各种形状及各种用途的网。如何引导孩子们去关注蜘蛛结网与生活中各种各样的网之间的联系，初步理解仿生学的粗浅原理，是本次活动设计的重点。

【活动目标】

1. 了解网状物品的作用及其应用情况，并用恰当的语言进行描述。
2. 幼儿积极参与活动，进行创意设计。

【活动准备】

1. 指导幼儿在生活中观察蜘蛛织网的过程，收集各种网状物品（如纱窗、菜罩、蝇拍、羽毛球拍、乒乓球网、网兜、渔网、发网等），并了解其用途。
2. 活动区布置绳织蛛网和蜘蛛。
3. 数码摄像机拍摄有关网的录像。

【活动过程】

一、启发

1. 老师：这几天我们看到了荔枝树上的蜘蛛网，蜘蛛在干什么？（织网、捉害虫。）
2. 老师：蜘蛛为什么可以捉到害虫？启发幼儿根据观察或已有经验讲述：因为蜘蛛会织网，蜘蛛在树杈间织好网，害虫一经过，就会被网网住，蜘蛛就可以捉到害虫了。

二、观看录像

1. 看录像（也可实际参观）。内容有：儿童公园的网状蹦跳床，电扇的安全网，空调上的防尘网，洗衣机里的过滤网，围墙上的铁丝网，纱门纱窗，渔网，苹果的包装网，各种球网。
2. 说说自己看到的网状物品，介绍自己收集的网状物品，并展示给大家看。

教师提问：在我们的生活中，许多地方都有像蜘蛛网一样的网，你们找到这些网了吗？在哪儿找到的？

幼儿回答：装西瓜的袋子是网状的。

我看到足球球门像网。

乒乓球桌的中间有网。

……

3. 讨论交流网状物品的作用。

教师提问：找到了这些网，你们想一想，这些东西做成网状有什么好处？（有的是为了透气；有的是为了防震；有的是为了美观；有的是为了让人看清楚……）

4. 统整幼儿关于网的经验，简要说明仿生学的原理。

蜘蛛网可以使蜘蛛轻松地捉到害虫，科学家和设计师根据蜘蛛的网，设计制造了其他各种各样的网，有了这些网，物品变得美观了，人们的生活变得更加方便了。

三、设计

1. 师：如果请你设计，你想设计一张怎样的网？用来干什么？

2. 引导幼儿在纸上创意设计各种用途的网或网状物品。

3. 分组交流所设计的网状物品及其用途，如捕捉动物的网、游戏的网、日常生活的网等。

【活动延伸】

在活动区里学习用绳子结网，设计网状物品。

【设计评析】

幼儿如何了解一种复杂的科学仿生现象？教师应先丰富幼儿经验，从蜘蛛网说起，再让他们看各种各样的网，找各种各样的网，创意设计各种各样的网，一步一步循序渐进，深入浅出。

(深圳市南山区蓓蕾幼儿园　张袅娜)

# 牵牛花的一生

(科学活动)

【设计意图】

借助种植牵牛花这一活动,帮助孩子们观察、了解牵牛花的生长过程,了解它们从开始发芽、慢慢长出茂密的枝叶,到开花、结果、结籽,最后渐渐枯萎的一生。运用类比和迁移的方法,帮助幼儿体验事物间自然相通的联系。幼儿从牵牛花美丽而短暂的一生中,初步感受生命的可贵,并懂得珍爱生命,为建立正确的生死观、形成健康的心理品质打下良好的基础。

【活动目标】

1. 观察牵牛花从发芽到开花结籽的过程,感受观察的乐趣。
2. 学习用多种方式记录牵牛花的生长过程,如图画、文字、照相等。
3. 比较牵牛花的生长过程与小鸡的生长过程,初步感受植物、动物生命的延续,激发爱花、惜花的情感。

## 活动一 种植牵牛花

【活动过程】

1. 欣赏牵牛花的图片,激发种植的愿望。
2. 准备种植所需的工具,寻找适合牵牛花生长的环境。
3. 教师带领孩子们进行种植活动。

## 活动二 观察与记录

【活动过程】

观察与记录是活动的重点,采取有组织的引导观察与幼儿自主观察相结合的方式,让孩子们了解花的生长过程,记录花的生命线。

1. 幼儿人手一份记录本,学习用文字结合图画记录的基本格式,教师鼓励他们坚持观察记录。

2. 当牵牛花有明显变化时，采取集体观察的形式，并用照相机进行拍照记录如发芽、爬藤、结苞、花开、花落、结籽、枯萎。

3. 重点观察一朵牵牛花从结苞、开花到花谢的全过程，并用照相的方式进行记录。

## 活动三　牵牛花与小鸡

【活动过程】

1. 请幼儿按照牵牛花的生长顺序，对图片进行排序：

种子发芽⟶长出花苞⟶开花⟶长出种子后渐渐枯萎

2. 请幼儿按照小鸡的生长顺序，对图片进行排序：

鸡蛋⟶小鸡破壳而出⟶小鸡长大了⟶鸡下蛋了

3. 将两组图片进行对照观察，比较牵牛花与小鸡生长过程中的异同，体验动植物间自然相通的联系以及生命的延续。

4. 请幼儿将自己用图画记录的牵牛花生长过程做成一本小书，并请家长记录幼儿语言。

教师将牵牛花照片，按时间顺序进行排列，并运用现代办公设备进行排版，制作成一本精致的小书——《牵牛花的一生》。

【设计评析】

孩子们作为学习者，天然具有发现和建构知识的能力，虽然生与死对孩子来说是一个无法言说的话题，但孩子们在每一次积极的观察中都有惊喜的发现：种子冒出了嫩芽、嫩绿的藤儿越爬越高……这其中有花开的喜悦、花落的惆怅，也有对花苞的盼望。

(深圳市南山区华侨城第一幼儿园　张　楠　王秀梅)

# 神奇的蛋壳

(科学活动)

【设计意图】
　　本设计试图借助蛋壳这样一个孩子们熟悉的物品作为媒介,在一系列相互关联的操作活动中,让孩子感知拱形面能承受较大力的现象,并对力作用于蛋壳凹面、凸面出现的不同现象产生探索的欲望和兴趣。对于孩子来说,活动结果的获得并不是最重要的,最重要的是在探索过程中,学习探索的方法,并享受探索的乐趣。

【活动目标】
　　1. 对力作用于蛋壳凹面、凸面所出现的不同现象产生探索的欲望和兴趣。
　　2. 初步感知拱形面能承受较大力的现象,并了解其在生活中的运用。
　　3. 简单表述自己的操作过程和结果。

【活动准备】
　　1. 幼儿操作材料(人手一套):蛋壳(分成两半)、铅笔、水、吸管、透明胶带纸、纸条(三条,长短相同)、河流模型(可固定纸条)、小积木若干。
　　2. 教师操作材料:桌面教具一套、记录表、投影仪,有关桥梁、隧道、圆屋顶等的图片。

【活动过程】
　　1. 激发兴趣,引导幼儿操作感知。
　　(1) 故事《小鸡出壳》引出问题:小鸡是怎么啄破蛋壳的?
　　(2) 启发幼儿用铅笔尖代替小鸡的尖嘴巴,来模拟小鸡用尖嘴啄蛋壳的过程;发现力作用于蛋壳的凹面时,蛋壳很容易被啄破的现象。
　　(3) 师:试试用笔尖啄蛋壳的另外一面,看看会怎么样?引导幼儿通过操作,验证相同力分别作用于蛋壳凹面、凸面所产生的不同现象。
　　2. 实验:感知力的分散现象。
　　(1) 将水分别滴落在蛋壳的凹面和凸面,引导幼儿观察两种不同的现象,初步感知力的分散现象。
　　(2) 幼儿操作:将水滴落在蛋壳的凸面,再次感受力的分散现象。
　　(3) 教师出示图1,作简单小结:我们作用于蛋壳上的力就像水珠一样,滴在凹面上,力就像水珠一样凝聚在一起,作用力大;滴在凸面上,力就像水珠一样流到四周,被分散,作用力就变小。

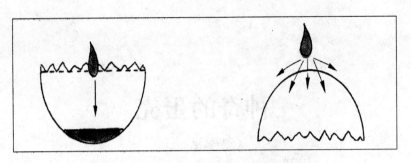

图1

3. 知识迁移，了解薄壳结构原理在日常生活中的应用。

（1）师：你在生活中见到过哪些像"⌒"的物体？

（2）运用实物投影仪，向幼儿介绍有关拱桥、圆屋顶、隧道等的图片，了解薄壳结构原理在生活中的运用。

4. 幼儿继续探索，并学习用简单统计的方法记录探索的结果。

（1）给幼儿一个河流模型和三张纸条，启发幼儿尝试建造不同弧度的拱桥，用小积木代替拱桥所受的力来进行测量，并记录观察的结果。（鼓励幼儿用自己的方法来记录。）例：

| （桥） | ▬▬<br>（1块积木） | ▬▬▬▬<br>（2块积木） | ▬▬▬▬▬▬<br>（3块积木） |
|---|---|---|---|
| ⌒ |  |  |  |
| ⌒ |  |  |  |
| ⌒ |  |  |  |

（2）帮助幼儿比较分析几种桥的受力程度，让幼儿学习用较连贯的语言介绍自己的观察结果。

（3）师：你觉得什么样的拱桥才是又好看又好用的呢？帮助幼儿分析实际应用中的利弊，发现新的问题。

5. 延伸扩展：激发幼儿不断探索的欲望。

（1）启发提问：古人利用蛋壳的这种原理建造了许多的拱桥，有的到今天还在使用，都好几百年了。你能用蛋壳的这种原理来建造什么样的建筑呢？

（2）请幼儿用笔画出自己设计的作品，并相互交流。（此部分可在区域活动中进行。）

【活动延伸】

在区域活动中，引导幼儿找找现代生活中各种各样的桥，看看他们是用什么方法建造的,如斜拉索大桥、高架桥、立交桥、铁路公路两用桥等,引导幼儿进一步探索。

【设计评析】

　　大班幼儿已有较强烈的寻求问题答案的意愿,但在寻找答案的过程中,原有的经验会受到挑战。要解决这个问题,老师就要寻找合适的媒介物来成为连接幼儿原有水平与潜在能力之间的桥梁。在该活动中,教师巧妙地借助了蛋壳这样一个幼儿熟悉的物品,利用蛋壳凸面受力和拱桥桥面受力原理相同的特点,让幼儿把在蛋壳受力实验中获得的经验自然地迁移到拱桥上去,从而弄清拱桥受力大的原因。

　　操作是本次活动的主要形式。让幼儿在不同层次、不同要求的操作活动中,大胆尝试,逐步深入,体验发现问题、寻找答案、获得结果的快乐。

　　教育活动应重视活动本身对孩子的现实意义。在孩子发现问题、遇到困难的时候,老师要及时地进行引导,并用思辨性的语言去启发孩子,激发幼儿强烈的探索兴趣。如在幼儿建造拱桥的实验中,老师问:"你觉得什么样的拱桥是又好看又好用的呢？你的理由是什么？"引导幼儿对自己的操作结果进行实用性的分析。

　　应该注意的是,因为本次活动是老师预设的,所以在活动中,老师不能被预设的东西所束缚,应启发幼儿生成各种问题,并用灵活的策略给予回应,使预设活动与生成活动有机融合,让预设的目标更突出、鲜明,使活动更具有促进幼儿发展的价值。

(深圳市南山区蛇口幼儿园　马灵燕)

# 十二生肖的秘密

（认知活动）

【设计意图】

又是一年春来到，大街小巷都弥漫着新年的气息。孩子们在挂历、广告中或多或少地了解到今年是鸡年。生肖文化信仰在中国的影响是巨大的、广泛的，特别是生肖里的动物，作为吉祥、善良和美好的象征，深受孩子们的喜爱。针对幼儿关注的小话题，我们设计了本次活动。活动的方式更多的是探索、交流、欣赏、协商……

【活动目标】

1. 引导幼儿在探究过程中了解十二生肖所包括的动物、动物出现的顺序及十二生肖的循环特点。
2. 知道生肖是我国特有的民族文化，激发幼儿的民族自豪感。

【活动准备】

1. 活动前请幼儿调查统计全家成员的属相。
2. 生肖图卡若干套，投影仪，图片。

【活动过程】

一、发现问题，激发兴趣

1. 出示幼儿统计的家庭成员调查表。
2. 师：谁来告诉大家，你在进行调查统计的时候有什么发现或者现在有什么新的问题？

教师一边鼓励一边记录。将具有代表性的、比较有价值的问题进行快速归类：有没有属大象、猫的？昆虫、大树有没有属相？为什么妈妈属虎我也属虎？

二、引导幼儿尝试解决问题

1. 针对刚才小朋友提出的问题：有没有属大象、猫的？昆虫、大树有没有属相？请小朋友进行讨论。（教师给予肯定。）
2. 引导幼儿带着自己的观点观看投影故事《十二生肖》。
3. 请幼儿尝试讲述十二生肖的名称及顺序。
4. 教师小结：十二生肖是我们中国人在很早以前就发明的，而且是只有中国人才有的。每年都用一种小动物作为标志，一共有十二种生肖，生肖就是属相。每一种属相都有非常美好的象征意义，比如说，属鼠的人心细稳重，属羊的人温柔善良等。知道了自己的属相就能推算自己的年龄。

### 三、继续引导幼儿尝试解决问题

1. 针对幼儿提出的为什么自己属虎,妈妈也属虎这一问题进行讨论,并请幼儿发表自己的意见。

2. 将幼儿分成两小组,每组发放十二生肖图卡若干套。请幼儿合作尝试按照生肖顺序将若干套图卡一直排完。教师重点引导幼儿在排完一轮后如何接下去排。(及时鼓励幼儿。)

3. 教师小结:一年一个属相,同一年出生的人属相相同。如果十二个属相排完了,又从头排起,十二年循环一次。所以如果妈妈出生那年属虎,循环两次或三次再生你,那么你也就属虎了。

4. 幼儿跟着老师一起边念儿歌边玩手指游戏:鼠、牛、虎钻山洞,兔、龙、蛇爬大山,马、羊、猴练跨步,鸡、狗、猪单脚跳,按照次序排好队,锻炼身体争第一。

【活动延伸】

1. 鼓励幼儿画出自己最喜爱的生肖图,并将其制作成简单的灯笼装点活动室,供大家欣赏。

2. 欣赏传统的中国生肖邮票,鼓励幼儿自己设计生肖邮票。

【设计评析】

设计本次活动前,教师先让孩子们对自己家人的属相进行调查统计,意在培养孩子们主动发现问题的能力;教师在收集调查表的过程中,了解到孩子们的困惑和兴趣,为确定活动目标指明了方向。

在解决问题的方式上,提倡让孩子们通过平时积累的经验先说,再思考,再讨论,满足他们表达的欲望,激发他们求知的情趣,并及时对幼儿尝试思索成功之处予以充分的肯定。借助电教手段、游戏等形式,引导幼儿了解生肖的种类、排序、循环等内容,使枯燥的活动变得富有情趣。另外,在延伸活动中孩子们的想像、创造、鉴赏等能力都将获得提高。

(深圳市南山区西丽幼儿园　郭锦萍)

# 自制简易水枪

（科学活动）

【设计意图】

大班小朋友随着年龄的增长，科学知识在增多，动手能力在不断提高，他们对身边的科学现象有问不完的为什么，他们迫切需要得到生动而形象的解释。制作简易水枪这个活动，既能生动、形象地揭示水枪为什么能射水这一常见儿童玩具的基本原理，又能激励孩子们对身边众多的科学现象进行积极思考，并从制作活动中提高动手能力，增强自信心，获得成就感。

【活动目的】

1. 初步感知针筒水枪射水的构造原理。
2. 积极体验制作活动的快乐。

【活动准备】

1. 幼儿有丰富的玩针筒水枪的经验。
2. 材料：山楂饼筒（底部扎有小孔）、毛巾、橡皮筋、塑料纸、筷子。

【活动过程】

1. 通过玩针筒水枪，激发幼儿的制作热情。

师：针筒本来是用来打针的，但拔掉针头就能做水枪玩。老师给每位小朋友准备了一份材料：山楂饼筒、筷子、各种碎布、橡皮筋，看看我们能不能用这些材料自己做出一把水枪。

2. 幼儿自己探索制作水枪，教师巡回观察，发现问题所在。

小朋友只在玩水枪的基础上探索制作水枪，肯定会发生许多问题，教师应仔细观察和收集问题，为下一环节做好充分准备。

3. 讨论顺利制作水枪的关键，发现针筒水枪的射水奥秘。

（1）请个别小朋友谈谈自己是怎么制作水枪的，在制作水枪过程中遇到了什么困难，老师和小朋友共同来解决。

（2）共同分析顺利制作水枪的关键：筷子扎上毛巾条后要与山楂饼筒紧密切合。

4. 小朋友再次运用教师所提供的材料来制作水枪。

老师巡回指导。长度不一的毛巾可多准备一些，以供小朋友自由选择。

5. 小朋友进行水枪射击比赛，比比谁的水枪射得最远。

【设计评析】

　　制作简易水枪的材料十分容易收集,山楂饼筒、筷子、毛巾、皮筋即可。此制作活动的难点在于调整毛巾的长度,毛巾一定要和山楂饼筒紧密切合才能射水。大班的小朋友已具有丰富的制作经验和探究动手能力,此制作活动对于他们来说,应当是稍做努力就能完成的。幼儿在此制作活动中,既能生动、形象地理解水枪射水的科学原理,又能从中体验到成功的快乐。

【资料链接】

水枪制作过程:

　　1. 将毛巾对折;

　　2. 将毛巾缠在筷子上;

　　3. 绑上橡皮筋;

　　4. 裹上塑料纸;

　　5. 套上山楂饼筒,就可以游戏了。

(深圳市南山区机关幼儿园　蒋　平)

# 玩 冰 块

(科学活动)

【设计意图】

在炎热的夏天,玩水和玩冰块成了小朋友们的最爱。在一次晨谈中,一个小朋友告诉大家:昨天晚上他和爸爸把冷水和冰块放到浴缸里冲凉……于是有关冰块的话题成了当天谈论的焦点。在谈话中我们发现,幼儿对于冰块的形成和在我们日常生活中的运用经验非常丰富,但对于冰块融化经验却很模糊。此活动从大班幼儿年龄特点和他们对冰块的已有经验出发,让幼儿在玩冰块和对冰块融化过程的观察、记录、对比中发现冰块融化的秘密——冰块在不同的条件下融化的速度不一样,从而培养幼儿观察周围事物、探索问题的兴趣。

【活动目标】

1. 借助实验过程发现并理解:冰块在不同的条件下融化的速度不一样。
2. 享受玩冰块的乐趣。

【活动准备】

1. 每组体积大小一样的冰块若干,热水、温水、冷水每组各一盆。
2. 每组温度计一个,扇子一把,碟子两个,透明玻璃杯和保温杯各一个,棉花一团。
3. 每组一份统计表、一个时钟。

【活动过程】

一、问题导入

师:上次在谈论冰块的融化时,小朋友们的意见不一样,有的说冰块在热水中融化最快,有的说在太阳底下融化最快。有的小朋友不明白:为什么人在夏天穿棉衣会热得冒汗,而冰块被包在棉花里却没有热得很快"冒汗"融化等。这些问题,我们今天一起来找出正确的答案,好不好?

二、操作准备

1. 出示所准备的冰块等材料。
2. 师:今天我们来玩冰块吧,我们的正确答案就藏在玩冰块的游戏里。看,我们准备了这么多玩冰块的材料,足够小朋友们开心地玩了。但老师有几个要求,请小朋友们在玩冰块的时候,要认真注意你们手上统计表里的五个问题:

(1)冰块在热水、温水、冷水中融化究竟要多少时间?

(2)冰块在玻璃杯和保温杯中融化要多少时间?

(3) 冰块在有风的空气（用扇子扇或对着电风扇吹）和没风的空气里融化要多少时间？
(4) 冰块在有太阳和没太阳的地方融化要多少时间？
(5) 冰块在温度一样高的水里和空气中融化的速度是不是一样？
请小朋友玩完冰块以后把各种观察到的结果记录在统计表里。（统计表见资料链接。）

### 三、进行活动

幼儿三人一组开始玩冰块活动，教师巡回观察，给幼儿适当的建议和指导，并记录幼儿活动的情况。

### 四、活动结束

幼儿讲述玩冰块的发现，并向大家展示统计结果。

小结：

冰块在不同的条件下融化的速度不一样。冰块融化的快慢与包围它的物体的性质有关。如果这个物体传热快，那冰块融化就快；如果这个物体传热慢，那冰块融化就慢。生活中，人们常把冰棒放在密封的保温瓶里或泡沫箱子里储藏，就是因为做保温瓶的材料和泡沫箱是热的不良导体，几乎不会传热。人穿棉衣觉得很暖或很热，因为棉衣不会把人身上的热气传走，同样，冰块被包在棉花里，外面的热气很难被传进来，所以冰块融化得慢。

【活动延伸】

1. 幼儿继续收集不同的材料玩冰块融化的实验。
2. 进一步探索什么是热的良导体和热的不良导体。

【设计评析】

在炎热的夏天，玩冰块是幼儿的所爱，幼儿通过玩冰块得到了感官上的刺激，整个活动过程变得快乐而轻松。幼儿在玩冰块融化的实验过程中发现了冰块融化的秘密，解开了心中的困惑，体会到了探索之后成功的乐趣。此活动从幼儿的兴趣点入手，又留给幼儿很多探索的空间，可以很好地拓展幼儿的想像力及知识面。

【资料链接】

统计表：

1. 冰块在热水、温水、冷水中融化究竟要多少时间？

| 包围冰块的物体 | 热水 | 温水 | 冷水 |
| --- | --- | --- | --- |
| 温度(℃) | | | |
| 融化所需的时间(分钟) | | | |

2. 冰块在玻璃杯和保温杯中融化要多少时间？

| 包围冰块的物体 | 玻璃杯中 | 保温杯中 |
| --- | --- | --- |
| 温度(℃) | | |
| 融化所需的时间(分钟) | | |

3. 冰块在有风的空气（用扇子扇或对着电风扇吹）和没风的空气里融化要多少时间？

| 包围冰块的物体 | 有风的空气 | 没风的空气 |
| --- | --- | --- |
| 温度(℃) | | |
| 融化所需的时间(分钟) | | |

4. 冰块在有太阳和没太阳的地方融化要多少时间?

| 包围冰块的物体 | 太阳底下 | 没太阳的地方 |
| --- | --- | --- |
| 温度(℃) | | |
| 融化所需的时间(分钟) | | |

5. 在温度一样高的水里和空气中融化的速度是不是一样?

| 包围冰块的物体 | 水 | 空气 |
| --- | --- | --- |
| 温度(℃) | | |
| 融化所需的时间(分钟) | | |

(深圳市南山区西丽幼儿园　梁飒英)

# 万 花 筒

(科学活动)

【设计意图】

我们观察到:孩子们往往对看起来变幻无穷、神秘莫测的万花筒百看不厌。常常会听到孩子们说:"快来看!我的图案又变了!"以孩子们看、玩万花筒为契机,设计出这一活动课例,可以从中揭示出万花筒这一常见儿童玩具的基本构造原理,继而鼓励孩子们积极思考身边众多的科学现象,努力去发现、去实验,在不断的探索中获得成功感。

【活动目标】

1. 探索万花筒的主要构造,初步知道反射、透光的简单道理。
2. 启发幼儿动手建构三棱镜,培养幼儿初步的立体空间知觉。
3. 通过反复操作、摆弄,激发幼儿对科学探索的兴趣。

【活动准备】

1. 在所有万花筒的外围标上1号、2号、3号、4号的标记,1号万花筒为完好的。
2. 给每位幼儿准备至少两个万花筒(其中一个必须是1号万花筒)。
3. 准备操作材料:镜片若干、小碎花片若干。

【活动过程】

1. 观察活动:幼儿通过观察、比较自己的两个万花筒,说出两个万花筒的不同点:一个有漂亮的花纹;一个看不出什么。
2. 启发幼儿对不好看(看不见花纹)的万花筒进行分析、猜想,记录不好看的原因,激发幼儿探索万花筒的兴趣。

(1) 请幼儿看看上面,看看下面,还可以揭开盖子看看里面。

(2) 检查万花筒时可以拿着1号万花筒进行比较,看看里面有什么不同。

3. 实验操作、记录原因:

(1) 老师提供材料,引导幼儿将不是完好的万花筒拆开、改装。对不同的幼儿提出不同的要求,每位幼儿必须拆装好一个万花筒,动手能力强的幼儿可多次拆装。

(2) 幼儿用自己的方式在下面的记录表上做记录。(鼓励幼儿用绘画、符号等形式。)

幼儿记录表:

| 材料 | 给所操作的材料做标记(☆) | 猜想原因 | 记录实验过程 |
|---|---|---|---|
| 2号万花筒 | | | |
| 3号万花筒 | | | |
| 4号万花筒 | | | |

4. 讲述结果：归纳、理解构成万花筒的主要条件，分析错误万花筒中出现的原因。

（1）2号万花筒底部挡住了光线，不透光。

（2）3号万花筒无镜片，不能产生反射作用。

（3）4号万花筒没有碎花片。

（4）一个好看的万花筒需要具备的主要条件：要有三面镜片对着中间，合起来成三角形，底部有小碎花片，花片与镜片之间要透光。

【设计评析】

活动充分利用幼儿已有的社会经验和生活经验，使幼儿不仅仅满足于"老师教什么，我学什么"的发展水平。在整个课例中充分设计比、看、拆、装等游戏化活动，使幼儿主动、积极地观察、探索、操作材料，从而有效地发展其分析、比较、观察、记录等能力。每个活动步骤以幼儿主动操作为主，在活动中层层剖析，步步深入，使操作活动与知识的掌握密切相连。在活动中鼓励幼儿大胆猜想，并用表格记录实验操作的结果，使幼儿用自己的方式、自己的语言进行表达。本活动适合分组教学，教师可将各类万花筒放在活动区中，给幼儿提供反复操作的机会。

（深圳市南山区机关幼儿园 张 峰）

# 我们生活中的好朋友：盐

(科学活动)

【设计意图】

盐是我们生活中一种不可缺少的物质。小朋友天天都要接触到它，但对盐的认识却不是很多，甚至有很多小朋友都没有见过盐的样子。不久前，中央电视台对四川工业废盐当食盐事件进行了追踪报道，借此契机我们开展了一系列活动，让幼儿运用自己的各种感官，在尝、听、看、摸的过程中加深对盐的认识，了解盐在日常生活中的重要性。

【活动目标】

1. 幼儿了解盐在人们日常生活中的重要性。
2. 培养幼儿观察周围事物、探索问题的兴趣。
3. 幼儿学会大胆地在同伴面前介绍搜集来的资料。

【活动准备】

1. 两种味道不同的菜（一种放盐，一种不放盐）。
2. 有关盐的故事，统计表一张，新闻报道录像"四川工业废盐变食盐"。
3. 用盘子装好不同种类的盐（粗盐、精盐、工业盐、胡椒盐……）。

## 活动一 认识盐

【活动过程】

1. 开品尝会，引入盐的活动内容。

（1）厨师叔叔送来几份煮好的菜（一部分菜放入盐，一部分没有放盐），请幼儿品尝。

（2）请幼儿说说刚才品尝的菜的味道如何。

引导幼儿说出有些菜的味道不好，淡淡的，是因为没有放盐。

（3）认识不同种类的盐。

① 教师提问：你知道盐是什么样子的吗？

引导幼儿回忆日常生活中看过的盐的特征。

② 出示不同种类的盐请幼儿观察。

请幼儿仔细观察,并用手摸一摸、捏一捏,说说它们有什么不同之处。

(3) 了解盐的作用。

① 给幼儿讲关于盐的故事《国王和他的三个女儿》。通过故事内容,让幼儿知道盐起到调味的作用。

② 讨论:盐有什么作用?请幼儿说说在生活中哪些地方要用到盐。

③ 教师小结幼儿讨论的结果,并鼓励幼儿回家与家长共同搜集关于盐的作用的资料。

【活动延伸】

鼓励幼儿在班上交流自己收集到的资料,大家一起统计盐的用途。

## 活动二　认识加碘盐

【活动过程】

1. 运用生活情景,引出活动内容。

师:昨天老师家的盐用完了,去超市买盐时,超市里的阿姨告诉我要买加碘盐,今天老师把昨天买的加碘盐带来了,想跟小朋友一起来认识一下加碘盐。

出示加碘盐,给幼儿介绍有关碘盐的资料。

2. 邀请园医奶奶给幼儿介绍有关碘缺乏症的知识,让幼儿知道食用加碘盐的重要性。

3. 学会辨别加碘盐。

提供几种不同包装的盐袋,请幼儿找出哪些是加碘盐,哪些不是加碘盐。教师最后总结:为了使我们身体里获得足够的碘,我们必须食用加碘盐。

## 活动三　工业盐与食盐

【活动过程】

1. 看新闻报道录像"四川工业废盐变食盐"。

2. 教师提问:刚才的片段中说了一件什么事情?引导幼儿复述新闻内容,了解工业盐与食盐的区别。教师:有一些商家用工业废盐制作咸菜,你们觉得这样的做法对吗?为什么?

3. 教师总结:每种盐都有不同的作用,工业盐在生产中起到了很大的作用,但是却不能将工业废盐当食盐使用,因为这样对人的身体非常有害。

【设计评析】

本次活动的内容取材于幼儿的生活,这给幼儿观察、发现提供了很好的环境。教师根据幼儿的年龄特点和已有的生活经验,让幼儿在尝一尝、听一听、看一看、想一想的过程中,加深对盐的认识。

整个活动中,教师运用开放式的问题引导幼儿不断地观察、思考。允许幼儿大胆设想,并引导幼儿尝试自己解决问题,激发了幼儿认识的兴趣和探究的欲望,使他们充分体验到成功的乐趣。

【资料链接】

**故事《国王和他的三个女儿》**

很久以前,有一个国王,他有三个女儿。一天,他问女儿们:"你们喜欢爸爸吗?"大女儿跑到国王的面前说:"我喜欢爸爸就像喜欢金银珠宝一样。"二女儿也紧接着说:"我喜欢爸爸就像喜欢华丽的衣服一样。"国王听了非常高兴。最后轮到小女儿,她说:"我像喜欢盐一样喜欢爸爸。"国王听了小女儿的话大怒,说道:"你怎么能把爸爸和廉价的盐相比呢?我对你太失望了。"说完就叫仆人装了整整一袋盐赐给女儿后,把她赶出了皇宫。

一次,国王宴请邻国的国王和王子,宴会上有许多珍奇的食物,但是客人在品尝了佳肴后都皱起了眉头说道:"真难吃,怎么没放盐?"国王听了后,想起自己小女儿说的一番话来,立即下令将士们外出寻找自己的女儿。这时,小女儿缓缓地走出来,扑到国王的怀里。原来,在菜里不放盐是小女儿出的主意,为的是让国王明白盐在生活中的重要性。

国王原谅了小女儿,并将她许配给邻国的王子。小女儿和王子结婚了,从此幸福快乐地生活下去。

(深圳市南山区托幼中心  李  杰)

# 硬尺与软尺

(科学活动)

【设计意图】
我们在日常生活中经常都会碰到和测量有关的活动,由此引发了这个课例。在实验材料方面,我选择了对比性比较强的软尺和硬尺;在测量的对象方面,我尽量选取与幼儿生活密切相关且有特性的物品,比如人体、桌子、皮球等。在活动过程的设计上采用提出假设——动手操作——记录信息并得出结论的形式。希望通过这次活动,让幼儿充分体验科学探究、科学发现的整个过程,从而培养幼儿的探究与解决问题的能力。

【活动目标】
1. 通过观察软尺与硬尺的区别,了解它们在生活中的不同用途。
2. 通过实验的过程,培养幼儿探索事物与解决问题的能力。

【活动准备】
每组一个托盘,内放:软尺、硬尺、白纸、记录表、笔。

【活动过程】
1. 观察软尺和硬尺,初步了解它们的特点及在生活中的用途。(幼儿自由分组坐好。)

师:(出示直尺)这是什么?它有什么作用?请幼儿自由讲述。(出示软尺)这是什么?你在什么地方见过它?

教师小结:我们把这种身体软软的、可以弯曲的尺子叫做软尺,身体硬的不能弯曲的叫做硬尺。

2. 通过猜测、实验,进一步了解软、硬尺各自的优点。

(1) 以游戏情境,引发幼儿探究软、硬尺不同优点的兴趣。

师:有一天,硬尺碰到软尺,硬尺说:"瞧你的身体软绵绵的,能有什么用处啊?"软尺不服气地说:"我的用处呀,比你还要大呢!不信,我们就比比吧!请小朋友来做裁判。"

(2) 教师出示记录表,师生一起进行猜测并做记录。

师:老师这里有四个任务,请小朋友来猜一猜硬尺和软尺谁能完成这些任务。

幼儿根据自己的生活经验进行预测,并在教师的帮助下将预测结果记录在总表上。

**"硬尺与软尺"活动集体记录表**

实验人数：

| | 猜　测 | 实验结果 |
|---|---|---|
| 测量皮球的周长 | | |
| 量一量小朋友的腰围 | | |
| 在白纸上画一个正方形 | | |
| 测量桌子的长度 | | |

（3）幼儿分组实验。

师：不行，这样不公平。硬尺和软尺都不同意这样的结果，它们要小朋友做裁判，帮助它们找出正确的结果。

老师请幼儿进行实际操作，讲解记录表的记录方法。

要求：每组请一名小组长来领用品收用品，分工合作，轻声交谈。每一项任务都必须用两种尺子进行测量，进行对比。请小组记录员将实验的结果记录在表上。

**"硬尺与软尺"活动幼儿实验记录表**

幼儿姓名：　　　　　　　　　　　　　　　　　　　　　　　　班级：

| | | |
|---|---|---|
| 测量皮球的周长 | | |
| 量一量小朋友的腰围 | | |
| 在白纸上画一个正方形 | | |
| 测量桌子的长度 | | |

（4）交流和讨论。

实验结束，老师和孩子们一起讨论每组的测量结果，看看实验的结果和猜测有什么不一样，说一说软尺和硬尺各自的优点，并做总结记录。

3．教师用情境性的语言小结软、硬尺的特点。

师：硬尺说："啊，原来你的身体软软的，能够随着物体的曲线变换形状，测量起圆的东西来比我方便多了。"软尺说："你也很不错啊！要画直线的时候我就不如你了。"他们在实验后都发现了别人的优点，还成了好朋友，谢谢小朋友的帮助，再见！

【设计评析】

因为做中学强调的是在科学活动中引导幼儿参加实践，帮助幼儿学会独立做事，学习记录与表达，养成遵守规则和尊重他人的习惯。所以在实验的设计上以简单、易操作为核心，力求每个孩子都能动手操作。同时使用情景性的语言使孩子们在实验的过程中感觉轻松、愉快、不枯燥。孩子们在探索的过程中出现了一些小小的争论和意见，比如有的用软尺和硬尺都可以，但在记录时他们都能商量着解决这些问题。这次活动让幼儿充分体验了科学探究、科学发现的整个过程，同时发展了幼儿的探究与解决问题的能力。

（深圳市南山区机关幼儿园　姜　莎）

# 有趣的影子

（科学活动）

【设计意图】

　　五彩缤纷的世界里，随处都可以看见我们的影子。生活中影子时时刻刻都伴随着小朋友，同时也给小朋友带来了许多的问题和乐趣。小朋友们对它非常熟悉，但又缺乏具体、科学的了解。为此从大班幼儿年龄的特点和实际情况出发，我们设计了这个活动，意在帮助小朋友了解影子形成的条件、特性，培养他们的观察能力，激发他们勤于思考、积极探索的精神。

【活动目标】

　　1. 初步了解影子产生的条件，知道影子的形状与原物是一样或相似的，懂得影子在光源的反方向。

　　2. 初步了解影子的特性：影子会变大变小，影子的大小与光离物体的远近有关系。

　　3. 培养幼儿的观察能力，激发其探索的精神；鼓励幼儿用连贯的语言大胆表达自己的想法和做法。

【活动准备】

　　1. 各种色彩的玩具、手电筒、水彩蜡笔、不同形状的盘子、一间光线较暗的房间。

　　2. 课前活动准备：寻找各种影子。

　　3. 两种颜色的个人记录纸、集体记录纸。

## 活动一　影子有颜色吗

【活动过程】

　　1. 幼儿绘画物体的影子。

　　师：小朋友你们见过影子吗？为什么会有影子？请试着把你见过的影子画出来。

　　2. 幼儿讲述自己绘画的影子。

　　3. 探究影子的色彩。

　　（1）师：看看小朋友画的这些影子有什么不同。

　　有的小朋友画的影子是白色的，有的小朋友画的影子是彩色的；有的则是黑色的……

师:小朋友画的影子的颜色不同。影子是有颜色的吗?

师:请小朋友想一想,影子会是什么颜色的呢?为什么影子会是五彩颜色的呢?

4. 探究操作活动:影子是有颜色的吗?

师:这里有很多有颜色的玩具,小朋友拿这些玩具进行实验,看看它们的影子是什么颜色的,注意把实验的结果记录下来。

5. 幼儿操作、记录实验结果,讨论、验证结论。

## 活动二 影子是怎样的

【活动过程】

1. 发现问题,提出问题。

展示幼儿上次的实验记录,引导幼儿观察、发现问题。

师:在上次的实验中,小朋友发现影子是黑色的,现在请小朋友看一看上面的影子,你认为哪个是正确的?为什么?

师:影子到底是什么形状?(幼儿猜想、讨论。)

2. 幼儿进行探究性操作,教师鼓励用绘画的形式记录实验的结果。

师:老师这里有各种形状的盘子,请小朋友实验,看看它们的影子是怎样的,在哪里,并记录下来。

圆形盘子的影子也是圆形的,心形盘子的影子也是心形的,手的影子跟手一样……

3. 观察研究:影子在哪里?

结合实验引导幼儿讨论:影子在哪里?

教师小结:光从物体的一边照过来,影子就出现在物体的另一边,所以影子在光源的相反方向。

小朋友们在互相交流、演示中感到疑惑:同样的物体照出来的影子形状一样,但大小却不一样,有的大,有的小。小朋友们为此争论起来,同时也生成了新的问题——影子会变大小吗?

4. 提出新问题:影子会变大和变小。

## 活动三 会变的影子

【活动过程】

1. 发现问题,提出问题。

展示幼儿的记录,引导幼儿观察。

师:我们观察影子在哪里的时候,有的小朋友又发现了新的问题,他们发现影子是会变的,它能变大和变小。

2. 启发幼儿猜想:影子会变吗?并用红圈和绿圈分别表示会与不会。

3. 幼儿进行实验验证猜想,并用绘画的形式记录结果。

幼儿根据需要选择材料进行实验,教师在旁观察小朋友们的操作,并引导他们大胆表达自己的想法和做法。

教师小结:影子是会变的。

【活动延伸】

"手影游戏""踩影子"等。

【设计评析】

在关于影子一系列的活动中,幼儿通过自己的实际操作进行探究,一点一点地逐步感受和了解影子的特性,实验和动手操作的方式带给他们深刻的印象。从活动设计中可以看到,老师并没有给孩子太多的知识性的语言,而是在孩子大胆感受、实际操作的基础上,鼓励他们相互学习,用提问的方式帮助孩子去思考、去寻求新的发现,使他们对事物的了解更加条理化、清晰化。

整个活动组织的过程中老师一直都是倾听者、支持者和观察者。老师不仅需要更多地去观察、理解、分析孩子的各种行为,而且更应当关注、关心孩子的研究和探索的过程。

(深圳市南山区北师大蔚蓝海岸幼儿园　侯　丽)

# 有趣的叶子

(科学活动)

【设计意图】

"有趣的叶子"的科学探索活动,以满足孩子们的好奇心和初步的探索欲望,使其萌发关心科学,好奇、好问、乐于尝试的积极情感为出发点和落脚点,通过"观察叶子""叶子分类""叶子信息发布会"等活动,使幼儿对身边随处可见的叶子有一个比较完整的、全面的认识。在活动中,启发幼儿运用多种感官和简单的工具进行观察,尝试探索不同的分类方法,学习做观察记录,了解收集信息的途径和能力,同时体验与他人分享信息的快乐。

【活动目标】

1. 通过引导幼儿运用多种感官以及借助工具来观察叶子,使幼儿了解叶子的外形特征,激发幼儿进一步探索叶子的兴趣。

2. 引导幼儿学习正确的观察及分类方法,初步发展幼儿的观察力、语言表达能力。

【活动准备】

1. 多种渠道收集的多种多样的叶子,有关叶子的图片及光碟。

2. 放大镜人手一个,实物投影一部,分类盘人手2~3个,分类记录单人手一份。

3. 已进行过"叶子拓摹"活动。

## 活动一 观察叶子

【活动过程】

1. 引导幼儿运用多种感官感知叶子。

(1) 引导幼儿用眼睛观察叶子的颜色及外形特征,并和同伴交流。

教师提问:

① 叶子的颜色都是一样的吗?都有什么颜色呢?

② 叶子的外形长得一样吗?看一看它们长得是什么样的,像什么?

教师注意倾听幼儿的谈话,并适当地参与交谈。

2. 谈谈说说叶子。

借助投影仪,幼儿将自己收集的叶子投影到屏幕上,说说自己所观察的叶子的颜色及外形特征。

3. 引导幼儿用手、鼻感知叶子,并和同伴交流。

教师观察幼儿,及时捕捉幼儿的发现并适当地参与交谈。

4. 引导幼儿借助工具进行细微的观察。

(1) 教师引导幼儿用放大镜来观察叶子,试着找出能让空气进入的细孔。

(2) 幼儿用放大镜观察叶脉,并大胆表述自己的发现。

(教师课前带领幼儿了解过叶脉的相关知识。)

3. 请幼儿将手上的静脉与叶脉进行比较。

师:请小朋友看看叶脉与你们手背、手腕和胳膊上的血管有什么相同的地方和不同的地方?

4. 通过叶子拓摹,激发幼儿进一步探索叶子的兴趣。

【活动延伸】

请家长和幼儿一起制作叶子标本。

## 活动二 叶子分类

【活动过程】

1. 鼓励幼儿尝试探索叶子的各种分类方法。

师:我们收集了那么多叶子,给它们分分类吧!可以分成两类,也可以分三类或更多的类,你想按什么方法分都可以。分好以后,摆在塑料盘子上,一个盘子摆一种分法,大家开始吧!

幼儿根据自己对叶子外形特征的判断自由地分类。他们可能会按叶子的颜色、大小、形状、厚薄等方法进行分类。

教师巡回观察,了解幼儿的分类情况并作个别指导。

2. 幼儿大胆讲述并记录自己的分类方法。

附:

### 叶子分类记录表

| 类 别<br>(教师归纳幼儿的分类方法) | 幼儿以自己的方式记录的叶子分类 |
|---|---|
| 按厚薄分 | |
| 按大小分 | |
| 按颜色分 | |
| 按形状分 | |
| 按叶脉分 | |
| 按新鲜程度分 | |
| 其他 | |

## 活动三　叶子信息发布会

【活动过程】

1. 同伴之间交流叶子信息。

师：今天,我们来开一个叶子信息发布会,首先请小朋友把你们收集的叶子信息、发现的叶子秘密,告诉旁边的好朋友。

2. 小组之间交流叶子信息。

师：请小朋友自愿结合,分成两个小组讨论叶子的秘密,等一会儿每一组派代表发布叶子的信息。我们比赛看哪一组发布的信息最多,哪一组的小朋友就能取得"叶子小博士"的称号。

教师可引导幼儿交流从书上、网上等多种渠道收集的有关叶子的信息,如叶子的颜色、叶子的大小、叶脉、叶子的作用、沙漠植物的叶子、特殊的叶子等等。

3. 发布小组交流的叶子信息,教师及时归纳。

【活动延伸】

收集有关叶子的书籍、电子读物,投放在活动区,供幼儿自由观看。

【设计评析】

在活动设计中,教师充分调动了幼儿的多种感官——看、摸、闻,并借助工具——放大镜,激发起幼儿探索叶子的兴趣,教给了幼儿细致观察叶子的方法。

教师给幼儿提供了必要的条件和充裕的时间。在幼儿分类的过程中,教师没有作过多的指导、干预,而是放手让幼儿去大胆地尝试,并请幼儿用自己的语言大胆地表达,使幼儿的主体性得以充分发挥。

【资料链接】

1. 薛聪贤《景观植物实用图鉴》,辽宁科学技术出版社。
2. 《新世纪儿童自然百科》,明天出版社。
3. 《十万个为什么》,新世纪少儿出版社。

(深圳市南山区机关幼儿园　郑春丽)

# 种 子 发 芽

（科学活动）

【设计意图】

种子在生活中随处可见,孩子们对种子发芽需要什么条件非常感兴趣。他们已有一些种子发芽的相关生活经验,但是却并没有真正实验过。他们普遍认为种子发芽的条件是:阳光、水(土壤)、空气,三者缺一不可,于是我们决定让孩子们做一次种子发芽的实验,以此让他们证实自己的结论是否正确。

【活动目标】

1. 通过观察和实验了解种子发芽的条件,尝试做种子发芽的观察记录。
2. 培养探索自然现象的兴趣。

【活动准备】

各种不同的种子(黄豆、绿豆、花生、蒜头、南瓜籽),幼儿自带的各种容器,幼儿观察记录本。

## 活动一　播种种子

【活动过程】

1. 认识种子和种子发芽的各种条件。

(1) 教师出示各种不同的种子,让幼儿识别并说出不同种子的名称。

(2) 教师引导幼儿回顾以往的经验,说出种子发芽的条件。

教师提问:你见过种子发芽吗?你觉得种子发芽需要什么条件呢?

2. 选择种植条件进行种植。

(1) 让幼儿根据自己的喜好,自由地选择希望种植的种子。

(2) 幼儿将自己选择的种子依据自己认为应有的种植条件,种在不同的容器内。

有的孩子选择把种子种在水里,有的孩子选择种在土壤里。有的孩子把种好的种子放在阳光能晒到的地方,有的孩子将其放在阴暗角落里。

## 活动二　做观察记录

【活动过程】
　　为了方便孩子们记录,我们为每个孩子制作了一个观察记录本。孩子们像小科学家一样,每天都在用放大镜观察自己的种子发芽的情况,并随时用绘画的形式记录下来。他们还让老师把自己的做法和想法写在观察图边上。
　　1. 幼儿每天观察两次种子,并进行必要的辅助管理(换水、浇水)。
　　2. 引导幼儿根据观察的情况做出一定的记录(绘画)。帮助幼儿用文字进行辅助记录。
　　教师提问举例:
　　(1) 你把种好的种子放在了什么地方呢?
　　(2) 为什么把它种在水(土壤)里呢?
　　(3) 今天你观察到了什么?

## 活动三　实验总结

【活动过程】
　　1. 引导比较、尝试分析
　　引导幼儿比较同一品种的种子在相同的种植条件下发芽情况的异同,并让幼儿尝试分析其中的原因。
　　教师小结:同一品种的种子在相同的种植条件下,也会有所不同,这是由种子本身的差异及后天的管理造成的。
　　(1) 比较种子在土壤(不浇水)和水中发芽情况的异同。
　　教师小结:水是种子发芽的必备条件。
　　(2) 比较种子在有空气的条件和无空气的条件下发芽情况的异同。
　　教师小结:空气是种子发芽的必备条件。
　　(3) 重点比较阳光下和阴暗角落里种子的发芽情况。
　　教师小结:阳光不是种子发芽的必备条件。
　　2. 实验总结:空气、水分是种子发芽的必备条件,而阳光则不是。

【活动延伸】
　　1. 发动幼儿收集种子,并将所收集的种子分类用透明袋装好,投放在实验角,大家一起辨别,增长有关种子的知识,并讨论不同种子的由来。
　　2. 可将幼儿收集的一些种子(西瓜籽、黑豆等),投放在美工区,让幼儿用种子来进行创意贴画。
　　3. 选择几种不同的较大的种子,分类投放在计算区,让幼儿尝试按不同的方法有序地排放种子,或者用种子来做分类游戏。(教师可变换不同的要求,如按形状、按能否食用等。)

【设计评析】

我们所开展的这一系列种子发芽的实验活动,让孩子真正了解到了种子发芽所必需的条件,培养了孩子做事认真负责的态度。从另一个侧面,孩子通过做实验而进行小结、反思,让自己尝试当了一回小科学家,充分体验到科学探索的过程。

(深圳市南山区蓓蕾幼儿园  王 宏  邓慧君)

# 折印和对称

(科学活动)

【设计意图】
　　对称的物体在我们生活中随处可见,对称的形式不仅美化着我们的生活,而且蕴含着一定的科学知识。而折印的方法就像一座学习的桥,让小朋友很容易就能理解对称的原理。我们力图通过这种生活中最常见的形象,培养幼儿关注生活,并在生活中学习、思考的习惯。

【活动目标】
　　1. 了解、欣赏对称图形的美,尝试制作对称的艺术作品。
　　2. 培养幼儿发现问题、探究问题和解决问题的能力。

【活动准备】
　　1. 卡纸、水粉、剪刀等。对称的物品若干(蝴蝶、桥、风筝、中国结等)。
　　2. 知识准备:幼儿排练过有对称动作的舞蹈,进行过有关对称的亲子裁剪活动等。
　　3. 收集各种图片,如:蝴蝶、亭子、风筝、小船、宝塔、枫叶、天安门、奖杯、汽车、窗子、古代青铜器、天坛、中国结、窗花、铁桥、飞机等,并准备好小组学习的资料。(分为六个小组。)

【活动过程】
　　一、玩魔术游戏
　　1. 以魔术游戏导入。
　　老师在一张对折后有中心轴印的纸上,紧靠着轴线用水粉画大、小圆两个,请小朋友看老师玩魔术游戏,对折纸后会出现什么现象。
　　2. 幼儿讨论现象出现的原因。
　　师:你知道为什么会这样吗?你能变这个魔术吗?
　　3. 幼儿尝试这个游戏,了解这种处理方法——折印,了解这种处理效果——对称。(重点帮助幼儿理解对称,就是样子和大小都一样,而方向不一样。)
　　4. 展示幼儿尝试的作品,引导幼儿分享、欣赏他人的创作。
　　二、新的折印方法
　　1. 提出更新的折印方法:
　　师:有没有其他的折印方法,出现新的折印效果呢?老师给你们材料,大家看一看、想一想、折一折,注意怎样才能折出不同的对称图。

幼儿分组进行讨论是不是对称图,为什么。各组整理讨论结果,清晰地表达组内的想法。

2. 幼儿操作,通过折印画检验自己的想法。

师:用你想到的办法能把它表现出来吗？你愿意去试试吗？

3. 幼儿互相欣赏作品。

三、生活创造

1. 利用收集到的资料进行学习。

师:在我们生活的周围有许多东西是对称的,我们先从收集的图片资料中找找,能发现什么呢？

幼儿分成六个学习小组。分析收集到的图片,并将分析的结果清晰地表达出来。

师:你认为对称的理由是什么？不对称的理由是什么？

2. 游戏:猜猜这是什么？

教师出示只有一半图形的物品图案,请小朋友看图猜这个物品是什么。

3. 幼儿运用对称手法进行设计比赛。

师:会动手动脑的小朋友,应该会灵活运用学到的本领。我们可以用色彩来表现对称的物体,也可以用其他的方法来表现对称的效果。想想还可以用什么形式来表现呢？

帮助幼儿确定一个主题进行设计比赛,鼓励幼儿用剪纸、模型、舞蹈等形式来尝试表现对称的效果。

【设计评析】

进入大班,小朋友们更会利用资料进行学习了。这个活动从小的知识点入手,通过多层次的操作游戏,针对一个原理让小朋友们不断思考、操作尝试,实现自己的想法,并发现新的方法。希望这个活动让这些小朋友进入小学后,能够运用学习到的有用原理,通过自己的思维进行迁移及推理,从而有效提升运用知识的实践能力。

(深圳市南山区大新幼儿园　刘玉玲)

# 大街上的盲道

## （社会活动）

【设计意图】

　　一个国家，一个民族，如果没有现代化的科学和先进的技术，一打就垮，如果没有优秀的人文精神，不打自垮。兴建盲道是为了方便视力残障的弱势人群，但实际情况是，常常因商贩摆卖、汽车停靠等因素，盲道没有充分发挥作用。这缕明媚、温暖的城市阳光，本应照亮盲人前行的脚步，却因部分人还不了解盲道为何物而被人为遮挡，实在让人痛惜。

　　认识盲道也应从娃娃抓起。"人之初，性本善"，让孩子从小就参与社会的爱心活动，让盲道不再是冰冷的摆设，让我们的社会开出更多绚丽的人文之花。

【活动目标】

　　1. 在系列活动中，强化孩子关爱他人的意识，让他们感受施爱与被爱同样快乐。

　　2. 了解盲道的相应知识，如条状处直行、点状处转弯及颜色的用意，懂得盲道对盲人的重要性。

【活动准备】

　　1. 活动前感受相关信息：什么是盲人，盲人视力残障的原因及给他们的生活和学习带来的不便。

　　2. 相关影碟、音乐、歌曲、图片放置于活动区。

## 活动一　体验盲人的不便

【活动过程】

　　一、盲人朋友

　　通过影碟播放具代表性的乐曲《二泉映月》，介绍阿炳；播放电视片《盲人调琴师》；让孩子了解盲人生活的困难及他们坚忍不拔的精神。

　　二、游戏体验

　　1. 蒙眼敲鼓游戏。

　　2. 体育游戏：蒙眼走路（首先走大道，先闭眼后蒙眼；再走平衡木，先闭眼后蒙眼）。闭眼和蒙眼的区别在于：闭眼可随时睁开，在安全不确定时进行调节，蒙眼行走的难度大于闭眼。

三、生活体验

在某一个日常生活环节,如找书包、找玩具、换衣服、喝水、洗手、小便等,让幼儿尝试闭上眼睛进行活动。(注意保护幼儿安全,可让部分睁眼孩子在旁边观察和帮助。)

在以上游戏和活动中体验和感受,加深了解盲人生活的不便,学会多关爱他们。

## 活动二　盲人朋友行走靠什么

【活动过程】

一、谈话

教师提问:你知道盲人朋友外出时靠什么行走吗?

先让幼儿畅所欲言,从幼儿那儿收集信息,再根据幼儿谈话进行小结:

1. 有人牵引。
2. 盲棍敲击障碍物。
3. 灵敏的听觉。
4. 长期练习所获得的特殊能力。

二、外出观察

验证谈话结论,注意引导幼儿发现两个问题:

1. 主要的大街上有专门供盲人行走的盲道,初步了解关于盲道的知识:条状直行,点状表示前面有路口、障碍或地形变化,颜色为中黄色,有微弱视力的盲人对此色最易识别。
2. 有的盲道被人为抢占:启发幼儿尝试学做宣传工作,保持盲道畅通。

## 活动三　认识盲道

【活动过程】

1. 通过讲解引导幼儿了解,盲人的听觉相对灵敏发达。在用盲棍敲击地面时,条状处和点状处发出的声音是不一样的,盲人根据声音决定前行还是拐弯。
2. 启发幼儿怀着真情实感模仿盲人行走,亲历盲人生活的艰难。
3. 手工制作:利用卡纸、泡沫垫、筷子、冰棒棍、瓶盖等学做盲道。

【活动延伸】

让更多的人了解盲道,自觉保持和维护盲道的畅通。

1. 向社会发出倡议书。
2. 带上自制的盲道,上街宣传盲道的意义。
3. 铺设自制盲道,邀请盲人朋友来幼儿园参观。

如果孩子感兴趣,可根据孩子的实际情况,扩延成主题活动"盲人朋友"。从盲人的特征、生活、学习、护眼等方面组织网络活动,或从声音方面产生主题,参考以往众多以声音为主的活动设计,重点区分常人与盲人世界里的声音。还可生成"我们的社会多美好"的主题,让孩子从社会保障方面,如劳动部门、医疗部门、民政部门、养老院、孤儿院、残联等机构了解国家和社会为残疾人做的工作,欣赏残疾人文艺演出,关注残疾人运动会,与残疾人做朋友等等,感受社会大家庭的美好。

【设计评析】

　　我们现在的教育就是培养未来社会需要的人。经济科技发展后,一个社会的人文关怀显得尤为重要。教育要善于抓住日常生活中人文情怀的启蒙,使孩子在这些活动中,心灵和情感得到升华。本设计充分利用周围社会已有资源——盲道,有意识地扩展了幼儿学习领域和范围。幼儿爱的启迪、情感的丰富不能仅靠说教来获得,而是需要幼儿不断的亲身体验。本次活动设计强调幼儿的亲身体验、亲自感悟,尽可能地让幼儿将自己置身于盲人的生活境地,真实体察因眼睛残障带来的不便和艰难,让幼儿稚嫩的心灵受到教育,感受生活中的美好和善良,珍惜光明和生命。

(深圳市南山区机关幼儿园　王满珍)

# 广告创意

（社会活动）

【设计意图】
在信息社会的今天，广告在我们的生活中无处不在，孩子们被广告包围着。平时我们能听到孩子们嘴里冒出各种各样的广告词，可见广告已渗入到孩子们的生活中。广告的形式多种多样，让我们一起来了解广告，让好的广告在孩子们的创意中表现得更加绚丽多彩。

【活动目标】
1. 引导幼儿发现广告在生活中的作用，了解广告的特点。
2. 引导幼儿尝试创编广告词，培养幼儿思维的灵活性和创造性。
3. 鼓励幼儿与同伴协作，培养幼儿的合作意识，并提高其口语表达能力。

【活动准备】
1. 录制几段幼儿熟悉的电视广告片段；不同形式的广告图片（公共汽车上的广告牌、霓虹灯广告等）。
2. 为幼儿提供相关的广告表演材料。

【活动过程】
**一、播放录像**
1. 教师提问：你们在广告里发现了什么？广告有什么作用？
幼儿分组讨论，教师注意收集他们的讨论要点。
2. 教师小结：广告能向人们传递信息，推介各种产品，让人们及时了解产品的最新动态，知道产品的特点、性能。

**二、了解广告**
1. 请幼儿模仿表演自己熟悉的广告。
2. 师：你们表演的广告可精彩啦，请说说你们都在为什么商品做广告，在广告里你们都说了些什么？（让幼儿了解广告的种类、内容。）
3. 启发幼儿想一想自己周围的环境。教师：除了电视广告，你还见过哪些广告？教师引导幼儿了解各种不同的广告。
4. 教师小结：
（1）种类：广告的种类可多了，有食品广告、电器广告、日用品广告……广告可以介绍各种不同的产品。

(2) 内容：广告里必须有产品的名称、特性等。
(3) 表现形式：除了电视广告，还有报纸广告、传单广告、车身广告、霓虹灯广告等。

### 三、编演广告
1. 幼儿选择教师提供的各种材料，自由组合，进行创编表演。
2. 教师巡回指导，鼓励幼儿创编广告词，鼓励幼儿夸张、有趣、大胆地进行表演。

### 四、广告创意大比拼
鼓励幼儿大胆参与广告表演，体验创编的乐趣，感受丰富多彩的广告创意。

【设计评析】
孩子们对自己所熟悉的事物最感兴趣，他们善于观察、模仿，在编演广告的过程中，他们进一步感受、表现广告的无限创意，他们的童真、童趣在创编中得到了充分的体现，他们的主动性、参与性也得到了一定的增强。活动在培养幼儿社会性发展的同时，还丰富了他们的想像力。他们思维的灵活性和创造性也进一步提高，口语表达也得到了锻炼。

(深圳市南山区北师大蔚蓝海岸幼儿园　严　莉)

# 认识姓名

(社会活动)

【设计意图】

姓氏是一个人的标志之一,同时也象征着血缘和衍生,更蕴含着中国几千年独特的文化内涵。大班幼儿的自我意识明显增强,孩子从对自己的关注慢慢过渡到对自己社会角色的关注。幼儿对自我的认识处于从"主观自我"到"社会自我"的转化过程中。同时大班幼儿对书面语言有更浓厚的兴趣,他们不再满足于了解表面现象,而喜欢寻根问底。让幼儿了解中国传统的姓氏文化,有利于幼儿进一步认识自我,理解人的社会属性,树立正确的家庭观。

【活动目标】

1. 认识自己的姓氏,会正确认读姓氏,懂得区分姓和名。
2. 了解姓氏的由来以及一定的姓氏文化,知道姓氏与家庭的关系。
3. 培养幼儿热爱家庭的情感。

【活动准备】

1. 幼儿分成三组收集有关姓氏的资料,教师帮助幼儿整理成图或其他书面形式,以备活动中交流:中国十大姓氏,中国姓氏数量统计,西方人、香港人和中国内地人姓氏的异同。
2. 幼儿对"百家姓"有一定的了解。
3. 姓名树及全班幼儿的姓名卡、"姓氏统计表"一张、剪刀、笔、"百家姓"VCD一张及播放设备。

【活动过程】

**一、区分姓和名**

1. 出示姓名树(上面贴着全班小朋友的姓名卡),请幼儿找到自己的姓名卡。
2. 教师提问:知道自己的名字是怎么来的吗?

引导幼儿区分名字中的姓和名,并正确认读自己的姓,说说:自己是随父姓还是随母姓? 自己的名字是谁取的? 有什么含义?

3. 幼儿找到自己的姓名卡,并剪下。

**二、班级姓氏统计**

1. 出示"姓氏统计表",请幼儿将自己的姓贴在统计表上(同时,也将三位教师的姓贴在表上),相同的姓贴在一个格里。

2. 全班幼儿一起统计各个姓的数量。

三、小组展示与交流

各小组向大家展示自己收集的资料,并做介绍:

1. 中国十大姓氏排列:张、王、李、赵、杨、陈、吴、刘、黄、周。

2. 中国姓氏统计:共有5662个姓,其中单姓3484个、复姓2032个、三字姓146个。(结合本班的姓氏,帮助幼儿理解以上各种姓。)

3. 西方人、中国内地人及香港人的姓的异同,如西方人的姓在名的后面等。

四、礼仪教育

1. 与幼儿讨论:要了解别人的姓时,应如何表达?

2. 知道怎样用姓氏称呼他人,如年龄大的人可以称呼:×爷爷、×奶奶;年轻的人可以称呼:×叔叔、×阿姨;根据职业可以称呼:×司机、×医生……

五、欣赏VCD

师生一起欣赏"百家姓"图谱,并进行姓氏朗诵。

【活动延伸】

1. 发放亲子作业单:请家长与幼儿共同制作家族树。从祖父、祖母——父母——子女,分别贴上照片,写上姓名,统计出家族中有几个姓,并帮助幼儿理解姓氏的遗传关系(一般是随父姓)。家长与幼儿共同收集资料,了解本姓的由来和本姓中(或家族中)的名人。

2. 在区域材料中投放"百家姓"图谱,请幼儿找出自己的姓氏,并写上自己的姓名,贴在相应的位置上。

【设计评析】

通过幼儿园、家庭的共同配合,我们对幼儿进行了初步的姓氏文化启蒙,使幼儿对自己的姓氏及与家庭的关系有了更进一步的了解,培养了幼儿探索姓氏文化的兴趣,帮助了幼儿理解自己的家庭角色,增强了幼儿的使命感和家庭责任感,也激发了幼儿对汉字文化的兴趣。

(深圳市南山区托幼中心 聂燕文)

# 商 标 大 会

（社会活动）

【设计意图】

在商品经济飞速发展的今天,琳琅满目的商品铺天盖地,挤满了孩子们的生活空间,如食品、玩具、服装等。从成人到小孩,品牌意识无时不在指导着人们的消费行为。大班幼儿对事物的认识已不仅仅停留在形状、颜色等表面现象,而是更加感性地去了解事物内在的一些属性。他们在消费方面已积累了一定的生活经验,对旺旺食品、品客薯片、蓝猫系列等产品如数家珍,但对这些商品的商标却知之甚少。商标是商品的符号,也是我们鉴别商品的标准之一。此次活动旨在引导幼儿感知商标的基本特征及实际意义,帮助他们初步形成对商品的正确认识和良好的消费习惯。

【活动目标】

1. 了解商标的基本特征（图形、文字或其组合）,知道商标是商品的符号,从而增进对商品的认识。

2. 学习运用图形、文字等形式尝试制作商标,体验小组合作的乐趣。

【活动准备】

1. 收集各类商品的包装袋（盒）(如牛奶盒、饮料瓶等),布置活动区——小超市。

2. 商标（幼儿较为熟悉的,如旺旺、蓝猫等）幻灯片,投影仪,电视机。

3. 商标图片展板（可翻动,每种商标后面均有智力测试题,如脑筋急转弯、谜语等,商标数量与幼儿人数相等）。

4. 绘画纸,各种彩色笔。

【活动过程】

一、观看幻灯

1. 师:这些图案以前有没有见过？在哪里见过？

2. 师:这些图案跟我们画的画有哪些不一样？（有汉字、字母,还有看不懂的符号。)引导幼儿发现图案旁的 R 符号。

3. 教师小结:这些图案有个共同的名字,叫商标,它们主要由图形和文字组成。有 R 符号的是注册商标。商标是商品的符号,就像每个人都有自己的名字一样。

二、找商标

1. 幼儿在小超市（活动区）里寻找商品的商标。

2. 引导他们进一步认识商标的基本特征,初步感知商标在生活中是无处不在的。

三、制作商标

1. 幼儿分组讨论设计。

(1) 为哪种商品设计商标？取什么名？

(2) 用什么图形、什么色彩来表现？

2. 制作商标。

教师给予幼儿适当的帮助,如复杂汉字的书写,图形与汉字、字母的组合等。

四、商标游戏

出示商标图片展板。幼儿分组轮流参加。每个幼儿均有一次机会自由选择一种商标(别人没有选过的),回答该商标后的题目。

——答对了,该组赢得一枚商标。

——答错了,该组不得商标。

赢得商标最多的组为胜利组。

【活动延伸】

1. 将制作的、收集的商标制作成商标小书。

2. 在生活中寻找其他商标。

【设计评析】

我们需在幼儿的社会认知过程中,培养他们的社会态度和社会情感。因此,为了帮助幼儿深入认识生活中的商品,逐步形成良好的消费习惯,教师结合大班幼儿的认知经验,选择了商标这个切入点。在认识、寻找、制作和游戏等不同形式的活动中,幼儿不仅反复感知到商标的特征和意义,而且还体验到合作与竞争的乐趣。

教师和幼儿精心创设的模拟生活空间——小超市,成为环境的一部分,孩子置身其中寻找商标,主动积极地与环境交互作用,加深了对商标的认识,从而为形成正确的消费观打下了基础。

(深圳市南山区托幼中心　罗娉婷)

# 我说天下事

（社会活动）

【设计意图】

　　大班的幼儿对发生在自己周边的事物很感兴趣，他们也愿意去了解大人们经常谈论的一些热点新闻，在日常活动时也会相互谈论"杨利伟""伊拉克""通地铁"之类的话题。教师可及时把握这种教育契机，引导幼儿有意识地关注社会及周边事物。因此我们想通过新闻这样一个切入口，来激发幼儿关注新闻，关心人、事、物，同时探索获得新闻的各种方法。

【活动目标】

　　1. 激发幼儿关注周围事物的兴趣和欲望。
　　2. 让幼儿了解获得信息的多种途径。
　　3. 发展幼儿完整连贯的表述能力。

【活动准备】

　　1. 教师自制新闻录像（内容：小班正在进行肥皂泡泡的主题活动）。
　　2. 幼儿收集一则自己感兴趣的新闻。
　　3. "我说天下事"爱心榜、爱心贴纸若干、彩笔、纸张等。

【活动过程】

　　**一、我说天下事**
　　1. 以谈论会的形式请幼儿自由发言，讲述自己采集到的新闻。
　　2. 教师帮助幼儿完整清楚地讲述。
　　3. 教师小结：小朋友说的这些事都是最近发生的事，我们可以叫它们新闻。

　　**二、了解新闻获得的途径**
　　1. 请幼儿说一说自己是从哪里知道这些新闻的。
　　2. 教师记录和整理幼儿获得新闻的途径（爸爸妈妈说的、电视里看到的、自己看到的、报纸上）。
　　3. 还有什么方法可以传递新闻？（电脑网络、手机短信……）积极拓宽幼儿的视野。

　　**三、分组制作新闻**
　　1. 请幼儿观看教师自制的新闻录像：幼儿园里小一班的小朋友在和老师一起玩吹泡泡、抓泡泡的游戏，经采访了解，原来他们正在进行"肥皂泡泡"的主题活动。

2. 按照教师整理后的新闻获得方法,幼儿自由分组,将老师的录像制作成不同形式的新闻(文字记录、图片记录、影像记录)。

3. 三位教师各带一组幼儿进行新闻制作活动。

文字新闻:教师记录幼儿的讲述。

图片新闻:幼儿将录像上的主要内容绘画出来。

电视新闻:教师辅导幼儿做新闻播报员。

指导要点:

(1) 要标明新闻的时间、地点、人物和事情。

(2) 表达要确切。(可以引起幼儿争论,在争论中解决问题。)

(3) 形式要新颖,以引起别人的注意。

**四、作品交流**

各组派代表展示自己的制作成果,师生共同评判。

**五、教师小结**

如果我们能多注意身边的事,就能及时地了解更多的信息。今天我们只是记录了幼儿园里发生的一件事,我们想把这件事情告诉更多的人,小朋友们通过许多的方法:文字、图片和电视的方式,制作和报道了这件事,那还有什么方法可以传递消息呢?我们以后可以通过咨询家长、收集资料等方式了解信息传播的途径。

【活动延伸】

1. 剪报区:幼儿可以将自己获得的新闻内容张贴出来。

2. 爱心榜:鼓励幼儿发现新闻、关心周边事物,并在其姓名栏贴爱心标记。

【设计评析】

当今社会,信息传播迅速,幼儿每天接收到很多信息,但他们对发生在自己周边的事物只具有初步的认识和反应,获得的信息也比较零散。如何帮助幼儿更好地获得信息,并从信息中得到发展,是教师要关注的问题。我们及时地抓住幼儿的认知需求点,通过讲述、观看新闻录像、制作新闻等,帮助幼儿了解获得信息的途径。在活动中,表述事件是一个难点,因为幼儿一般在讲述某件事情的时候会含糊其辞,说不清事件中的中心内容。老师要通过录像、图片等辅助方式引导幼儿将事件内容清楚地表述出来。在延伸活动中,幼儿关注周围事物的积极性明显提高,剪报区有幼儿口述的、从报纸上裁剪的、电脑上打印的、自己和父母拍照的各种新闻资料。整个活动,教师作为一个引导者,引导幼儿将获得的零散知识归纳整理,并激发幼儿关注社会的兴趣。在这个活动中,幼儿的语言、观察、思维等能力都能够得到很大的发展,同时其社会性也得到一定的培养。

(深圳市南山区蛇口幼儿园 刘 峥)

# 小 记 者

(社会活动)

【设计意图】

主题活动"我爱妈妈"开展一周了,可我发现孩子们对自己的妈妈并不是非常了解,有的孩子连妈妈做什么工作都不知道。于是我们设计了这一系列活动,通过当小记者进行采访,让幼儿更了解自己的妈妈,并学习与成人交往的技能。

【活动目标】

1. 学习采访的方法,能自己设计采访问题。
2. 通过采访了解采访对象的职业及该职业的相关情况。
3. 锻炼反应能力和口语表达能力,并学习与成人交往的技能。

【活动准备】

1. 几支玩具话筒。
2. 采访记录表(见资料链接)。

【活动过程】

一、设计,采访问题

教师与幼儿共同讨论,设计出几个简单的问题:

1. 妈妈,你在什么地方上班?
2. 妈妈,你每天上班时干什么?
3. 妈妈,你是干什么的?

二、模拟采访

1. 请两名幼儿当小记者采访老师。老师是幼儿每天接触的人,让幼儿从熟悉的人和职业开始入手进行采访,是为了增强他们的信心。

2. 教师扮演交通警察,请两名小记者采访,其他小记者想到问题也可以提问。幼儿事先并不知道被采访对象的职业,他们要根据教师的回答进行猜测。

3. 教师应答设计:我每天都在十字路口上班,我在指挥来来往往的车辆。

4. 教师又换一种职业(环卫工人),全体小记者共同采访。

5. 教师应答设计:我在马路上上班,每天要在马路上走好几趟。我走过的路就会变得非常干净。

教师对每一个小记者的提问都应报之以微笑,或给予适当的鼓励;对每一个问题都要详细解答,让幼儿觉得受到尊重,得到肯定,让他们觉得自己是真正的小记者;在回答采访问题时,尽可能为幼儿提供更多的职业相关资料,以便幼儿进行下一步的提问。

### 三、采访自己的妈妈

小记者回家采访自己的妈妈,了解妈妈的工作,并让家人协助将采访结果记录在采访记录表上。教师要求家长认真地对待孩子的提问,仔细回答问题。

### 四、采访别人的妈妈

小记者利用早晨来园和傍晚离园的时间,采访同班小朋友的妈妈。

【设计评析】

幼儿一开始不知道该怎样提问,需要教师适当的帮助。幼儿能运用自己的生活经验设计自己早已知道答案的问题,当得到的答案与他们的设想一致时,他们就有信心将采访继续下去,逐渐提出一些有深度的问题,并能从被采访对象的答案里找出继续提问的素材,从而一环扣一环。

教师在活动中对每一个孩子的鼓励和肯定,是保持幼儿兴趣、激励他们不断进步的动力。从另一角度来说,只有教师的认真配合才能确保活动向深层次的方向发展。

【资料链接】

## 采访记录表

| 幼儿姓名 | | 采访日期 | |
|---|---|---|---|
| 被采访者职业 | | 工作单位 | |
| 小记者提问:<br>1.<br>2. | | 被采访者回答:<br>1.<br>2. | |

注:请各位家长认真对待孩子的提问,仔细回答问题并代为记录。于____日之前交回。

(深圳市南山区蓓蕾幼儿园　阴九红)

# 小 小 名 片

### （社会活动）

【设计意图】

名片在日常生活中应用非常广泛,但孩子们对它仍然比较陌生。名片作为社会交往的一种必备的东西,有必要让幼儿认识和了解。同时,名片对于促进大班幼儿社会性的发展也有可挖掘的教育价值。为此我们设计了"小小名片"这一系列活动,以帮助大班幼儿了解名片的来源、名片的作用及名片给我们带来的便利。

【活动目标】

1. 认识名片,了解名片的用途。
2. 尝试设计一张名片,理解人与人交往的途径和方法的多样性。

【活动准备】

1. 故事《小老虎的名片》。
2. 将事先准备好的名片挂在一棵名片树上。

【活动过程】

一、讲故事《小老虎的名片》

1. 围绕下列问题讨论:小老虎来到森林以后,是什么帮助它认识了那么多的新朋友? 后来,小老虎生病了,又是什么帮助它请来了河马医生?

2. 教师小结:有了名片真好,既可以用它认识许多新朋友,又可以根据名片上的电话号码、地址与朋友保持联系。

二、欣赏名片

1. 教师提问:小朋友平时见过名片吗? 见过谁的名片?
2. 出示名片树,幼儿观察名片的形、色等装饰方法。
3. 教师提问:名片树上有各种各样的名片,它们有什么相同和不同之处? 引导幼儿展开讨论。

三、了解名片

1. 教师提问:刚才,我们看了各种各样的名片,你们知道名片有什么用吗?
2. 教师小结:名片有多种用处,认识新朋友、与朋友保持联系、介绍自己单位的产品等。名片为人们的工作和生活带来了不少方便。
3. 请幼儿当设计师为自己设计名片,提醒幼儿不忘设计名字、电话等名片要素,建议幼儿写上自己的班级。

**四、幼儿设计名片**

教师巡回指导：名字、电话号码是否写清楚，并引导幼儿尽量设计得新颖和别致。

【活动延伸】

请幼儿在生活中收集各种各样的名片。

【设计评析】

通过活动让幼儿进一步了解名片。活动来自于孩子的生活，因此活动中幼儿表现出较强的积极性。自己设计名片的活动给了幼儿创造的机会和空间。除了我们平时见到的名片，生活中还有很多不同材料和样式的名片；另外市面上还有很多装名片的漂亮盒子，这都将成为活动拓展的生长点。

(深圳市南山区金苗幼儿园　张　弘)

# 快乐地游戏

（安全教育活动）

【设计意图】

　　幼儿园发生安全事故是难以避免的。幼儿园中孩子常见的受伤害种类一般为挫伤、骨折等。事故发生的地点多为有游戏设施(秋千、滑梯、攀登架等)的游戏场。但我们并不能因此就限制幼儿开展户外活动，而是要保证幼儿每天有两小时的户外活动时间。为了提高幼儿的自我保护意识和自我保护能力，我们设计了游戏场的安全教育活动。

【活动目标】

　　1. 通过让幼儿感知生命的宝贵，帮助幼儿树立安全意识。

　　2. 让幼儿逐步学会自我保护、回避危险，养成有利于安全的行为习惯。

## 活动一　找问题

【活动过程】

　　1. 师：我们要去游乐场玩，你喜欢玩什么？如果有个小朋友手受伤了，还能玩吗？健康的身体有什么好处？

　　用情感体验法，从孩子们最喜爱的游戏谈起，激发孩子保护身体的意识。

　　教师小结：我们身体的每个部分都很重要，安全健康是第一位的。

　　2. 老师按照孩子的意愿将全班分成几个小组。如滑梯组、攀登组、跳绳组等，组织孩子去游乐场玩。

　　（通过实践活动，让幼儿在游乐的过程中自己去发现问题。老师时刻守护在幼儿身边，根据具体的情况，引导幼儿发现或预测可能存在的危险。）

　　3. 幼儿分组讨论：在游乐设施上玩，怎样才是安全的？将不安全的玩法用画图的方式记录下来。

　　4. 老师将幼儿的画贴在活动区的墙上，让全体小朋友观看。

## 活动二　建立基本规则

【活动过程】

　　1. 在活动区，老师与幼儿围坐，观察上次活动后的作品。（老师可以根据制定规则的需要适当添加作品。)

2. 老师让各组幼儿分别说明自己组作品的内容。

3. 老师根据作品内容和幼儿一起建立各组的游戏规则,将游戏规则按组排列并用文字表明。

4. 与幼儿一起制定公共规则:如禁止在游乐设施上打闹、推挤、哄笑;发现设施有松动、尖刺等情况,立即停止游戏并报告老师;滑梯等玩具一次不能上太多人,大家应保持一定的距离;不要从高处往下跳。

### 活动三 实践活动

【活动过程】

1. 老师将上次活动中制定的基本规则编成一个个小题目,让幼儿抢答,进行比赛,并按组记录成绩,每题答对记 10 分。

| 组名 | 第一组 | 第二组 | 第三组 |
|---|---|---|---|
| 成绩 | | | |
| 总分 | | | |

2. 老师帮助幼儿将规则中的要求运用到实践中,并不断督促和提醒,使规则成为一种习惯。

### 活动四 发现新问题

【活动过程】

1. 老师和小朋友正在玩,滑梯那边突然传来争吵声。老师走近一看,原来是滑梯的滑道上两个小朋友撞在了一起,这是怎么回事?

2. 师生共同列出事故发生的几种可能:

(1) 前面的人没有滑下去,后面的人就跟着滑下来了。

(2) 一个小朋友从上面往下滑,一个小朋友从下面往上爬。

3. 教师小结:玩滑梯时,如果不注意自己的下方或上方是否有其他小朋友正在逆向游戏,就有相撞的危险。

4. 师:在其他设施上你有什么玩法?学生的回答如下表所示:

| 名称 | 说法 |
|---|---|
| 铁索桥 | 从铁索上走,从旁边的铁杠上走,跨大步走等。 |
| 攀登架 | 一格格爬,两格爬,斜爬。 |
| 球 | 抛球,对掷,拍,踢等。 |
| 风火轮 | 滚,旋,掷等。 |

5. 引导幼儿从滑梯的规则中进一步理解:在遵守简单的基本规则的同时,一种东西可以有多种玩法。但必须对各种情况所存在的危险做出预测,并采取灵活多变的方

法,有效地排除危险。

老师不统一规定幼儿的活动动作,而是告诉幼儿设施的基本使用方法。幼儿根据自己的意愿进行尝试,既满足了幼儿不同的需要,又使设施最大程度地发挥了作用。但在灵活变通的同时,也要让幼儿明白怎样应对危险。

## 活动五　发生事故怎么办

【活动过程】

1. 讨论:发生事故怎么办?

如果发生事故应该采取以下措施:立即停止游戏,尽快告诉老师,受伤的人不要动,耐心等待救援,熟记急救电话120。

2. 模拟游戏:模拟在户外时突然发生事故的情况下小朋友应采取的应对措施。

【设计评析】

《幼儿园教育指导纲要》中要求教师:"既要高度重视和满足幼儿受保护、受照顾的需要,又要尊重和满足他们不断增长的独立需要,避免过度保护和包办代替,鼓励并指导幼儿自理自立地尝试。"我认为老师在游戏活动中,应始终贯穿着这样的主导思想:鼓励孩子在活动中灵活多变、一物多玩,又要引导幼儿识别哪些行为是存在危险的。

在活动中要尽量避免老师的说教。首先从情感上激发孩子产生自我保护的愿望,并通过实践——形成理论——再实践——理论的提升等几个环节,最终让幼儿学会遵守基本规则,灵活应对各种情况,学会自我保护。

(深圳市南山区深圳大学幼儿园　龚世梅)

# 知道我在想什么吗

（社会活动）

【设计意图】
　　现在的幼儿在家庭中都是中心人物，大人们做任何事都围绕着他们，以至于这些孩子个性较强，不善于和别人沟通，做任何事都以自我为中心，自私而霸道。设计这个教学活动意在让小朋友们通过活动学会体察别人的心情，多关心他人，多为他人着想。

【活动目标】
　　1. 学习换位观察事物，获得换位观察的有关体验。
　　2. 学会体察别人的心情。

【活动准备】
　　1. 图片：数字6、蓝猫和狐狸。
　　2. 情境表演：放学了。

【活动过程】
　　**一、观察活动**
　　1. 是6还是9？
　　将数字卡6放在场地中间，上、下各画一条线：6，请幼儿分成两组，面对面地站在两条线后面，观看纸上的数字。请小朋友说出纸上的数字是几。
　　（1）请小朋友交换位置看一看。请小朋友想一想，为什么看到的不一样？
　　通过6、9的倒置让小朋友知道，在不同的位置看到的结果不同。
　　2. 请小朋友看一看图片上画的是什么。
　　师：你们想看蓝猫吗？想看狐狸吗？应该怎么办？
　　请小朋友交换位置看。通过交换位置让幼儿知道，观察东西的时候，不同的观察位置看到的东西是不同的。观察东西时是这样，思考问题时也是这样。

　　**二、观看并讨论录像**
　　1. 爸爸妈妈在叫小熊的时候，小熊的反应怎么样？
　　2. 妈妈批评它的时候，小熊的反应如何？
　　3. 小熊这样做对不对？为什么？
　　4. 后来，大家是怎样对待小熊的？
　　通过录像引导小朋友了解并明白：小动物都会为别人想一想，我们小朋友更聪明，不管做什么事,也应该换个位置为别人想一想。

### 三、情境表演:放学了

1. 小朋友怎么了?他为什么这样啊?他心里感觉怎样?
2. 你知道爸爸为什么这么晚接他吗?
3. 那我们应该怎么做?

教师小结:不管看什么,做什么事情,都要多看看,多想想;不仅要为自己想,还要学会为别人想;在别人有困难的时候,学会帮助别人。

【设计评析】

本次活动的设计通过让小朋友亲身体验、观看录像以及情境表演等多种形式,使小朋友认识到进行换位思考的重要性,从而帮助他们改变自我中心的意识。

【资料链接】

录像内容:

熊妈妈叫小熊:"快来吃饭。"小熊不理,还在玩玩具。熊爸爸叫小熊:"快来洗澡。"小熊不理,还在看故事书。小兔叫小熊:"小熊,小熊,我们一起做游戏吧。"小熊不理,还在吃鱼。熊爷爷的老花镜找不到了,熊妈妈熊爸爸都帮着寻找,只有小熊不理,一个人看动画片。妈妈批评它,它还无所谓地做鬼脸。小熊饿了,去找妈妈,熊妈妈在晾衣服不理它。小熊想听故事,去找爸爸,熊爸爸在看报纸也不理它。小熊去找小兔玩遥控汽车,小兔吃着胡萝卜也不理它。大家都不理它,小熊难过得哭了,熊妈妈对它说:"是你先不理人,所以大家才不理你的。"小熊明白了,扑到熊妈妈怀里说:"是我没礼貌,我做错了,以后一定改正。"熊爸爸、熊爷爷和小兔都过来了,说:"小熊认错了,是个勇敢的好孩子,我们都喜欢你。"

(深圳市南山区西丽幼儿园 陈 莹)

# 祖国在我心

## （社会活动）

【设计意图】
　　每周一升旗的时候，有些孩子会经常心不在焉。课余时，孩子们经常会聚在一起，谈论美国、英国的衣服、文具等等。针对孩子们的这种现象，爱国主义教育势在必行。要让幼儿热爱自己的祖国，首先必须让幼儿了解自己的祖国。为此设计了这个活动，让幼儿在唱唱、跳跳、画画、玩玩中，感受祖国物产、文化的博大精深，从而激发起他们的爱国主义情感。

【活动目标】
　　1. 初步了解国旗、国徽、国歌。
　　2. 了解祖国的地大物博、悠久的历史文化、劳动人民的伟大成就，从而激发起爱国的情感。

【活动准备】
　　1. 请家长用业余时间带幼儿参观所在城市的景点，向他们介绍城市的巨大变化。
　　2. 请家长帮助幼儿收集各类相关资料，向幼儿介绍祖国五千年的灿烂文明。
　　3. VCD碟片、国旗和国徽的图片、拼插玩具、磁带一盒、蜡笔若干盒、积木若干。
　　4. 各民族的服装、特产。

【活动过程】
　　一、晨间活动
　　1. 用拼插玩具拼中国地图、国旗、国徽。让幼儿在拼的过程中认识中国地图的形状、国旗的颜色以及国徽的内容。
　　2. 玩开火车的游戏，让幼儿在开火车的过程中，一一说出各大城市的名称。
　　3. 请幼儿谈谈所在城市的过去与现在，祖国、家乡的名胜古迹、风味小吃。
　　二、早操活动
　　师生进行严肃的升国旗活动。
　　三、教学活动
　　1. 认识中国地图及国旗、国徽、国歌。
　　师：有谁知道升国旗的时候为什么要站立着不动呢？为什么国旗又叫五星红旗？
　　教师总结：国旗是我们中华民族的象征。国旗是红色的，它上面有五颗黄色的星星，其中四颗小星星环绕着一颗大星星。红色象征的是千千万万的先辈们的热血，四颗小星星围绕一颗大星星象征着广大的人民群众紧紧团结在党中央的周围。

2. 让幼儿观看碟片,了解祖国的首都是北京,知道北京的名胜古迹。知道每年的10月1日是国庆节是中华人民共和国成立的日子。1949年10月1日,毛泽东同志在天安门广场升起了第一面五星红旗,向全世界庄严宣布:中华人民共和国诞生了!中国人民从此站起来了!

3. 师:我们已经知道了伟大的祖国非常美丽和富饶,你们能不能运用自己的想像,画出心中最美的祖国?

四、区域活动

1. 表演区:引导幼儿身着各民族的服装,在音乐声中,载歌载舞,自由交流,共同品尝民族美食。

2. 体育区:启发孩子们玩奥运圣火接力的游戏,设想2008年在北京举行的奥运会,体验作为一名中国人的自豪感。

3. 建构区:鼓励幼儿共同协作用,积木构建自己的家乡,激发他们争当小小设计师的兴趣。

【设计评析】

幼儿在这些喜闻乐见的活动中,爱国主义情操得到了升华,在动手动脑的同时,也大大激发了创造性思维。爱国主义教育应该是长期的、多方面的,并且渗透在各个活动环节之中的,教育内容也应是立体的、多领域的。我们应该让幼儿在合适的环境里,时刻体验到作为一名中国人的骄傲,逐步培养起自尊、自立、自强的民族责任感。

(深圳市南山区深圳大学幼儿园　刘　敏)

# 道　路

（美工创意活动）

............................................................

【设计意图】

　　美工创意活动——道路,是幼儿们在主题活动"道路"的探索活动中掌握了一定的道路知识的基础上主动提出的。它是幼儿将主题探索中所获得的知识运用于实践的一个大胆、主动的尝试。本次活动旨在让幼儿通过设想、实践、合作,充分培养创造力、动手能力及解决问题的能力,并让其体验创造带来的快乐感。

【活动目标】

　　1. 培养幼儿有计划地尝试设想的兴趣和能力。
　　2. 合理利用各种废旧材料。运用裁、减、拼、贴、画等技能制作出具有新意的道路,在制作中培养幼儿独立解决问题的能力。
　　3. 鼓励幼儿在创造的过程中相互协商、共同合作。

【活动准备】

　　1. 发动幼儿自己收集各种废旧材料(纸盒、饮料罐、牙刷、牙膏盒等)。
　　2. 剪刀、双面胶、透明胶、水彩笔、纸人手一份。
　　3. 具备相关道路的知识和经验,每人准备好一张自己设计的道路布局图。

【活动过程】

**一、阐述设想**

　　1. 教师和幼儿一起商讨:你想设计什么样的道路?
　　2. 幼儿把自己的想法说出来和大家交流。
　　3. 把收集的材料展现在幼儿面前,进一步商讨:你要制作你设想的道路打算用些什么材料?怎么做?幼儿把设想具体化:我想用牙膏盒接起来制作通道;我要用这些大盒子制作海底隧道,用牙刷来做照亮的灯等等。

**二、大胆创作**

　　1. 幼儿可以寻求合作伙伴。当问题出现时,教师要给予支持和帮助。
　　2. 幼儿可以按照设计图样来制作。教师鼓励幼儿相互协商解决在制作中出现的问题。

**三、观摩作品**

　　1. 制作者讲述自己的作品:自己是怎么想的,在做的过程中遇到了什么问题,又是怎么解决的。

2. 幼儿之间相互讲评：先介绍自己的作品，再让同伴来评析自己的作品。

3. 教师对幼儿的讲评进行总结、提升。

### 四、活动延伸

兜风（分享成果的快乐）：幼儿开着自己的小车在新设计的道路上兜风。

【设计评析】

幼儿在有准备的创意活动中，思维显得特别活跃，想法随着操作犹如泉水一样不断涌现，兴趣也越来越浓。幼儿在操作中还运用了逆向思维方法，解决了一些临时出现的问题。我体会到，要开展一次成功的创意活动必须具备几个条件：

1. 幼儿具有一定的经验积累。

来源于日常生活的知识和经验，比较广泛、零散。主题探索活动中不断获取的知识和经验则比较具体，一般都是针对某一特定对象。

2. 材料由幼儿自己来筹备。

筹备可分为无目的和有目的两种。前者只要是废旧材料都收集，后者是幼儿根据自己的设想来收集自己所需要的材料。后者既可以锻炼幼儿的预见能力，又可以培养幼儿做事的计划性。有的小朋友为了要搭建海底隧道，收集了一个星期的牙膏盒，在制作中，还是不够，又想到了用牛奶盒来替代。而有的小朋友在搭建十字路口的人行天桥中，为了制作道路标记，把家里各种颜色的纸盒都收集来了。

3. 大胆的创意是活动的源泉。

为了让幼儿在创意活动中避免盲目性，培养其一定的规划意识，我采取了三个步骤来设计活动：大胆设想（鼓励胡吹乱想）——画出自己的想法（设计图）——依据设计图再谈自己的想法。有了这三步，幼儿的创意就会形成一条长长的线索。

（深圳市南山区蓓蕾幼儿园　李　莉）

# 光盘的妙用

（美术活动）

【设计意图】

日常生活中,我们经常看见人们将一些废旧物品抛弃。其实,对废旧物品加以创造会发现它们蕴藏了无限的契机,给创造者无限的乐趣。此活动以废旧光盘为原材料,鼓励幼儿进行创作,同时希望孩子们能举一反三地发现生活中可利用的废旧物品,在此基础上,激发幼儿开展手工活动的兴趣,培养他们爱动脑、勤动手的好习惯。

【活动准备】

1. 废旧光盘若干、各种边角料卡纸、彩色纸、皱纹纸、毛线、吸管、剪刀、彩笔、透明胶、双面胶、画纸、颜料、毛笔、"美丽的图形"玩具一副。

2. 圆形纸框或方形纸框若干,厚度略高于光盘,中间掏空,如图1和图2所示:

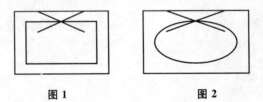

图1　　　　　　图2

【活动过程】

1. 老师出示光盘,组织幼儿谈话,引出课题——用废旧光盘进行美工活动。

2. 幼儿根据能力强弱分组进行操作。老师巡回指导,帮助幼儿顺利完成创作,鼓励幼儿大胆尝试。

（1）装饰光盘:老师提供各种材料,请幼儿思考如何用卡纸、彩色纸、皱纹纸、毛线、吸管等材料将光盘装饰起来,使光盘变成一件漂亮的作品。

（2）利用纸框和光碟创作各种美丽的图形。

① 出示光盘,请幼儿观察光盘的特点:圆形,中间也有一小孔。

② 出示"美丽的图形"玩具,教师示范玩法:将外框固定于玩具上,将水彩笔置于活动小圆形的中间小孔处,在边框里自由画,变幻出美丽的图形,如图3所示:

图 3

③ 出示纸框,请幼儿将光盘置于纸框内,像之前的玩具玩法一样,不断变换光盘方向,画出美丽的图形,并将图形用水粉颜料彩笔分块上色,变成诸如人物、花、鸟、鱼、虫等图形。

3. 利用光盘的外形进行想像添画。请幼儿将光盘置于绘画纸上,沿外形画出,通过想像给圆形添上一些线条,可将圆形变成各种动物、人物的不同造型。

4. 请幼儿相互欣赏作品。最后请幼儿举例说说,在我们的日常生活中,还有哪些废旧物可进行再创作,鼓励幼儿平时注意收集材料,进行各种手工创作活动。

【设计评析】

此活动适合在大班下学期进行,活动要求幼儿具有一定的动手能力,能熟练掌握剪贴、毛笔、涂色等技能。该活动的内容需要幼儿较多地去想像、创造,教师在设计活动时要有放手让幼儿尝试,不怕他们失败的胆量与意识,给予幼儿充分的想像和创作空间。教师应更多关注幼儿在动手与动脑、想像与创新方面的发展,而不要纠缠于像与不像等细节。这个活动充分体现了教师开放式教学的理念。

(深圳市南山区西丽幼儿园 张中美)

# 天　　鹅

（音乐活动）

............................................................

【设计意图】

在这个欣赏活动中，我们以配乐故事的形式，描绘了天鹅母子分别时的感人情景，在原有音乐作品的内涵中融合了孩子、老师的想像。孩子有感而发地感叹："我不想妈妈离开。""天鹅妈妈走了，小天鹅会很可怜的。""没妈的孩子像根草……世上只有妈妈好。""妈妈，你别走！"孩子体会了忧伤的情怀，一定会更珍惜他身边所拥有的爱和快乐。在整个系列活动中，我们还采用情感对比的方式，欣赏了另外一首欢快的乐曲：四小天鹅舞曲，目的是让幼儿加深对小天鹅的感情，从而进一步丰富情感的体验。

## 活动一　天鹅的故事

【活动目标】

1. 能够积极参与观赏、体验、模仿等活动，并能借鉴、吸收他人的建议，创造天鹅动作。
2. 感受天鹅的美丽、高傲和轻盈。
3. 通过观赏、体验，进一步了解天鹅的生活习性、神情和美丽姿态。

【活动准备】

天鹅生活姿态图片、天鹅生活习性VCD、有关天鹅的音乐。

【活动过程】

1. 幼儿自由观察图片，自由发表自己的想法。（轻声播放音乐。）
2. 幼儿观看VCD，重点观察天鹅行走、飞翔、整理羽毛、游泳的动作。
3. 听天鹅的故事，了解天鹅生活的一些特点。
4. 模仿天鹅的各种姿态。

（记录幼儿的学习过程。）

## 活动二　快乐的小天鹅

【活动目标】

1. 能够积极参与创编、模仿活动，体验集体舞蹈的快乐。

2. 通过观赏舞剧,感受乐曲欢快、跳跃的旋律和"艺术天鹅"的表现姿态。

3. 通过创编故事、动作模仿,进一步感受和理解音乐,并加深对天鹅舞蹈动作的认识。

【活动准备】

1. 芭蕾舞剧《天鹅湖》选段《四小天鹅舞曲》。

2. 天鹅生活姿态图片。

【活动过程】

1. 幼儿自由观看舞蹈剧照。

2. 观看芭蕾舞剧片段《四小天鹅舞曲》。重点引导幼儿欣赏、体验舞蹈者的神态和身体姿态:纯洁、高傲、自信和轻盈。

3. 分享对舞剧内容、音乐的理解和想像。(小天鹅在干什么。)

4. 师生共同创编音乐中的故事,并用身体动作表现故事情节。(故事情节要简单,突出欢快跳跃的情绪。)

5. 幼儿听音乐,用身体动作自由表现出快乐小天鹅的样子。

## 活动三  黄昏的天鹅

【活动目标】

1. 能够积极参与故事创编和讲述,并能自由吸收他人创编的天鹅动作,体验合作的快乐。

2. 初步感受乐曲优美、伤感的风格特点。

3. 通过配乐散文故事,创编的天鹅动作、姿态和造型,进一步表现对音乐的感受和理解。

【活动准备】

1. 天鹅生活姿态图片(挑选姿态优美、造型具有艺术效果的天鹅图片),天鹅音乐CD。

2. 幼儿参考天鹅图片、芭蕾舞剧剧照,设计天鹅翅膀(用一次性白色桌布设计)。

【活动过程】

1. 幼儿自由观赏图片,自由交谈,分享所见所闻。"你喜欢哪只天鹅?""你学学看。""这只天鹅有点不高兴吗?"(播放音乐,引导幼儿重点观察天鹅的神态及情感。)

2. 幼儿完整地感受音乐,教师及时捕捉幼儿的神情和动作,设置问题情境,帮助幼儿理解音乐的内涵。

(1) 结合天鹅图片的欣赏,师生分享对音乐的感受和理解。"你听到了什么声音?""我好像看到天鹅在干什么。"(幼儿可以通过自由挑选天鹅图片来表述对音乐的想像和理解。)

(2) 出示音乐故事情境图片,结合幼儿的想像,师生共同创编天鹅的故事。图片1:美丽黄昏,天鹅回家,栖息于湖面的景象。图片2:天鹅湖上,有两只天鹅,一大一小,相互依偎。图片3:天鹅湖上只剩一只小天鹅,流着眼泪,湖面上飘着几片羽毛。

（3）教师配乐讲述黄昏天鹅的故事。
3. 师生尝试用身体动作来表现音乐故事中天鹅的各种生活姿态，如游泳、展翅、飞翔、睡觉、梳理羽毛、亲昵、拥抱、擦泪、呼喊、捡羽毛等。老师可灵活播放音乐，在幼儿的创编过程中，重点引导幼儿注重情感的体验和表现。
4. 幼儿带上天鹅翅膀，随音乐表现美丽黄昏天鹅的姿态和故事。
（1）老师扮演天鹅妈妈，幼儿扮演天鹅宝宝。
（2）幼儿自由组合表现音乐中的情景。
5. 幼儿采用绘画的方式，描绘自己心中的感受和对未来的憧憬，可以是天鹅故事的描述，也可以是天鹅宝宝的梦想……（播放音乐。）

【设计评析】
1. 丰富的活动、蕴涵美感的感性材料和意境，让孩子充分感知了生活的美、艺术的美。所收集的所有有关天鹅的资料都与美有直接的联系，美的音乐、图片、语言、故事，尤其是搜集的天鹅摄影作品，包含了天鹅生活中的所有美的姿态，这是孩子后面的艺术表现与创作的源泉和基础；只有让孩子感受了美，才能让他们去表现美。
2. 以情感人，以情染人，重视师生之间真实、自然的情感交流。在整个活动中，教师围绕审美对象创设有趣的语言情境，让每个人（教师和孩子）都有自由表述的机会。通过情感的交流，师生关系变得轻松和自然（如自由选择天鹅图片，各抒己见、各展所能，自由组合表现天鹅的姿态等等）。这种积极有效的师生互动，真正满足了大班幼儿自我表现的情感需要。
3. 采用对比的教学形式，丰富了幼儿的情感体验。没有对比，就没有艺术。系列活动中另一首欢快的天鹅乐曲，它与伤感的音乐形成了鲜明的对比，孩子由此很快就能进入情境，并有所领悟和体会。
4. 文学、美术、音乐等学科内容的相互渗透和联系。音乐与文学的融合，摄影图画内容与音乐性质的对应（情境挂图的使用），有效地激发了幼儿感受美、表现美的情趣，使幼儿获得了不同的体验，丰富了他们的审美经验。

【资料链接】
1. 作品分析：
《天鹅》是法国作曲家圣桑的管弦乐组曲《动物狂欢节》中流传最广的一首乐曲，由大提琴独奏，钢琴伴奏。钢琴平静柔和的分散和弦音，描绘了碧波荡漾、水光粼粼的湖面，大提琴无比优美略带忧伤的乐声，真挚而深情，仿佛述说着天鹅的感人心声。
乐曲旋律端庄、高雅，是有变化再现的三部曲式。乐曲中每一个段落都由2个乐句构成，从容舒展的旋律刻画了天鹅昂首遨游、端庄娴静的神态。在诚挚的感情中，隐约流露出几分愁意。
2. 音乐故事：
听，天鹅拍打着翅膀，欢快地叫着……天鹅回家了。夕阳斜照在天鹅湖面上，荡起了一闪一闪的金光。天鹅宝宝跟在妈妈的身后，缓慢地游着，留下了一条长长的，长长的水波……

天渐渐黑了,湖边的芦苇被风吹得沙沙沙地响,小天鹅往妈妈怀里挤了挤。天鹅妈妈紧紧抱着天鹅宝宝,冰冷的泪水滴落在宝宝的脸上,宝宝抬头看着妈妈,说:"妈妈,你怎么了?"妈妈轻轻转过头,擦了擦眼泪说:"宝宝,妈妈要去一个很远很远的地方,妈妈不在身边的日子,你要好好照顾你自己!来,让妈妈好好再抱抱你。"宝宝把妈妈抱得更紧了:"妈妈,你别走!你走了,我一个人会很孤单的!"妈妈说:"好,好,妈妈不走,妈妈会永远陪伴你!"妈妈用她美丽的红嘴不停地,不停地梳理着宝宝洁白的羽毛,好温柔……眼泪却止不住地滚落下来,掉到了湖中,泛起了小小的,小小的水波,宝宝在妈妈温暖的怀里睡着了。

　　第二天早上,天鹅宝宝醒来一看,妈妈不见了,只看见湖面上飘着几片洁白的羽毛,"那是妈妈的羽毛!"小天鹅游到了羽毛的旁边,对着四面宽阔的湖面喊着:"妈妈,妈妈……"但是,再也没有听到妈妈的回音,泪水沿着天鹅宝宝的脸颊滚落……它明白,妈妈走了,永远地走了,妈妈到另外一个地方去了……

　　"你要好好照顾你自己。"宝宝耳边回荡着妈妈的话。天鹅宝宝擦了擦眼泪,轻轻地,轻轻地把妈妈留下的羽毛一片一片地收集起来,放在了枕头旁边,他觉得妈妈会永远地陪着自己!

(深圳市南山区蓓蕾幼儿园　陈碧琴)

# 加花游戏

(音乐活动)

【设计意图】
　　通过歌曲与图谱的直观对照,幼儿对歌曲的结构有了一定的了解。加花是对歌曲结构的一种补充,也是一种灵活的节奏组合方式。本活动旨在为幼儿提供一个轻松的音乐氛围,让幼儿去发现、去认识、去创造、去演奏,更愉悦地去感受音乐,更自主地去创造新的节奏,从而感受音乐带来的无穷魅力。

【活动目标】
　　1. 通过活动让幼儿认识什么是加花,了解可以在什么地方加花。
　　2. 练习为歌曲加花,感受乐曲在加花前后情绪上的不同。

【活动准备】
　　1. 图谱及图形标记(供教师展示及幼儿操作)。
　　2. 幼儿有认、唱图谱的经验。
　　3. 纸、展示板、笔。

## 活动一　认识加花

【活动过程】
　　1. 教师出示图谱1:幸福拍手歌,幼儿边看图谱边唱歌。
　　师:请大家看谱来唱幸福拍手歌,唱的时候请注意看不同的图形符号。
　　2. 去掉图谱上的拍手、拍肩和跺脚记号来唱歌,体会体会有什么不一样的感觉。
　　(1) 师:现在我去掉图谱上的一些图形符号,请小朋友再来唱这首歌,请注意:去掉的部分我们放上一个圆圈,唱到这里的时候要停下来,看看会有什么不一样的感觉。
　　(2) 幼儿按老师的要求唱完后,说说与原来的歌曲有什么不同的感觉(有长时间的停顿,歌曲变得空洞、不好听、没意思等)。
　　3. 教师小结:什么叫加花。
　　师:在曲子里有些停顿或有延长音的地方,我们可以加上一些好听的声音或动作,这就是加花。歌曲有了加花,会变得更加生动有趣、更加好听。

## 活动二 玩加花

【活动过程】

1. 教师提出问题：除了原有的内容以外，幸福拍手歌还可以怎样加花？教师激发幼儿探索其他的加花形式，如拍击身体某些部位发出的声音、嘴巴发出的声音、乐器发出的声音等。
2. 为幼儿提供图谱，幼儿分组讨论并记录结果。
3. 唱唱做做新的加花。各组分别表演加花后的歌曲。

## 活动三 为新曲子加花

【活动过程】

1. 幼儿复习歌曲《我是一朵小花》，老师在展示板上画出相应的图谱，请小朋友找一找，哪些地方可以加花。
2. 教师引导幼儿对照图谱，寻找曲子中停顿时间较长或有延音的地方，放上圆圈记号。教师肯定幼儿多样化的设计结果，并帮助进行验证。
3. 为幼儿提供图谱，幼儿分组讨论并记录加花的结果。教师鼓励幼儿想出与众不同的新的加花点子。
4. 各组逐一表演加花后的歌曲，幼儿作自我评价。

【活动延伸】

1. 尝试用乐器为以上歌曲加花并演奏。
2. 为新乐曲加花。

【设计评析】

幼儿园音乐教学的主要目的，是让幼儿通过活动来感受音乐、欣赏音乐，从中获得愉快的情绪体验。在本次活动中，幼儿了解到乐曲的结构是可以变化的。运用加花来对乐曲进行结构上的补充，对旋律加以渲染及修饰，让幼儿感受到音乐的无穷变化及带来的不同情绪体验，从而了解到音乐不但是可欣赏的，而且是可创造的。结合节奏图谱的运用，把较为抽象的乐曲结构变化变成幼儿爱玩易懂的游戏，从而完成从认知到掌握到创造的一系列学习过程。

活动设计通过分组讨论，让幼儿集思广益，相互补充，相互配合，不但容易找到更合适的答案，而且为下面的表演活动作好了准备。同时就社会性的发展而言，幼儿拥有了与他人之间的协调与合作的锻炼机会。

此外，音乐教学活动在常规方面有较高的要求，任何的创新与尝试都应以良好的活动常规为前提。我们预见的常规准备包括：师生间的默契配合；由小组长负责组织本组的讨论及小结;看图谱唱歌的能力等。

【资料链接】

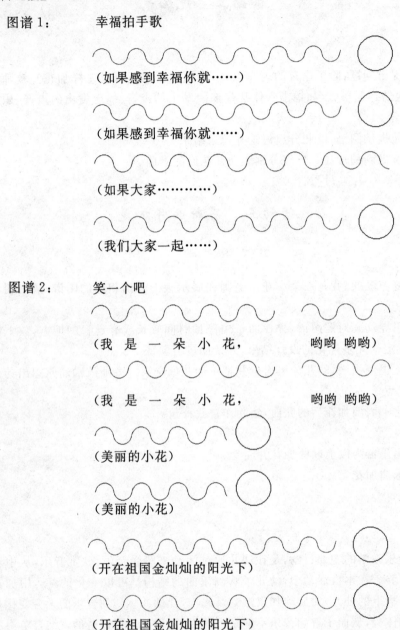

（深圳市南山区机关幼儿园 汤 鹤）

# 美丽的风筝

## （艺术活动）

【设计意图】

　　大班阶段幼儿在美术活动基础方面，已能较自如地控制手部动作，做到涂色均匀，且有一定的配色意识。我们设计这一活动，意在进一步提高幼儿表现美的兴趣及锻炼其手部肌肉的控制能力，让幼儿尝试在双层油画棒颜料中刮出底色，或能使用自然材料、废旧材料独立设计和制作风筝，并对其加以装饰。

【活动目标】

　　1. 学习刮蜡的表现方法，能用不同性能的工具，运用比较有表现力的线条、形状和色彩，画出风筝的变化和运动。

　　2. 在玩风筝、欣赏风筝的活动中，感受艺术带来的乐趣。

【活动准备】

　　1. 材料：油画棒、牙签、淡颜色的水粉颜料、画笔、画纸、废旧材料等。

　　2. 环境创设：各种造型的风筝挂在教室里，供幼儿欣赏。

【活动过程】

　　1. 放风筝，了解风筝，引起兴趣。

　　带领幼儿在远足活动或户外活动中进行放风筝的活动。让孩子们想想上次去户外放风筝的情景。通过放风筝，教师引导幼儿观察风筝的构造与平衡的关系，介绍放风筝的一些基本方法，鼓励幼儿去尝试，激发幼儿对风筝的兴趣。

　　2. 教师向幼儿提供数只造型各异的风筝。引导幼儿观察这些风筝的整体造型，让幼儿欣赏风筝上美丽的图案，激发幼儿创作的欲望。

　　3. 讲解与示范。

　　方法1——教师根据幼儿的意愿示范画一只风筝。介绍刮蜡的方法：建议先让幼儿思考刮蜡的部位，再在此部位用一支细画棒将颜色涂均匀，然后用另一种颜色覆盖式地涂在上面，最后用牙签刮出花纹。教师的示范注重幼儿的理解。提示幼儿把风筝上的装饰物画得大一些，并能凭记忆和想像，画出具有独特性的作品。

　　方法2——提供一些废旧材料（纸碟、旧挂历纸、皱纹纸、即时贴等），让幼儿进行自选，设计及制作风筝，并加以装饰。让幼儿凭自己对自然界物体的印象，用废旧材料制作美丽的风筝。

　　4. 幼儿自由创作美丽的风筝，教师巡回指导。

在活动过程中,教师要引导幼儿创作不同的造型、花纹,并让幼儿相互学习各种不同的刮蜡部位及方法。

5. 教师讲评,活动结束。将幼儿创作的风筝挂在教室里,和幼儿一起分享劳动成果,重点讲评几种图案、造型、色彩搭配不同并有创意的风筝。看看谁大胆尝试过刮蜡的方法。

【活动延伸】

带领幼儿拿着自己制作的风筝,一起去户外放风筝,体验其中的乐趣。可在本园内或社区里举行亲子风筝义卖活动,把所得的钱物捐给需要帮助的人,让孩子们更有成就感,也培养孩子们的爱心。

【设计评析】

本活动让幼儿尝试了新的美术活动形式,拓宽了他们的艺术视野。活动对幼儿手部肌肉的灵活能力提出了较高的要求,对于大班的幼儿也是有一定难度的。活动设计在难点环节进行了仔细的示范,设置了不同的层次,充分考虑了幼儿的能力水平。

(深圳市南山区北师大蔚蓝海岸幼儿园　曾美英)

# 美丽的四季

(美术活动)

【设计意图】
　　一年四季,有充满生机的春天,炎热的夏天,丰收的秋天,寒冷的冬天。自然现象瞬息万变,直接影响人们的衣食住行和动植物的生长繁衍。系列色彩表现活动引导幼儿感受四季的变化,学会有目的地观察周围事物。美术活动注重色彩表现,教师要引导幼儿学会运用冷暖色彩来表现对大自然不同变化的情绪感受。

【活动目标】
　　1. 了解色彩知识,运用色彩表现对一年四季中自然变化的感受,提高幼儿观察和感受大自然色彩的能力。
　　2. 了解抽象派绘画的形式,能自由地运用点、线、面等画面构成元素来表现四季景物,学会利用色彩抒发内心感情。
　　3. 培养合作、探究的学习能力及环保意识。

【活动准备】
　　1. 经验准备:课前查找有关四季的歌曲、图片、录像资料。
　　2. 材料准备:纸、水粉颜料、笔、调色盒等。
　　3. 各种环保材料(包装纸、塑料袋、矿泉水瓶子、易拉罐等)和手工制作的材料。

【活动过程】
　　一、谈话:我找到了四季
　　1. 欣赏表现四季的写生作品,让幼儿说出作品表现的季节,并讲述自己喜爱的季节。
　　2. 讨论:我看到的四季是怎样的?四季有些什么有趣的活动?
　　3. 找一找文学家是怎样写四季的,看一看有关的诗歌、散文,听一听有关的歌曲。
　　二、欣赏:大师作品
　　1. 比较波洛克的《秋天的节奏》、卢梭的《春日》和莫奈的《睡莲》。教师提问:这几张画所表现的内容和画法有什么相同和不同的地方?初步了解抽象派与其他画派作品在绘画形式上的区别。(抽象画没有真实的物体也没有具体的人物,只有颜色和线迹。)
　　2. 找出画面主色调的色彩卡片贴在相应的作品下面,说出画面表现的季节。
　　3. 重点欣赏抽象派代表波洛克的《秋天的节奏》,了解作品的名称、作者的姓名及作品表现的季节。分析画面点、线、面等构成元素,知道什么是抽象画派。

4. 在电脑上用图画板临摹一张波洛克的作品。

三、户外创作：美丽的四季

1. 再次欣赏波洛克作品，了解画家作画的过程及创作的工具。教师示范创作方法。

2. 分组（五人为一个学习小组）讨论要表现的季节、画面的色调及创作的工具和材料。

3. 播放维瓦尔第的《四季》，让幼儿在音乐中感受节奏的变化，启发幼儿思考：音乐的节奏变化和四季中色彩的变化有哪些关系。鼓励幼儿在白纸上进行即兴创作。

4. 教师引领幼儿站在远处品评作品。

【活动延伸】

四季服装秀：

1. 将幼儿作品作为背景，布置在音乐厅的舞台上。

2. 分组选一个季节为主题，用各种纸、塑料袋、树叶、绳子等环保材料做出与季节相关的服装。

3. 在表现四季的音乐声中，各组代表上台进行服装展示。

4. 评出最有特色的服装、颜色最美的服装、最有创意的服装等。

【设计评析】

整个活动是一个由具体到抽象、由易到难的过程。通过教学引导孩子用观察的眼光了解四季的变化与人们的生活息息相关。整个过程强调孩子们的探究及合作学习的能力培养，鼓励孩子大胆地尝试色彩的混合使用及自由搭配，使幼儿在练习过程中，既抓住四季色彩的共性，又充分发挥自己个性化的感受。

(深圳市南山区托幼中心 范 荃)

# 茉 莉 花

(音乐活动)

【设计意图】

《茉莉花》是一首旋律优美、触人心弦、广为传唱的中国民歌。它自然、平缓的旋律仿佛把我们带入充满花香的茉莉花王国,让我们感受到带有浓郁生命气息的田园风光。在此活动中,情境的创设和情感经验的积累是整个活动设计的重点。幼儿在自然、愉悦的氛围中聆听《茉莉花》,并用自己喜欢的方式去表现《茉莉花》,他们的整个身心是放松和愉悦的。活动中把赋予茉莉花丰富的情感作为幼儿感受和创作的线索,当孩子们尝试把自己变成一朵具有喜怒哀乐、七情六欲的茉莉花时,你感受到的是一种和谐、充满生机的情境。

【活动目标】

1. 能够主动参与赏花活动,体验与花相伴的愉快情绪。
2. 通过观赏、体验,了解茉莉花的颜色、花瓣层次和错落造型。
3. 尝试用不同的动作、表情和造型来表现对音乐的感受和理解。

【活动准备】

1. 实物盆栽茉莉花、茉莉花茶、茉莉花串成的花环若干、《茉莉花》音乐等。
2. 呼拉圈若干个、麻绳2~3根。

【活动过程】

1. 简单认识茉莉花,重点观察茉莉花瓣的姿态、花束的层次、花朵之间的错落造型,了解花朵、花叶和土壤的关系。

(1)师:每一朵花长得一样吗?花瓣的姿态是怎样的?

有的已经开了,有的已经枯萎,有的是含苞欲放,有的花瓣快脱落了……

(2)师:你觉得这朵茉莉花的心情怎么样?(赋予茉莉花生命和情感。)

这朵茉莉花很高兴,这朵茉莉花有点害羞……

(3)制作茉莉花茶,简单了解茉莉花的作用及与人类的关系。(播放扬洲版本的《茉莉花》。)

2. 扮演游戏:我是一朵茉莉花。

幼儿讨论:怎样让自己变成一朵美丽的茉莉花。

幼儿制作茉莉花花环、茉莉花叶、茉莉花裙。(音乐伴随幼儿的制作过程。)

幼儿自由感受茉莉花香,观看茉莉花图片,欣赏自己制作的茉莉花环。

3. 师生分享所见所闻,谈谈自己的感受。

用分享故事的方式让孩子自然聆听《茉莉花》乐曲:

(1)"小时候,去到扬州,闻到花香,听到歌声……一个穿着白裙子的小女孩子边唱歌边给茉莉花浇水。"(教师清唱《茉莉花》。)

(2)在宴会上,一群穿着白纱裙,拿着茉莉花,戴着茉莉花环的女孩,也在唱着这首《茉莉花》……(幼儿欣赏教师三人演唱《茉莉花》。)

4. 师生相互模仿身体姿态、情感变化,进一步感受歌曲。(教师可采用无伴奏演唱方法,灵活把握演唱时间。)

(1)师生分享对歌曲的理解。

(2)结合幼儿的想像,采用音乐散文式故事的形式把幼儿带入一个美丽而情感丰富的茉莉花王国(见资料链接)。

(3)引导幼儿赋予茉莉花生命和情感。"你是一朵怎样的茉莉花?""哦,这是一朵害羞的茉莉花。""这是一朵高兴的茉莉花。""这是一朵含苞欲放的茉莉花……"

5. 扮演游戏:幼儿扮演茉莉花,教师扮演摘花人,并鼓励幼儿组合身体造型表现茉莉花丛。

(1)幼儿独自扮演茉莉花,教师引导幼儿赋予茉莉花生命和情感。(歌曲唱到"将你摘下",教师可抱起一幼儿,送到另一教师手中,以增强游戏的趣味性。)

(2)幼儿自由组合,两人一组,做茉莉花束。教师引导幼儿做出花束层次、高低的变化。教师扮演小蜜蜂给每朵花采蜜。

(3)四人(人数可以逐渐增加)一组做茉莉花丛(加上叶子、泥土等角色,强调彼此依存的关系)。教师随着旋律把呼啦圈逐个从孩子身上套下,放置在地板上,当作花盆。

(4)造型表现过程中,幼儿随歌曲的意境表演。

师:太阳刚刚露出笑脸,茉莉花也慢慢睁开眼睛,微风轻轻吹过,花朵随风飘动……(配伴奏演唱歌曲。)

(5)简单介绍歌曲《茉莉花》的历史。

《茉莉花》这首歌曲已有400年的历史。美国发射向外太空寻找星外生命的宇宙飞船,搭载了许多国家的优美乐曲作为地球人的礼物送给外太空生命,中国入选的乐曲就是《茉莉花》。我们要记住属于中国人自己的《茉莉花》……

【活动延伸】

(播放《茉莉花》。)

1. 扮演表现:幼儿戴上茉莉花环,装扮成美丽的茉莉花公主或茉莉花王子。

2. 绘画表现:合作绘画,描绘自己心目中的茉莉花王国。

【设计评析】

这是一个以音乐为切入点的综合性活动,围绕着中国民歌《茉莉花》,开展了一系列的感知、制作、欣赏、表现、创作、分享等活动。活动最明显的特点体现为:从感性入手,以情动人、以美感人,重视教育的潜效应。在活动过程中,更多地注重幼儿情感、态度的培养,注重幼儿的审美感知和审美发现,孩子们在淡淡清香、自然轻松的"茉莉花"氛围中充分享受音乐的美和快乐。

【资料链接】

1. 作品分析:《茉莉花》是一首流传于全国各地的民间小调,它有许多变体,曲调大同小异,如出一辙。江苏扬州《茉莉花》,版本最早,也最具代表性,源于明代的一首民歌《鲜花调》,曲调优美,表现出淳朴柔美的感情。儿童版本的《茉莉花》,旋律轻盈流畅,易唱易学,更是家喻户晓,广为流唱。从乡村田间地头,到维也纳的音乐大厅,从港澳回归的盛典到 APEC 的欢迎宴会,《茉莉花》以其独特的艺术魅力征服着听者的心灵。

2. 音乐散文式故事:清清的小河边,有一丛美丽的茉莉花。每当太阳升起时,茉莉花也就慢慢睁开了眼睛。闻一闻,真香!看,每一朵茉莉花都在展示自己独特的美,有着自己的姿态和心情:有的是害羞的茉莉花,羞答答地低着头;有的是高兴的茉莉花,张开了笑脸;有的是含苞欲放的茉莉花,正在慢慢开放;有朵茉莉花好像有点不太高兴,翘起了小嘴巴;有朵茉莉花好像在哭泣,它想妈妈了;有朵茉莉花正仰着头喝露水呢……小河的水闻到花香,也悄悄停了下来,它想留住这甜甜的花香……小朋友,你们闻到了茉莉花香了吗?

(深圳市南山区蓓蕾幼儿园　陈碧琴)

# 三只小猪

(音乐活动)

【设计意图】
　　偶然的机会看了《三只小猪》配乐动画片,感受颇深。生动有趣的故事情节,笨拙可爱的人物形象及与故事情节发展紧紧相扣的跌宕起伏的配乐,令人捧腹。极富音乐语言的乐曲让我在脑海里把小朋友们都变成了一只只可爱的小猪……

【活动目标】
　　1. 通过韵律游戏,感受乐曲欢快、诙谐的情绪。
　　2. 通过创编搭建不同房子的动作,进一步感受乐曲中跳跃顿挫的节奏。
　　3. 主动参与创编游戏活动,体验合作的快乐。

【活动准备】
　　1. 录音机、《三只小猪》乐曲磁带,小猪头饰、小猪尾巴。
　　2. 各种小猪神态图片,贴有点子的圆形、正方形、三角形供幼儿游戏时用。

【活动过程】
　　一、活动开始
　　幼儿听音乐自然进入活动室。
　　二、欣赏乐曲《三只小猪》
　　1. 老师:你在乐曲中听到了什么动物的声音?
　　捕捉幼儿在听音乐中的情绪表现,试问幼儿感受到的情绪。
　　2. 老师:你听到了小猪在干什么?
　　三、观看情境表演
　　教师根据音乐的节奏和情绪进行表演,表现出小猪盖房子时的情形。
　　1. 老师:小朋友在音乐中听到了什么?看到了什么?
　　2. 老师:小猪是怎么盖房子的?你看到的小猪们发生了什么事?先是怎么样的,后来是怎么样的?
　　3. 和幼儿一起讲出三只小猪的故事情节,帮助幼儿理解音乐。
　　4. 师:我们表演的小猪盖房子和平时的盖房子有什么不一样?(是和着音乐来盖的。)
　　四、尝试创编"盖房子"情景
　　1. 请幼儿创编盖稻草房的动作,教师有意识地将孩子的动作夸张升华,并注意体现出音乐的轻巧。

2. 引导幼儿创编盖木头房子的动作，教师有意识地将孩子的动作夸张升华，和着节奏做动作。

3. 引导幼儿创编盖砖头房子的动作，教师有意识地将孩子的动作夸张升华，和着节奏做动作。

幼儿可用双手画圆的动作跟着节奏表现和泥的情景，当听到中间小猪的叫声时，可以做一些擦汗、蹭痒痒、休息的动作，也可让小猪们模仿抬水的动作，抬着和好的泥运到工地上准备盖房子用。教师提醒幼儿注意走的动作要跟着音乐的节奏。当听到结束时小猪的叫声时，小朋友们可以重复做擦汗、蹭痒痒的动作，还可以将砖头摆好，做出边用抹灰板抹灰边放上砖头的动作，在音乐中充分体会盖房子的乐趣。

**五、表演游戏**

请幼儿戴上小猪头饰、夹上尾巴，照着镜子，把自己打扮成一只小猪。

1. 请小朋友们先做猪大哥在三角形场地上盖稻草房（跟着音乐将报纸撕条成捆，盖稻草房子）。音乐停后，大灰狼来了，将房子吹倒了，小朋友们跑到猪二哥的木棍房子里（圆形场地）。

2. 再请小朋友们当猪二哥盖木房子（用报纸卷成筒状来盖木棍房子），要求小朋友在盖的时候动作上有些变化。音乐停后，大灰狼来了，将房子又推倒了，小猪们跑到猪小弟盖的砖头房子里（方形场地）。

3. 师：猪大哥怕麻烦，不想用力气，所以盖了稻草房，结果他的稻草房被吹倒了。猪二哥也不想走太多的路去找更坚实的材料，他盖的木房子被大灰狼推倒了。我们现在要学猪小弟盖砖房子了，找砖头要用很大的力气，还要走很远的路，我们怕不怕辛苦啊？怎么盖砖房子才不能被大灰狼推倒呢？（砖头和砖头要紧紧地相连，小猪们用胳膊做砖头，胳膊拉得紧紧的，非常有力，这样大灰狼就不会推倒了。）

听着音乐，猪小弟盖起了砖房子，砖房子很结实。大灰狼来了又是踢又是推，可是怎么也推不开，怎么也踢不倒，就灰溜溜地走了，小猪们开心极了。

4. 活动结束：小猪们盖房子累了，我们休息吧。小猪们伴着舒缓的音乐渐渐睡去……

【活动延伸】

欣赏动画片：三只小猪。幼儿做自由表演。

【设计评析】

1. 《三只小猪》是孩子们非常熟悉的故事，《三只小猪》的音乐给孩子们展现的就是故事的情节。音乐节奏鲜明，诙谐有趣，十分符合孩子们的欣赏口味。在整个活动中，孩子们都能够情绪高涨地参与到活动中去。

2. 在盖房子的活动中，大家通过感受和游戏，懂得了做任何事情不能怕吃苦，不能偷懒。

3. 教师的投入在活动中十分重要，教师模仿小猪动作不能忸怩作态，要把自己看成是一只小猪，和孩子们一样游戏，带动和感染孩子。

4. 由于这一音乐活动是以比较开放的活动形式出现，很多时候是幼儿通过自己的理解来进行表现，所以教师的应变能力很重要，要能跟得上孩子们的思路，并尽可能地走在孩子的前面,支持他们在活动中的表现,帮助他们解决遇到的困难和问题。

5. 教师在活动中应注意提升幼儿的表现力,及时地肯定和鼓励幼儿做出来的动作,同时规范幼儿在游戏中的动作节奏。

【资料链接】

作品分析:《三只小猪》是一首非常有趣的管弦乐小曲,主题音乐鲜明,旋律轻巧欢快,音乐形象活泼可爱,很容易让幼儿产生共鸣,非常适合幼儿欣赏。顿挫跳跃的基本节奏贯穿全曲,诙谐形象的小猪叫声使整个乐曲生趣盎然。

(深圳市南山区蓓蕾幼儿园 张锐凤)

# 声音与足迹

（音乐活动）

【设计意图】

一个音乐活动如何吸引孩子，如何体现孩子的参与性和创造性，这是我们经常思考的问题。设计这一音乐活动，意在让孩子在轻松自然的状态下感受不同的声音效果。活动以故事为线索，循序渐进地开展，发展幼儿对声音的感受力与想像力。

【活动目标】

1. 尝试用不同的乐器表现不同的声音，促进幼儿对图形记谱形式的基本理解。
2. 通过对动作的体验，帮助孩子了解不同的声音效果。

【活动准备】

1. 乐器：大鼓、手鼓、响板、木琴；手偶：灰老鼠、蓝老鼠、小猫。
2. 几个乒乓球，画有一些蓝色脚印的图形记谱，给孩子们制作图形谱的材料：大圆点、小圆点、直线、波浪线。

【活动过程】

1. 故事导入。

（带手偶）教师有表情地讲述故事：有一只灰老鼠住在桥底，一天，它在桥下等它的客人。等着等着，突然它听到桥上有"咚咚、咚咚"的声音（双手有节奏地拍膝盖｜× ×｜× ×｜，模仿胖子走路的声音），"哦，原来是一个胖子从桥上经过，他不是我的客人。"过了一会儿，灰老鼠听到一个很轻的声音（双手在地板上轻轻拍打，模仿小猫的脚步声），"噢，是一只猫，它可不是我的朋友。"又等了一会儿，灰老鼠听见"咕噜、咕噜"的声音（搓手模仿球滚动的声音），"这只皮球也不是来看我的。"灰老鼠继续等，这时候它听到了"吱吱、吱吱"的声音（用指尖在地板上轻轻地敲，模仿老鼠的脚步声），"嗯，我的朋友来了。"（教师出示另一只蓝老鼠手偶。）

2. 感受声音与动作的关系。

教师再讲一遍故事，同时请小朋友分别扮演胖子、小猫、球、小老鼠，用手、脚和声音模仿他们从桥上经过的情形，引导幼儿用动作表现故事情节。

3. 鼓励幼儿尝试用不同的乐器给动作伴奏。

（1）教师出示大鼓、手鼓、响板、木琴和几个乒乓球，请小朋友帮助老师确定大胖子先生、小猫咪、球和蓝老鼠分别适用哪些乐器来表现。

（2）幼儿选择合适的乐器，并用乐器模仿胖子、小猫、球和小老鼠从桥上经过的声音。

4. 游戏：音乐和动作。

将幼儿分成两组，一组用乐器表现胖子、小猫、球和小老鼠从桥上经过的声音，另一组用动作表现胖子、小猫、球和小老鼠从桥上经过的声音，交换游戏。

5. 续讲故事。

灰老鼠问蓝老鼠在路上看见了什么，蓝老鼠说："我看见有人在桥上洒了油漆，所有过路的都留下了蓝色的脚印，有胖子的、小猫的、球的，还有我的蓝脚印，我把这些脚印画下来了。"

引导幼儿看"大桥上的蓝脚印"图，理解图形记谱的形式。

(1) 教师拿出一幅"大桥上的蓝脚印"图，让孩子们描述，说说都有谁的脚印。

●●●●●● ── ／＼／＼／＼ ●●●●●● ── ／＼／＼／＼

(2) 请小朋友听老师的指挥，用各种乐器尝试演奏这段大桥上的"音乐"。

6. 试创作"桥的音乐"。

(1) 发给幼儿制作图形谱的材料（大圆点、小圆点、直线、波浪线），幼儿分组进行创作。

(2) 请幼儿演奏及欣赏各自创作的"桥的音乐"。

【设计评析】

用乐器表现故事中的声音，让孩子容易理解、想像，使故事里的人物形象更加鲜明。整个活动循序渐进地展开，从用乐器模仿故事里的声音效果过渡到用乐器与图谱结合，使孩子很自然地了解图形记谱的形式。

(深圳市南山区华侨城第一幼儿园　陈健妮)

# 笑 一 个 吧

（音乐活动）

【设计意图】

在小、中班节奏乐训练的基础上，大班幼儿对打击乐演奏的兴趣更加浓厚，能力也日渐提高。结合该年龄层次的思维特点，他们已具备简单的图形标记及节奏型的设计能力。活动中，让幼儿根据不同乐器的声音特点，充分想像与创造，将声音信号变成图形符号，并进行演奏，不但可以调动起幼儿的多项感官，让他们更全面地感受与欣赏音乐，同时，也为幼儿提供了自主学习与训练思维的机会。

【活动目标】

1. 初步运用听觉与视觉的相互转换，学习根据乐器的声音特点来设计相应的图形符号。

2. 进一步学习看图谱演奏，培养幼儿在集体中分工协作的精神。

【活动准备】

1. 幼儿有看图谱演奏打击乐器的经验。

2. 乐器：铃鼓、碰铃、双响筒若干，大鼓一套，绘图工具若干，教具（图形符号及图谱）。

## 活动一　设计图形标记

【活动过程】

1. 引导幼儿感受三种不同乐器的声音特点，为设计图形标记做准备。

师：这里有三种乐器，请小朋友分别听听它们的声音，说说它们有什么不同。教师反复演奏三种乐器，引导幼儿区分并说出其声音的不同点。

铃鼓：长而连续，均衡。

双响筒：脆而短。

碰铃：开始时声音响，后慢慢变弱直到消失。

2. 请幼儿根据三种乐器的声音特点来设计相应的图形符号。

师：我们已经认识了这三种乐器，知道它们的声音是不同的。现在，请小朋友把它们变成不同的图形符号，在纸上一个一个地画出来。

幼儿使用绘画工具开始设计,教师巡视,提醒幼儿要尽可能地根据乐器的声音特点来设计图形符号。部分能力稍弱的幼儿如果确实感到困难,也可根据乐器的外形来设计。

3. 设计完成后,幼儿展示各自的作品。

教师选取幼儿设计出的图形符号,制作成打击乐图谱"笑一个吧"。

## 活动二 看图谱演奏乐曲

【活动过程】

1. 展示幼儿设计的三个图形符号,请幼儿分别说出它们所代表的乐器,并模仿乐器的声音。

2. 唱谱练习:看图形符号唱出相应乐器的声音,并做相应的演奏动作。

举例说明:符号"●"代表碰铃,唱"叮——",双手做敲击碰铃的动作;符号"～～～～～～"代表铃鼓,唱"铃铃铃……",右手做摇铃鼓动作;符号"○"代表双响筒,唱"咚",双手做拿与敲的动作。

3. 教师指挥幼儿看图谱演奏。

(1)看自己的图谱一起唱谱、做演奏动作。

(2)请幼儿按自己的意愿分成三个乐器组,跟着音乐,看图谱,唱谱并做演奏动作。

(3)看图谱,用打击乐器分组演奏。

(4)交换乐器演奏(换座位)。

(5)加进大鼓,使之与响筒同步,一起演奏乐曲。

【活动延伸】

在活动中,幼儿用自己设计的图形符号重新组合成新的图谱,或设计出新的节奏型,自由组合进行演奏。

【设计评析】

把乐器的声音变成抽象的图形符号,然后以这些符号为依据来进行演奏,综合运用多项感官,完成从听觉到视觉,由视觉到感知觉的一系列信息转换,不但让幼儿形成了一个完整的感知音乐的途径,而且还为幼儿提供了训练思维的机会。我们知道,当幼儿把听觉中获取的信息转换成视觉信息时,往往是直观的、形象的,如听到鸟叫声,幼儿会在脑海里呈现出小鸟的形象。在本活动中,幼儿要把形象的声音转化成抽象的符号,就要先分析、记忆,然后概括,最后得出结论,这些都有利于训练幼儿的思维能力。

用幼儿自己设计的图形符号来组合图谱,更符合幼儿的年龄特点,更易于幼儿理解、记忆和演奏,提高幼儿在活动中的积极性与参与性,使幼儿在集体演奏中更自觉地分工与协作,从而达到更好的演奏效果。

活动中教师充分发挥幼儿的自主性,让每个孩子得到均等的训练与表现机会。分组演奏时,幼儿可自由选择自己喜爱的乐器,教师则只需用座位来限制每一组的人数;

活动中,座位的交换使每个幼儿有机会尝试不同的乐器;延伸活动中,幼儿可将自己设计的图形标记制作成新的图谱来进行演奏。

教师要特别注意的是,幼儿容易根据乐器的外形来设计图形符号,教师应引导幼儿尽量根据乐器的声音特点来设计,如果部分幼儿尚不能将形象的声音转化成抽象的符号,教师也应该给予肯定。不管设计的依据是什么,只要幼儿能根据三种乐器的特点来设计,并能有效地进行区分和演奏,他的设计就是可行的。此外,打击乐活动是一项系统的教学活动,任何的创新与尝试都应建立在良好的活动常规之上。一个成功的节奏活动,与幼儿良好的演奏习惯以及师生间的默契配合是密不可分的。

【资料链接】

笑一个吧

1=E 2/4

5 3 3 3 | 5 3 3 3 | 5 · 4 3 2 | 1 3 5 |

4 2 2 2 | 4 2 2 2 | 5 · 4 3 2 | 1 1 1 |

6 · 6 | 4 6 | 5 · 4 3 4 | 5 - |

6 · 6 | 4 6 | 5 · 4 3 4 | 5 - |

5 3 3 3 | 4 2 2 2 | 5 · 4 3 2 | 1 1 1 0 ‖

(深圳市南山区机关幼儿园 汤 鹄)

# 猫

(音乐活动)

【设计意图】

音乐创作来源于生活,缺乏体验的音乐创作和表现是苍白和没有生命力的,它不能唤起听者的共鸣,更激发不了听者表现的欲望。有了感情的音乐,才能深深打动每一个聆听者,才能让聆听者产生共鸣,并有感而发。一次偶然听到"小猫圆舞曲"这首曲子,音乐中诙谐、有趣的旋律变化牢牢吸引了我,让我不自觉地想起了我家小猫捉迷藏、伸懒腰的样子,并勾起了我童年养猫的回忆。我非常想和孩子分享其中的快乐,有感而发地设计了一系列的活动。

## 活动一 我和小猫做朋友

【活动目标】

1. 能够积极参与观赏、分享小猫秘密的活动,体验与猫游戏的快乐。
2. 通过看、听、抚摸等方式,感受猫的生活状态及舒展、柔软的身体特征。

【活动准备】

小猫一只。

【活动过程】

1. 自由观察小猫。
2. 在老师的引导下,观察小猫的形态,重点观察小猫身体的特征。

(1)"我给小猫喂饭","我给小猫洗澡","我给小猫梳头","我给小猫唱歌",体验与猫生活的快乐。

(2)"我学小猫走路","我学小猫爬树","我学小猫伸懒腰",体验小猫身体舒展、伸缩的变化。

(3)幼儿和小猫一起玩耍、游戏。

## 活动二  我们做小猫

【活动目标】

1. 能够自由吸收他人的创造性动作,并能学会分配角色,合作表现小猫的组合造型,体验扮演小猫的快乐。

2. 通过图片、CD、音乐剧,进一步感受和表现猫的姿态和造型。

【活动准备】

1. 各种形态的猫的图片若干、有关小猫生活的录像。

2. 音乐剧"猫"的部分选段。

【活动过程】

1. 幼儿自由观赏,讨论小猫图片的内容。

2. 故事"我家小猫"

我家小猫喜欢干什么?(睡懒觉、伸懒腰、挠痒痒、洗脸、追尾巴、捉迷藏、晒太阳、捉老鼠、吃鱼、吃青菜、爬树、逗老鼠、逗含羞草等。)

3. 结合故事、小猫造型图片,幼儿模仿"我家小猫"的生活姿态,并能够自由模仿他人的创造性姿态。

看,这只翘屁股的小猫,学一学!(记录幼儿学习、创编过程。)

4. 观赏"猫"剧片段,并进行讨论和模仿。

用不同的身体动作、表情、合作造型来表现小猫的各种身体变化姿态,重点模仿小猫身体的伸展、收缩姿态。

## 活动三  我听小猫的音乐

【活动目标】

1. 能愉快、主动地参与感受和体验活动,并能合作及创造性地进行游戏和表演。

2. 初步感受乐曲诙谐、舒展的特点,表现和理解音乐的结构和情绪。

【活动准备】

1. 橡皮筋玩具(幼儿每人一个)、镜子、画笔、小猫图片、"猫"剧有关剧照。

2. 音响设备、音乐 CD。

3. 情境创设(小猫的世界):躲避物(柜子、椅子均可)。

【活动过程】

1. 幼儿自由玩耍橡皮筋玩具,体验橡皮筋的伸缩特点。

2. 结合"我家小猫",老师借用橡皮筋的伸缩特点,帮助幼儿了解音乐的变化。

(1) 老师有意识地把幼儿的思维带入"我家小猫"的故事情境,让幼儿完整地感受音乐。(长长的橡皮筋就像我家小猫在伸懒腰的样子。)

(2) 幼儿与老师相互分享对音乐的感受和理解。(我家小猫在干什么?)

（3）幼儿使用橡皮筋感受音乐。（把手中的橡皮筋也变成小猫的身体。）

3. 结合幼儿的想像，师生共同讲述故事"小猫小狗捉迷藏"，帮助幼儿熟悉音乐的性质和结构。

（1）引导幼儿用身体表现小猫偷看、躲藏时的姿态和神情。

（2）引导幼儿用简单的手指动作表现飞舞的蝴蝶。

（3）师生随音乐用身体表现故事中的情节。（教师在乐段转换处间接使用眼神、手势和语言进行提示。）

4. 我们大家来做小猫。

（1）幼儿选择喜欢的小猫图片，把自己画成小猫（或相互画）。

（2）在老师的语言、图片提示下，幼儿做出小猫的各种姿态造型。

（3）在老师的眼神提示下，幼儿表现音乐中的小猫。

（4）幼儿自由表现音乐中的小猫。

5. 活动：自由表现"梦幻曲"。

天黑了，星星、月亮眨着眼睛，小猫听着美妙的音乐睡着了……梦到了小天使飞到自己的身旁，"到我家去玩吧！"小猫跟着小天使飞走了……

【设计评析】

这是一个具有综合性、自然性和趣味性等特点的音乐系列活动。教师捕捉乐曲的特点（张弛变化），有针对性地创设了有趣、开放、递进、和谐的教育情境。

教师为了让孩子找到音乐张弛的感觉，别具匠心地设计了橡皮筋操作教具（声像结合），借助视觉的直观性帮助听觉的感知，让孩子在玩耍操作的同时，用身体轻松自然地感受了音乐的结构、变化和特点。同时，赋予橡皮筋生命和情感（想像成小猫的身体），给了孩子创编音乐故事的线索，促进了幼儿思维的迁移和想像。

音乐、美术、文学等内容在活动中相互渗透、相互联系。这种教学手段的多样化，让孩子从多个层次、不同的侧面了解了猫的美姿和特性，为孩子走进音乐，表现猫的姿态奠定了基础。观看VCD、"猫"剧、造型等活动，不但丰富了孩子的审美经验，而且营造了和谐、张弛有度的教学氛围。

【资料链接】

作品分析：美国现代作曲家安得森创作的小管弦乐曲"小猫圆舞曲"，生动地表现了小猫媚态十足、可爱、调皮的样子，音乐中的张弛变化，音乐中小猫的叫声，下滑音的装饰更让人体验了诙谐和童趣。

音乐故事：我家有只可爱的小猫，每天都要出去玩，但是又很怕遇见小狗。每天出去前都要趴在窗台伸长脑袋偷偷地看一看，上看看，下看看，左看看，右看看，看到小狗时，赶紧躲起来，看清小狗不在时，才扭着柔软的身体，一摇一摆地出去玩耍。小猫在草地上打滚，追逐自己的尾巴；在树上滑滑梯，"吱溜"一声……（幼儿想像）玩累了，在草地上睡着了……（呼噜声响）。这时飞来一只小蝴蝶（幼儿想像），"扑哧、扑哧"地挥动着小翅膀，对小猫说："你神气什么，我会飞，你会飞吗？你能捉住我吗？"小猫气得吹胡子瞪眼："谁说我不会飞，我肯定能捉住你！"说完，"嗖"的一声，伸长柔软的身体朝上跃起，朝蝴蝶扑去。蝴蝶飞飞,小猫追追,蝴蝶飞到东,小猫追到东,蝴蝶飞到西,小猫飞到西。追着追着,小猫累了,放慢了脚步,蝴蝶也在不远处停了下来。小猫趁蝴蝶不注意,蹑手蹑脚走了过去,"嗖"地扑过去,捉住了蝴蝶。蝴蝶低下了头:"对不起,小猫,我小看了你。我们玩捉迷藏的游戏吧!"小猫和蝴蝶玩起了捉迷藏的游戏,正玩得高兴的时候,突然听到了小狗的叫声,蝴蝶大声说:"小猫快逃!"小猫撒腿就跑,跑回家去了。

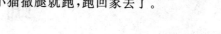

(深圳市南山区蓓蕾幼儿园　陈碧琴)

# 蜘 蛛 网
(美术活动)

【设计意图】
　　以往幼儿绘画使用的材料只是水彩笔、蜡笔等,相对比较单调。美术教学的实践告诉我们,为幼儿提供多种绘画材料能够增加画面的新鲜感和美感。大班的孩子虽已逐步具备独立自主学习的能力,但是学习的持久性还不够。于是我们针对大班幼儿的学习特点,设计了这一美术活动。

【活动目标】
　　1. 学习连接和紧密排列斜线、横线,体验线条的美。
　　2. 培养幼儿的耐力和独立自主学习的能力。
　　3. 通过活动,让幼儿懂得做任何事情都要认真、都要有耐心。

【活动准备】
　　蜘蛛织网的范例,黑色方形纸、银色笔人手一份,制作害虫的彩色橡皮泥,绘画的音乐。

【活动过程】
一、欣赏范例
　　师生边欣赏,边讨论图 1 画面中的线条。

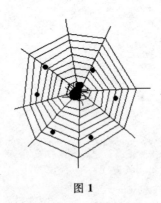

图 1

二、故事导入,尝试创作
　　通过故事,幼儿观察教师的演示和介绍,边讨论边思考。

1. 一只小蜘蛛出世了,蜘蛛妈妈非常高兴地为宝宝织了一张大网,小蜘蛛睡在网里,每天吃着美味的害虫。——欣赏蜘蛛妈妈织的大网。

2. 小蜘蛛开始织它的第一张网,它认为织网太容易了(演示越织越快,网越来越疏),这时飞来了一只苍蝇,可它却逃脱了。——思考:为什么苍蝇会逃脱呢?总结:网必须织得密。

3. 小蜘蛛又开始织第二张网,织着织着感到非常累,就转起圈来,这时飞来一只蚊子,而它也逃掉了。——思考:蚊子为什么也能从网中逃脱?

4. 蜘蛛妈妈见了,提出为小蜘蛛再织一张网,但是小蜘蛛不同意,为什么?(体会小蜘蛛希望自己快快长大的愿望。)时间一天一天地过去了,大网渐渐地被风雨吹破了,再也捉不到害虫。——讨论:小蜘蛛究竟该怎么做?

5. 创作活动:和小蜘蛛一起学织网。
(1) 小蜘蛛开始织第三张网。教师:让我们大家都来当小蜘蛛,试着来织网。
(2) 开始学画蜘蛛网,思考如何把线条画得紧密。
(3) 教师扮演蜘蛛妈妈,用介绍、赞扬等方式,鼓励幼儿坚持到底。

三、体验
蜘蛛捉害虫——用橡皮泥搓成圆形害虫的样子粘在网上。

【设计评析】
整个活动内容幼儿很感兴趣,特别是在学织蜘蛛网的过程中,幼儿的坚持性超常地发挥,连平时做事最缺乏耐心的幼儿都能坚持画完,这是教师事先没有预料到的。活动满足了幼儿喜欢听故事的特点,绘画的材料也很吸引幼儿。幼儿用银色的笔在黑色的纸上创作出来的艺术效果令他们欢喜。最后用橡皮泥制作害虫粘在蜘蛛网上,增加了画面的美感,使幼儿回味无穷。

(深圳市南山区蓓蕾幼儿园 麦蔼玲)

# 玩 纸 箱

(综合活动)

【设计意图】
　　纸箱是日常生活中常见的、容易获取的、环保的教育资源。它简单多变,很容易激发幼儿玩的兴趣。游戏是幼儿学习的主要形式,我们设计"玩纸箱"活动就是为了让幼儿在愉快的游戏和活动中,充分地去体验、去探索、去发现。我们在强调幼儿自身主动探究的同时,让他们体验到发现的快乐及与同伴合作、分享的快乐。

【活动目标】
　　1. 利用纸箱进行一物多玩,让幼儿充分感受和体验发现、交流的乐趣。
　　2. 培养幼儿团结合作的精神,发展幼儿的想像力和创造力。

【活动准备】
　　1. 大小不同规格的纸箱若干。
　　2. 小纸盒一个,里面装有红、黄、蓝三种不同颜色的五星即时贴各五个。
　　3. 宽胶纸若干,便条、笔等。

【活动过程】
　　1. 出示小纸盒,请幼儿猜猜里面有什么。教师和幼儿每人摸出一个标记(即时贴),幼儿依自己标记的不同按颜色分成三组,每组一名教师。
　　2. 幼儿自由玩纸箱。
　　(1) 三组幼儿每人取一个纸箱,自由玩耍。教师观察和记录,及时发现幼儿有创意的玩法。
　　(2) 幼儿互相分享有创意的玩法。
　　师:刚才我们每个小朋友都玩了纸箱,想出了很多玩法,也玩得很开心,我们来把自己组好玩的玩法告诉大家,让大家都来试试。
　　3. 幼儿尝试纸箱的不同玩法。
　　4. 幼儿尝试把纸箱和球组合起来进行游戏,以扩展思路,想出更多的玩法,体验更多的游戏乐趣。

【活动延伸】
　　1. 幼儿合作利用纸箱搭建玩具。小组幼儿共同进行协商、讨论,用不同的纸箱搭建玩具,并利用搭建的玩具进行游戏。
　　2. 启发幼儿利用已有游戏的经验,想出更广、更深的活动。如幼儿对搭建的玩具进行装饰，敲击纸箱玩音乐游戏，进行数学、体育、科学活动等。

【设计评析】

此活动给了幼儿充分的空间，让他们自由地尝试和表现。一个简单的纸箱，孩子们就像变魔术似的，玩出了许多新奇、有创意的玩法。几位老师共同组织参与活动，是现在区域活动、小组活动等日常教学活动中常见的一种形式。这种形式既体现了教师之间的团队合作，又有利于教师更仔细地观察和记录每个孩子的活动情况，同时，也有利于教师对于孩子在活动中出现的问题和遇到的困难给予启发和帮助。活动要给幼儿更多的表现机会，促进师生间的有效互动。

随着活动由浅入深地开展，幼儿的思路越来越活跃，从独自玩耍到相互启发，再到协商合作，玩法由简单变得复杂，幼儿充分体验到了合作和成功的快乐。

这个活动无论是选材还是活动形式，都充分体现了教师从观念到行为的转变。整个活动使幼儿的主体能动性得到了充分的发挥，真正做到了让幼儿在游戏中愉快地学习。

（深圳市南山区蓓蕾幼儿园　麦蔼玲　毛宇宏　余幼平）

# 我让玩具更好玩

（体育活动）

【设计意图】

在教学活动中，我们发现了一个这样的问题：小朋友对幼儿园精心购置的玩具已经熟视无睹。户外活动的时候，他们总是去抢仅有的几个新玩具，对于散置在操场上的其他玩具没有太多兴趣。在老师的发动和引导后，也仅仅是寥若晨星的几个小朋友来响应一下，无精打采地玩几下就又没了热情。这些玩具不是不好玩，而是玩得太多了，玩得腻烦了。如何让玩具更具有生命力，让孩子们更喜欢它们？如何利用身边的资源，自制一些坚固耐用的体育器械来辅助教学？这两个问题就成了我们思考的方向。于是，我们就把着眼点转移到废物利用上来。

旧雨伞、易拉罐、碎布头、可乐瓶等废品在我们的生活中随处可见，一弃了之还是变废为宝是教育者与非教育者的区别。教育者开动脑筋把它们加工一下、美化一下，一件件漂亮而又实用的教玩具就这样诞生了！废物利用不能停留在概念上、口头上，需用真实的直观的实物来诠释。废品变成玩具的时候，孩子就能真切地感受到：废品真的是可以重新利用的。这要比简单的说教来得更快、更直接。废物利用，不仅可促使孩子们养成勤俭节约的良好行为习惯，而且可以培养他们的环境保护意识。

## 活动一 投篮架

【活动目标】

1. 训练幼儿定点投掷和传球投掷的能力。
2. 培养幼儿合作的意识，提高幼儿合作游戏的能力。

【活动准备】

1. 投篮架的制作：用铁丝将衣架的旧铁管固定在两个呼啦圈上，上小下大。然后用废布将架子包裹起来，形成一个上下敞开、中间封闭的篮架。
2. 皮球若干、投篮架两个、哨子一个、篮筐四个。

【活动过程】

1. 定点投掷练习：幼儿手抱篮球排四队，分别站在投篮架的四个方位上，轮流向篮架进行定点投掷的练习，反复操作若干次，待幼儿熟练掌握后，进行传球投掷的练习。

2. 传球投掷练习：幼儿呈四列纵队站立，幼儿的间距拉大到1.5～2米，距离篮架最远的那个小朋友抱球，哨声一响，同列队形中的幼儿向中心传球，传到中心由第一个小朋友将球投入筐内，看哪一组传得快、投得准、投得多。

3. 自由活动：教师可以给孩子们一定的活动时间，让孩子自由创造新的玩法。

【资料链接】

（玩法示意图）

## 活动二　投掷布兜

【活动目标】

1. 激发幼儿参与体育活动的兴趣。
2. 训练幼儿目测和定点投掷、移动投掷的能力。

【活动准备】

1. 投掷布兜两个、海洋球或者沙包、猪八戒头饰两个、直径为两米的圆投掷布兜。
2. 制作方法：将布的一头固定在呼啦圈上面，下面的布要留有50厘米的长度，同时要缝制成一个大肚兜的形状。下面是扎紧的，像裤子一样，可以伸进去双腿。

【活动过程】

1. 自由投掷练习。

一名教师带上猪八戒头饰，双脚套进大肚兜，和小朋友一起玩猪八戒吃果子的游戏。幼儿可以自由向肚兜里投掷果子（海洋球）。

2. 总结投掷经验。

（1）教师与幼儿一起讨论：刚才你投进几个球？你是怎样投的？你觉得怎样才能多投进去球？

（2）分享胜利的果实，数数看猪八戒共吃了多少颗果子，训练幼儿自由点数的能力。

3. 猪八戒吃果子比赛。

幼儿分为两组，每组选出一个猪八戒站立在圆心处，其他小朋友站在圆周上，并向中间投掷，中间带布兜的猪八戒不停地移动接球，单位时间内接球多的组为胜。

【资料链接】

（玩法示意图）

## 活动三  多用布球和球拍

【活动目标】

1. 训练投球和拍球的技能,训练准确踢球的能力。
2. 练习有目标投掷,训练迅速反应能力。

【活动准备】

1. 布球和球拍若干,大的活动场地,1.5米距离的平行线。
2. 布球的制作方法:缝制一个圆形的小布球,在里面填充碎布;完成后再给布球连接一个橡皮筋的拉线,在拉线的尾部接上彩色的丝带。
3. 球拍的制作方法:将硬纸板剪成乒乓球拍状,中间掏空再粘贴上网兜,贴牢美化即可。

【活动过程】

1. 户外场地上,教师出示布球,与幼儿讨论:我们给这个球取个新名字吧！你们觉得这个球可以怎么玩呢？引导幼儿发散思维,想像新的玩法。
2. 教师指导幼儿单独游戏。

将橡皮筋套在手指上,可以用脚去踢球、上下拍球或者弹球,也可单手向上抛球。教师在活动中了解孩子的发展水平,及时调整活动的形式和活动的强度。

3. 单独游戏结束后,组织幼儿合作游戏。将幼儿分成两组,一组拿球拍,一组拿球,进行移动投掷。幼儿可以在固定的场地上分散追逐跑投掷。
4. 幼儿站在两条平行线上,一队拿球,一队拿拍,同时进行投掷。一轮之后两队进行角色互换,交替进行投掷和接球。

【资料链接】

（玩法示意图）

## 活动四　神奇的粘贴伞

【活动目标】

1. 通过有趣的游戏来练习幼儿的投掷能力和目测能力。

2. 发展幼儿的手臂肌肉力量,激发幼儿对体育活动的兴趣。

【活动准备】

1. 神奇粘贴伞三把,粘贴玩偶若干。

2. 神奇粘贴伞的制作方法:在废旧伞的伞面上,有规则地缝上魔术贴硬的一面;将旧毛巾或者旧手套的形制成小动物的头饰状或水果状,再缝上魔术贴软的那一面。

【活动过程】

1. 活动开始时,老师出示神奇粘贴伞,介绍神奇粘贴伞的功能,邀请孩子来玩神奇粘贴伞的游戏。

2. 教师请幼儿一起展示玩法:

玩法(1):将伞固定,让幼儿进行固定投掷;

玩法(2):一名幼儿撑开伞,其他幼儿移动投掷;

玩法(3):一名幼儿撑开伞转动起来或者幼儿之间相互追逐进行投掷。

3. 师:孩子们一起总结一下,怎么样才能让小动物们快速而又准确地粘贴在伞妈妈的身体上呢?鼓励幼儿大胆想办法、找方法。

【活动延伸】

在美术活动区里投放一些魔术贴,让孩子自由创造,鼓励他们创造出新的图形造型。

【资料链接】

(玩法示意图)

## 活动五　蹬蹬筒

【活动目标】

1. 练习蹬的动作,促进幼儿双脚协调动作的发展和腿部大肌肉动作的发展。

2. 激发幼儿对体育活动的兴趣及积极参与活动的愿望。

【活动准备】

1. 蹬蹬筒两个。

2. 蹬蹬筒的制作方法:将易拉罐每两个一组串联并固定在尼龙绳上,但要保证易拉罐是能够转动的。罐子里面放上豆子或者米粒,可以发出响声。固定之后再用及时贴或喷漆进行美化。

【活动过程】

1. 让玩具发出的声音,吸引孩子的注意力。老师:今天我给小朋友带来了一个让我们用脚蹬的玩具——蹬蹬筒,我请小朋友来玩好不好?

2. 两名幼儿拉紧绳子的拉环,三名或者是四名幼儿仰卧在地上,双脚交替地蹬绳子上的易拉罐,使罐中的豆子或米粒发出声音。拉绳子的幼儿要注意拉紧、拉平。

3. 教师和孩子们一起为蹬的小朋友加油,看谁的小筒转动得又快又响。教师组织孩子们互相交换让每个小朋友都有机会尝试新玩具。

【资料链接】

(玩法示意图)

## 活动六 快乐车

【活动目标】

1. 训练幼儿的创造性思维。

2. 发挥孩子的想像力,提高孩子的创造力。

【活动准备】

1. 举重器四个,跷跷板四个。

2. 快乐车的制作方法:将两个跷跷板平行地放置在两个举重器上,让跷跷板的横纹正好卡在举重器的横杆上。

【活动过程】

1. 师:今天,老师没有给小朋友准备新玩具,我想请聪明的小朋友来开动脑筋,自己想办法把我们的旧玩具玩出新的花样来。看到我们操场上的玩具了吗?去行动吧!

2. 教师可以根据孩子的情况来判断是否需要自己的指导,必要时可以作简单的提醒或暗示。

3. 在老师的稍加指导下,快乐车做好了。孩子可以相互合作并进行角色的分配。比如:男孩子力气大,来推;女孩子力气小,来坐。

四、幼儿分组开展运人、运货等比赛。比比看哪组跑得最快,运的人最多。

【资料链接】

（玩法示意图）

【设计评析】

1. 激发了孩子们的想像力、创造力。在"我让玩具更好玩"的系列活动中,一件件普通的玩具经过加工、改进,被赋予新的意义。孩子们一直都陶醉在自己的小发明中,自得其乐的同时,也感受到了成功的喜悦、创造的快乐。

2. 教师巧妙引导,充分发挥玩具的性能,激活幼儿参与的积极性。

其实无论是孩子还是成人,积极、热情、主动、投入的状态都需要调动,所以活动中如何调动和保持孩子的兴趣成了关键。这需要教师在活动设计的时候充分考虑到幼儿的年龄特点、个体差异。

有一句教育格言:多教是为了少教,少教是为了不教。在我们的这个系列活动中,老师的制作不只是简单的使用,而是通过老师的引发来带动孩子的参与和动手,让他们将自己的想像力、创造力付诸实践,从而也让老师真正成为孩子活动中的观察者、合作者、引导者。

（深圳市南山区北大附中实验幼儿园　李向梅　冯辉媛）

# 报 纸 游 戏

(小、中、大班系列活动)

【设计意图】

每个幼儿家里都有报纸,幼儿对报纸并不陌生。报纸的作用除了供人阅读获取信息外,还有许多的用途。此系列活动让幼儿通过自己动脑想、动手做,用报纸这个简单、常见的物品,自主地进行探究活动。老师在活动过程中鼓励幼儿大胆尝试、大胆操作,让幼儿体验成功的快乐。整个活动提高幼儿探索问题的兴趣,培养幼儿爱动脑、勤动手的好习惯。

## 活动一 报纸大力士

☆适用班级:小班

【活动目标】

1. 通过自己的尝试和操作,自主地探究解决问题的方法。
2. 在活动中体验成功的快乐。

【活动准备】

整张、1/2张、1/4张的报纸若干份,安全地垫四块。

【活动过程】

1. 老师引出课题。

老师模仿报纸说:别看我样子长得单薄,我可是一名大力士,当我展开时,我就像一堵墙,谁也别想冲过去!不信,我们比比看。

2. 老师与孩子一起接受报纸大力士的挑战。

老师请两名幼儿拿住报纸的四个角,扯紧报纸,形成一堵墙,让其他幼儿试一试能否冲过去,使报纸从中间断开。

(1) 让一名幼儿冲过去,让他感觉自己力量的薄弱。

(2) 让两名或三名幼儿一起冲,让幼儿感受不但要有力量,还要有正确的方法才能打败报纸大力士。

(3) 师:小朋友看,老师不小心把报纸弄破了一点点(老师在报纸上端的中间处撕开约两厘米的小口子),现在请小朋友试一试,能不能冲过去。老师引导、鼓励幼儿尝试各种新的办法。

3. 增加难度,让幼儿动脑、动手,寻找解决的办法。

(1) 师:报纸不服气,它变了,变为横折后的两层,它还要和小朋友比一比。

(2) 两名幼儿冲过去,但没能使报纸从中间断开。引导幼儿模仿老师做法给报纸开一个小口子后再试一试。

(3) 师:报纸不服气,它又变了,变为无规则的简单折叠,它还要和小朋友比一比。

(4) 老师引导幼儿通过增加人数的方法将报纸扯为两半。

(5) 让幼儿自己动脑、动手,大胆尝试、大胆操作,自主探究打败报纸大力士的方法。

幼儿在安全地垫上自己尝试操作各种不同大小的报纸。老师在一旁观察并根据幼儿的实际情况作出调整,增加难度,如将报纸对折后再折,增加报纸的张数或层数。促使幼儿积极思维、积极动手去寻找、探究出打败报纸大力士的方法。

4. 请幼儿讲一讲自己是如何使报纸断开的。

幼儿边演示边讲解,老师要求幼儿用较连贯的语言讲述操作过程。

## 活动二 用报纸装乒乓球

☆ 适用班级:大班

【活动准备】

整张的报纸若干张,乒乓球四小筐、一大筐,透明胶,剪刀等。

【活动过程】

1. 老师引出课题:

师:报纸可以用来玩什么游戏?

幼儿:折纸、折飞机、折气球、做衣服、剪窗花……

2. 老师布置任务,要求幼儿自己动脑想、动手做,去探究如何把小筐里的球都放进报纸里。

(1) 师:今天老师提供的报纸有一个新任务,即:在报纸里放乒乓球。试一试:怎样才能放得更多?怎样才能把小筐里的球都放进报纸里?

幼儿动手尝试,教师引导幼儿根据需要自由分组。由一个幼儿用报纸折叠成容器,另一个幼儿往容器里放乒乓球。幼儿通过实践得出结论:装进去的球的多少与报纸做的容器的大小有关。

(2) 老师增加难度,要求幼儿将一大筐球都放进报纸里。

幼儿尝试操作,老师引导幼儿与同伴合作,利用剪刀、透明胶等工具将几张报纸粘在一起,做成一个大船形的容器。然后,大家一起齐心协力,将大筐里的乒乓球放进大容器里。

## 活动三　用报纸制作恐龙蛋

☆ 适用班级：中班

【活动准备】

老师用纸制作好的恐龙蛋一枚，小球，纸巾筒，吹好的气球（人手一个），针，糨糊若干瓶，毛笔若干支，几盆水。

【活动过程】

1. 老师出示用报纸做的恐龙蛋，引出课题。

师：小朋友看看老师做的恐龙蛋，想想：这么漂亮的恐龙蛋是怎样做出来的？

幼儿的回答是多种多样的：用报纸包住皮球做的、用报纸卷的、用报纸粘在球上做出来的……

2. 通过提问，增加难度，促使幼儿进行积极的思考。

师：除了皮球以外还可以用什么作模具？而且做好后能变小，能从恐龙蛋中间的小孔里取出来？

幼儿通过积极思考和细心观察桌面的物品后，发现可以用气球作模具制作恐龙蛋，并且可以将气球的气放掉，把气球从小孔里取出来。

3. 请幼儿自己动手制作恐龙蛋。

（1）先吹气球，再将报纸撕碎，用糨糊把碎报纸粘在气球上。

（2）模型做好后，用针将气球扎一小洞，等气球变小后，把气球从小孔里取出来。

（3）把做好的恐龙蛋放到太阳下晒干。

4. 边观察晒干的恐龙蛋边讲述如何制作漂亮的恐龙蛋。

老师与幼儿一起总结，帮助幼儿提升经验：报纸要撕得碎一些；碎报纸用水浸湿后，更易粘贴；涂抹糨糊要均匀。

【设计评析】

这个系列探究活动的主要材料是报纸。活动设计注重让幼儿自己动脑想、动手做去寻找办法解决老师提出的问题。老师在活动中更多的是观察和引导。在活动中，教师鼓励幼儿大胆思维、大胆操作，充分调动他们的学习主动性、积极性。

1. 老师在活动前要多设想幼儿可能出现的情况，以更好地应对活动过程中出现的各种状况。

2. 老师要有耐心，观察、观察、再观察。同时，对幼儿要有一定的信心，在观察的基础上将难度适当地提高，鼓励幼儿大胆尝试。

（深圳市南山区西丽幼儿园　陈倩倩）

# 前阅读、前书写活动

(小、中、大班系列活动)

【设计意图】

教师开展学前儿童早期阅读的活动,培养他们前阅读、前书写技能,对他们将来成为自主阅读者具有重要的意义。

根据小、中、大班的年龄特点,我们科学地选择和安排阅读的图画故事书,循序渐进地设计适合不同年龄段幼儿的前阅读、前书写活动:小班以激发和保持幼儿对阅读活动的兴趣,培养良好的阅读习惯为主;中班从阅读的图书内容入手,设计描画图形活动,让幼儿尝试用有趣的方式练习汉字的基本笔画;大班在继续提高幼儿自主阅读能力的基础上,利用故事角色开展游戏,帮助幼儿认识田字格,并挑选角色名称中的汉字做描红练习。

## 活动一 河马的大喷嚏

☆ 适宜班级:小班

【活动目标】

1. 引导幼儿在阅读过程中产生阅读图书的兴趣,并培养其良好的阅读习惯。
2. 鼓励幼儿积极参与讨论,发展幼儿的发散性思维。
3. 要求幼儿一边听故事一边用表情、体态语言理解和体验图书《河马的大喷嚏》的内容和情感。

【活动准备】

1.《河马的大喷嚏》幻灯片一套,幻灯机。
2. 幼儿人手一本图书《河马的大喷嚏》。
3. 配乐故事磁带《河马的大喷嚏》,录音机。

【活动过程】

一、幼儿自由阅读

1. 教师提出阅读要求,幼儿自己阅读图书。让幼儿带着问题进行阅读,能提高阅读的指向性,取得较好的阅读效果。
2. 鼓励幼儿用自己的语言讲述画面内容。

二、师生共同阅读

1. 教师与幼儿一起逐页观看幻灯片。教师通过启发性提问,帮助幼儿观察画面角色形象的表情、动作等,想像和体验角色的心理感受:山羊(大象)来了,他想怎样取皮球?河马来了,他又是怎样取皮球的……鼓励幼儿用语言、动作表达对故事情感的理解和体验。

先让幼儿运用口头语言表达自己对画面的理解,教师再读出画面上的文字,能有效地提高幼儿对语音和语法的敏感性,让他们发现口语和书面语言的对应关系。

2. 围绕重点阅读:

山羊、大象、河马,谁的办法最好?为什么?假如你是小猪,你会怎样取皮球?

教师指导每个幼儿与同伴互相交流看法,培养幼儿自由讨论的习惯。鼓励幼儿运用生活经验,对阅读重点进行讨论,培养幼儿的发散性思维。

三、归纳阅读内容

教师与幼儿边看画面边完整地欣赏配乐故事"河马的大喷嚏"。教师精心选择优美的背景音乐录制配乐故事,让幼儿在欣赏的过程中感受语言和音乐的美,激发幼儿表演的欲望。

【活动延伸】

1. 在语言区继续边阅读边欣赏故事录音"河马的大喷嚏"。

2. 幼儿熟悉故事后,试着分角色表演,尝试用表情、体态语言体验图书的内容与角色的情感。

## 活动二 早期阅读《老狼拔牙》

☆ 适宜班级:中班

【活动目标】

1. 进一步培养幼儿良好的阅读习惯,提高语言表达能力。
2. 幼儿能体验故事角色的心理,并用表情、语言、动作等表达对故事的理解。
3. 通过设置悬念,引导幼儿对故事发展作出推测,培养幼儿预期的策略能力。

【活动准备】

1. 幼儿人手一本图书《老狼拔牙》。
2. 配乐故事磁带《老狼拔牙》、录音机。

【活动过程】

一、幼儿自由阅读

幼儿自己阅读故事的前半部分,并讲述内容。

二、师生共同阅读

师生共同阅读故事的前半部分,逐一提出问题,引导幼儿仔细观察画面,认真思考:故事里有谁?他们在干什么?发生了什么事情……

三、故事情节推测

师:小猎人是怎样对付老狼的?幼儿自由讨论,将自己与众不同的想法告诉大家。

四、师生共同阅读
师生共同阅读故事的后半部分。
五、重点阅读
师：故事里有谁？你喜欢谁？不喜欢谁？为什么？幼儿自由讨论，再个别发言。
六、归纳阅读内容
1. 教师与幼儿边看画面边完整地欣赏配乐故事"老狼拔牙"。
2. 幼儿边欣赏配乐故事"老狼拔牙"边自由地表演。

## 活动三  有趣的笔画

☆ 适宜班级：中班
【活动目标】
1. 正确认读汉字"人"，知道它是由笔画撇和捺组成的。
2. 逐步学习从上往下连点描画的技能，培养幼儿对前书写活动的兴趣。
3. 继续学习用正确的握笔姿势及书写姿势进行描画活动。
【活动准备】
1. 黑色粗水笔一支、小猎人画像、老狼画像、小兔画像、汉字卡片一份。
2. 小猎人头像、铅笔幼儿人手一份。
【活动过程】
一、回忆阅读内容
请幼儿说出《老狼拔牙》故事中的角色，教师出示相应的画像和汉字卡片。
二、认读汉字"人"
1. 教师出示小猎人头像，引导幼儿观察小猎人的头发，帮助幼儿认识撇和捺。
2. 引导幼儿观察"人"字的特征。幼儿集体书空"人"字，了解落笔点和起笔点，掌握笔画的顺序。
3. 请幼儿从"老狼拔牙"的字卡中，找出含有撇或捺的汉字。
三、描画游戏
1. 教师讲解描画要求，并示范正确的握笔姿势和书写方法，请幼儿将点描画成线。
2. 请幼儿在操作材料上进行描画活动，在描画过程中，教师巡回观察，对出现的问题给予及时的指导和帮助。
【活动延伸】
1. 阅读和欣赏图书《老狼拔牙》《虎妈妈搬家》《小狗汪汪过生日》等。
2. 在活动区投放各种描画图形，让幼儿进行有趣的描画活动。

## 活动四  早期阅读《第二块蛋糕》

☆ 适宜班级：大班
【活动目标】
1. 提高幼儿口头语言与书面语言的表达能力。

2. 培养幼儿反思、预测、假设等阅读策略。
3. 鼓励幼儿用表情、语言、动作等表达对故事的理解。

【活动准备】
1. 幼儿人手一本《第二块蛋糕》故事书。
2. 配乐故事磁带《第二块蛋糕》、录音机。

【活动过程】
一、幼儿自由阅读
幼儿自己阅读故事的前半部分,并归纳其主要内容。

二、师生共同阅读
师生共同阅读故事的前半部分,教师逐一提出问题,引导幼儿观察画面,认真思考:画面有谁?他们在干什么?发生了什么事情?狐狸抢走了蛋糕去干什么?他为什么要这么做?……

三、悬念设置
鼓励幼儿对故事的情节发展和结尾作出推测。老师:小兔有没有想办法对付狐狸?假如有,结果会怎么样?假如没有,结果又会怎么样?

四、继续阅读
幼儿先阅读故事的后半部分,然后师生共同阅读,进一步理解故事的内容。

五、重点阅读
引导幼儿围绕问题讨论,加深对故事的理解。老师:从小兔身上你学到了什么?狐狸为什么会被老虎咬死?这件事使你明白了什么道理?

六、结束
教师归纳阅读内容,师生共同欣赏配乐故事。

## 活动五 文字的家

☆ 适宜班级:大班

【活动目标】
1. 指导幼儿认识书写汉字的田字格,使他们知道田字格上、下、左、右位置的名称。
2. 初步学习并实践正确的握笔姿势。

【活动准备】
1. 教具:田字格板、《第二块蛋糕》中的动物贴绒卡片及其名字卡片:小兔、老虎、狐狸、松鼠、刺猬。
2. 写有汉字"小"的田字格描红本。

【活动过程】
一、认识文字的家
将《第二块蛋糕》中动物的名字写在田字格中,让幼儿自由阅读。

二、替动物找家
分析田字格,认识田字格各部分的名称:左上格、左下格、右上格、右下格。

### 三、游戏"看谁说得又快又准"

将《第二块蛋糕》中的动物卡片贴在田字格中,如小兔贴在左上格,教师说:左上格,幼儿回答:小兔,教师说:小兔,幼儿回答:左上格,教师以此类推,由慢到快地和幼儿游戏,加强他们对田字格结构的认识。

### 四、讨论

1. 讨论"小"字的笔画、笔顺。
2. 讨论"小"字的各个笔画分别在田字格中的位置。

### 五、学习描红

提醒幼儿保持正确的坐姿和握笔姿势。

【活动延伸】

1. 阅读和欣赏图书《第二块蛋糕》《会变颜色的小花猫》等。
2. 写信、读信、寄信。
3. 自编故事,学写日记、游记。

【设计评析】

早期阅读活动的设计和组织有它独特的结构,绝不是从头到尾教师讲、幼儿听那样的填鸭式灌输。活动通过自由阅读——师生共同阅读——重点阅读——归纳阅读四个步骤,巧妙穿插幻灯片的放映,激发幼儿对阅读活动的兴趣,培养他们良好的阅读习惯。

以前开展阅读活动,总是让孩子从头到尾地阅读,孩子在活动中想像力、创造力得不到更好的发展。针对这种情况,我们尝试让孩子将图书阅读到半中间,设置问题,引导幼儿想像故事情节的发展,激发幼儿的好奇心,从而发展幼儿的创造性思维。

为了让孩子具备进行流畅阅读的策略和能力,教师在阅读活动中设计了各种问题,帮助幼儿更好地理解阅读内容。如《第二块蛋糕》中的提问:小兔有没有想办法对付狐狸?假如有,结果会怎样?假如没有,结果又会怎样?培养了幼儿假设、预期的策略能力;"狐狸最后为什么会被老虎咬死?"培养了幼儿反思的策略能力;"狐狸抢走了蛋糕去干什么?他为什么要这么做?"培养了幼儿质疑的策略能力……幼儿的阅读能力逐步增强,为他们成为流畅的阅读者打下了良好的基础。

在活动设计中,从中班开始我们就巧妙地作了安排:以游戏的形式帮助幼儿认识汉字笔画和田字格。挑选"小猎人"的"人"字及"小兔"的"小"字,让幼儿进行描红练习,认识字的笔架结构,为幼儿升入大班进行更高层次的前书写活动打下良好的基础。

(深圳市南山区托幼中心 陈 磊)

# 北京大学出版社
## 教育出版中心 精品图书

### 21世纪教育科学系列教材
|  |  |  |
|---|---|---|
| 现代教育技术——信息技术走进新课堂 | 冯玲玉 主编 | 39元 |
| 教育学学程——模块化理念的教师行动与体验 | 闫祯 主编 | 45元 |
| 教师教育技术——从理论到实践 | 王以宁 主编 | 36元 |
| 教师教育概论 | 李进 主编 | 75元 |
| 基础教育哲学 | 陈建华 著 | 35元 |
| 当代教育行政原理 | 龚怡祖 编著 | 37元 |
| 教育心理学 | 李晓东 主编 | 34元 |
| 教育计量学 | 岳昌君 著 | 26元 |
| 教育经济学 | 刘志民 著 | 39元 |
| 现代教学论基础 | 徐继存 赵昌木 主编 | 35元 |
| 现代教育评价教程 | 吴钢 著 | 32元 |
| 心理与教育测量 | 顾海根 主编 | 28元 |
| 高等教育的社会经济学 | 金子元久 著 | 32元 |
| 信息技术在学科教学中的应用 | 陈勇 等编著 | 33元 |

### 教师资格认定及师范类毕业生上岗考试辅导教材
|  |  |  |
|---|---|---|
| 教育学 | 余文森 王晞 主编 | 26元 |
| 教育心理学概论 | 连榕 罗丽芳 主编 | 35元 |

### 21世纪教师教育系列教材·学科教学论系列
|  |  |  |
|---|---|---|
| 新理念化学教学论 | 王后雄 主编 | 38元 |
| 新理念科学教学论 | 崔鸿 张海珠 主编 | 34元 |
| 新理念生物教学论 | 崔鸿 郑晓惠 主编 | 36元 |
| 新理念地理教学论 | 李家清 主编 | 37元 |
| 新理念历史教学论 | 杜芳 主编 | 29元 |
| 新理念思想政治（品德）教学论 | 胡田庚 主编 | 32元 |
| 新理念信息技术教学论 | 吴军其 主编 | 30元 |

### 21世纪教师教育系列教材·学科教学技能训练系列
|  |  |  |
|---|---|---|
| 新理念化学教学技能训练 | 王后雄 主编 | 28元 |
| 新理念思想政治（品德）教学技能训练 | 胡田庚 主编 | 26元 |
| 新理念地理教学技能训练 | 李家清 主编 | 32元 |
| 新理念生物教学技能训练 | 崔鸿 主编 | 29元 |

### 王后雄教师教育系列教材
|  |  |  |
|---|---|---|
| 教育考试的理论与方法 | 王后雄 主编 | 35元 |

### 21世纪引进版精品教材·研究方法系列
|  |  |  |
|---|---|---|
| 教育研究方法：实用指南 | [美] 乔伊斯·高尔 等著 | 78元 |
| 高等教育研究：进展与方法 | [英] 马尔科姆·泰特 著 | 25元 |
| 社会研究：问题方法与过程（第三版） | [英] 迪姆·梅 著 | 32元 |
| 比较教育研究：路径与方法 | [英] 贝磊 等主编 | 50元 |
| 比较教育中的话语形成 | [德] 于尔根·施瑞尔 主编 | 58元 |

### 21世纪教学活动设计案例精选丛书（禹明 主编）
|  |  |
|---|---|
| 初中语文教学活动设计案例精选 | 23元 |
| 初中数学教学活动设计案例精选 | 24元 |
| 初中科学教学活动设计案例精选 | 22元 |
| 初中历史与社会教学活动设计案例精选 | 26元 |
| 初中英语教学活动设计案例精选 | 19元 |
| 初中思想品德教学活动设计案例精选 | 20元 |
| 中小学音乐教学活动设计案例精选 | 22元 |
| 中小学体育（体育与健康）教学活动设计案例精选 | 20元 |
| 中小学美术教学活动设计案例精选 | 29元 |
| 中小学综合实践活动教学活动设计案例精选 | 22元 |
| 小学语文教学活动设计案例精选 | 25元 |
| 小学数学教学活动设计案例精选 | 33元 |
| 小学科学教学活动设计案例精选 | 23元 |
| 小学英语教学活动设计案例精选 | 18元 |
| 小学品德与生活（社会）教学活动设计案例精选 | 24元 |
| 幼儿教育教学活动设计案例精选 | 36元 |

### 21世纪特殊教育创新教材·理论与基础系列
|  |  |  |
|---|---|---|
| 特殊教育的哲学基础 | 方俊明 | 29元 |
| 特殊教育的医学基础 | 张婷 等 | 32元 |
| 特殊教育学 | 雷江华，方俊明 | 33元 |
| 特殊儿童心理学 | 方俊明，雷江华 | 31元 |
| 特殊教育史 | 朱宗顺 | 36元 |
| 特殊教育研究方法 | 杜晓新，宋永宁 | 33元 |
| 融合教育导论 | 雷江华 | 28元 |
| 特殊教育发展模式 | 任颂羔 | 36元 |

### 21世纪特殊教育创新教材·发展与教育系列
|  |  |  |
|---|---|---|
| 视觉障碍儿童的发展与教育 | 邓猛 | 33元 |
| 智力障碍儿童的发展与教育 | 刘春玲，马红英 | 32元 |
| 学习困难儿童的发展与教育 | 赵微 | 32元 |
| 超常儿童的发展与教育 | 苏雪云，张旭 | 31元 |
| 听觉障碍儿童的发展与教育 | 贺荟中 | 32元 |
| 自闭症谱系障碍儿童的发展与教育 | 周念丽 | 27元 |
| 情绪与行为障碍儿童的发展与教育 | 李闻戈 | 32元 |

### 21世纪特殊教育创新教材·康复与训练系列
|  |  |  |
|---|---|---|
| 特殊儿童应用行为分析 | 孙霞 | 29元 |
| 特殊儿童的美术治疗 | 杨广学 | 38元 |
| 特殊儿童的心理治疗 | 王和平 | 32元 |
| 特殊儿童的感觉统合训练 | 胡世红 等 | 38元 |
| 特殊儿童的音乐治疗 | 贺荟中 | 32元 |
| 特殊儿童的游戏治疗 | 周念丽 | 26元 |
| 特殊教育的辅具与康复 | 蒋建荣 | 29元 |
| 智障学生的职业教育模式 | 黄建行，雷江华 | 32元 |